A DÉCADA NEOLIBERAL

e a crise dos sindicatos no Brasil

COLEÇÃO

Mundo do Trabalho

Coordenador Ricardo Antunes

TÍTULOS PUBLICADOS

OS SENTIDOS DO TRABALHO
Ensaios sobre a afirmação e a negação do trabalho
Ricardo Antunes

HOMENS PARTIDOS
Comunistas e sindicatos no Brasil
Marco Aurélio Santana

O EMPREGO NA GLOBALIZAÇÃO
Marcio Pochmann

CRÍTICA À RAZÃO INFORMAL
A imaterialidade do assalariado
Manoel Malaguti

O NOVO (E PRECÁRIO) MUNDO DO TRABALHO
Reestruturação produtiva e crise do sindicalismo
Giovanni Alves

TRANSNACIONALIZAÇÃO DO CAPITAL E FRAGMENTAÇAO DOS TRABALHADORES
João Bernardo

TERCEIRIZAÇÃO: (DES)FORDIZANDO A FÁBRICA
Maria da Graça Druck

POBREZA E EXPLORAÇÃO DO TRABALHO NA AMÉRICA LATINA
Pierre Salama

O ROUBO DA FALA
Origens da ideologia do trabalhismo no Brasil
Adalberto Paranhos

O MISTER DE FAZER DINHEIRO
Automatização e subjetividade no trabalho bancário
Nise Jinkings

FORDISMO E TOYOTISMO NA CIVILIZAÇÃO DO AUTOMÓVEL
Thomas Gounet

NEOLIBERALISMO, TRABALHO E SINDICATOS
Reestruturação produtiva na Inglaterra e no Brasil
Huw Beynon, José Ricardo Ramalho, John McIlroy e Ricardo Antunes (org.)

DA GRANDE NOITE À ALTERNATIVA
O movimento operário europeu em crise
Alain Bihr

A CÂMARA ESCURA
Alienação e estranhamento em Marx
Jesus Ranieri

DO CORPORATIVISMO AO NEOLIBERALISMO
Estado e trabalhadores no Brasil e na Inglaterra
Angela Araújo (org.)

NOVA DIVISÃO SEXUAL DO TRABALHO?
Um olhar voltado para a empresa e a sociedade
Helena Hirata

PARA ALÉM DO CAPITAL
Rumo a uma teoria da transição
István Mészáros

O SÉCULO XXI
Socialismo ou barbárie?
István Mészáros

ALÉM DA FÁBRICA:
Trabalhadores, sindicatos e a questão social
Marco Aurélio Santana e José Ricardo Ramalho (orgs.)

Adalberto Moreira Cardoso

A DÉCADA NEOLIBERAL

e a crise dos sindicatos no Brasil

BOITEMPO
EDITORIAL

COLEÇÃO
Mundo do Trabalho
Coordenação
Ricardo Antunes

Revisão
Mariana Coan

Capa
Antonio Kehl

Editoração eletrônica
Publix Comunicação

Editora
Ivana Jinkings

Assistente editorial
Ana Paula Castellani

Coordenação de produção gráfica
Eliane Alves de Oliveira

Fotolitos
OESP

Impressão e acabamento
Yangraf

ISBN 85-7559-030-8

1ª edição: outubro de 2003

BOITEMPO EDITORIAL
Jinkings Editores Associados Ltda.
Rua Euclides de Andrade 27 Perdizes
05030-030 São Paulo SP
tel./fax: (11) 3875-7285 / 3875-7250
editora@boitempo.com
www.boitempo.com

Para Helena

SUMÁRIO

Tabelas

Gráficos

PREFÁCIO

Não se pode falar da moderna história do Brasil sem ter o sindicalismo como um dos seus personagens centrais. Tem sido assim desde a Revolução de 1930, que, ao lançar as bases para a modernização do Estado e a industrialização do país, começou sua obra reformadora de uma sociedade ainda predominantemente agrária e destituída de um mercado de trabalho nacionalmente unificado, pela institucionalização dos sindicatos e pela legislação trabalhista. Não à toa, na qualificação dos próprios dirigentes do novo regime, o Ministério do Trabalho, criado em suas primeiras horas, foi logo conhecido como o "Ministério da Revolução". Peça principal na estruturação do que deveria ser a transição ordenada para a hegemonia do capitalismo industrial, a legislação sindical e reguladora dos direitos sociais não nasceu para exercer seus efeitos em uma região delimitada da vida social. Tratava-se, ao contrário, de uma arrojada concepção orientada a imprimir uma nova formatação ao Estado, rompendo com o então dominante cânon liberal, investindo-o de papéis de intervenção direta na vida econômica ao mesmo tempo em que *ampliava* o seu escopo a fim de incorporar, como novas partes integrantes da sua natureza, os setores sociais estratégicos ao seu projeto modernizante, tais como os empresários, o sindicalismo operário e frações da *intelligentzia*.

A complexa engenharia institucional que vai servir aos propósitos de mudanças das novas elites políticas, afastando-se do liberalismo político, a princípio timidamente, depois com rigidez doutrinária, será, como notório, a da fórmula corporativa, em voga na década que sucedeu a crise de 1929, e que viu nascer o *New Deal*, um outro momento de afirmação da intervenção do Estado no domínio econômico. Como nos sindicatos, as relações entre o Estado e a sociedade civil se estabelecem, então, a partir das instituições e da filosofia política do corporativismo, pondo-se as variáveis de mercado sob a jurisdição imediata da política, capitalismo politicamente orientado em que os papéis daquelas se manifestam como funções delegadas do poder público. Nesse sentido, aproximar a experiência que levou a fórmula corporativa a presidir a organização do Estado e da sociedade a mais uma ressurgência do patrimonialismo na organização do Estado, isto é, traduzindo-a em chave regressiva, vai em rota oposta ao efetivo movimento que se cumpriu naquelas circunstâncias, e que se definiu pela busca do moderno não apenas em economia, mas também na própria organização interna do Estado e da sua burocracia, que começa aí a ser recrutada pelo sistema do mérito. Nessa direção, o que deve ser observado é o alcance circunscrito ao mundo urbano da ação reformadora, que deixou intocado o sistema de relações patrimoniais prevalecente no campo, com seus trabalhadores à margem da proteção das leis de proteção ao trabalho, favorecendo um encontro perverso entre o sistema da ordem do corporativismo com o do patrimonialismo.

A ordenação corporativa, na origem, se apresentou como uma sofisticada construção em que se combinavam elementos destinados a exercer coerção, sobretudo nas disposições e institutos que convertiam os sindicatos em correia de transmissão da vontade política do Estado para o interior do mundo do trabalho, com elementos especializados na produção de consenso, em especial os de proteção social do trabalhador, individual e coletiva. Para este último caso, e como peça estratégica ao sistema, criou-se a Justiça do Trabalho, de início institucionalizada por fora do Poder Judiciário, como na Carta de 1934, e parte dele nas Constituições posteriores. Com a Justiça do Trabalho, o Estado pretendia recuar de funções de administração diretas do mercado de trabalho, confiando a ela, por meio da linguagem mediadora do direito, a realização do ideal corporativo de harmonização do capital com o trabalho. A institucionalização dessa Justiça especializada alarga as possibilidades consensuais da ordenação corporativa, vindo a criar, com o tempo, um imenso corpo de intelectuais dedicados à administração dos conflitos originários do mercado de trabalho, juízes, funcionários, advogados, professores e doutrinadores do direito do trabalho, que passam a defender a especificidade do seu campo de atuação e a difusão da sua influência no direito. A notável presença de critérios de justiça material na pragmática do magistrado brasileiro decerto não é indiferente à relevância, prática e teórica, que esse novo ramo do Judiciário vai passar a ocupar no campo do direito.

A centralidade do sindicalismo para a arquitetura das instituições, nesse momento em que se definem os caminhos para a modernização sob a primazia das atividades industriais, se faz perceber pelo fato de que é dele que provém o impulso para a confirmação do direito como instância determinante na organização da vida social. Instância que, com o direito do trabalho e sua institucionalidade capilarmente ligada à vida associativa dos setores subalternos urbanos, tem a sua linguagem e procedimentos apropriados por eles. Dessa forma, a comunicação entre os agentes do mercado se realiza pela intermediação do direito, um meio público, e não pelos recursos privados detidos por cada qual. O sindicalismo reforça, então, a esfera do público diante da do privado, e esse reforço, na hora da passagem para o moderno, imprimirá marcas profundas na cultura política brasileira.

Decerto que essa publicização do mercado de trabalho e do sindicalismo importou a perda da autonomia da vida associativa dos setores subalternos, enredando-os no discurso jurídico e obrigando-os ao recurso de advogados, seus intérpretes profissionais nesse território estrangeiro ao seu. Mas, de outra parte, não só lhe abriram as portas das câmaras estatais, como implicou um tipo de treinamento na esfera pública, mais uma outra marca que lhe ficou dos seus anos de formação. E sobretudo veio a se comportar como um elemento de contenção da ação do mercado sobre a força de trabalho por meio dos direitos trabalhistas e da defesa do princípio da representação de interesses, uma vez que, em razão da lei, os sindicatos deviam representar os trabalhadores, independentemente de uma adesão explícita, em sua base territorial. Nesse *A década neoliberal e a crise dos sindicatos no Brasil,* Adalberto Moreira Cardoso, uma das importantes lideranças intelectuais da nova geração de sociólogos especializados nos estudos sobre sindicalismo e mundo do trabalho no Brasil, enfrenta o desafio de compreender o significado do atual impacto das mudanças operadas nas relações entre o Estado e a sociedade civil e entre as dimensões do público e do privado no Brasil desde que se rompeu a antiga "promessa integradora" do mercado formal de trabalho, com a qual a modernização capitalista começa sua história no país.

O abandono dessa "promessa", na esteira do processo de reformas de índole neoliberal introduzidas a partir da década de 1990, e seus efeitos negativos sobre a vida sindical e os direitos dos trabalhadores é o que Adalberto Cardoso procura demonstrar. E, nessa demonstração, o zelo, a perícia e o instinto de pesquisador na manipulação da montanha de dados que mobiliza, fazem desse trabalho um marco da bibliografia especializada, como nas importantes passagens em que analisa o papel incorporador da estrutura do mercado formal de trabalho urbano nas décadas anteriores, levando a que, em 1976, "os trabalhadores titulares de direitos, porque ocupantes de empregos registrados em carteira, [fossem] 61% da força de trabalho no país" (p. 296). Nesse mesmo ano, comprova o autor, o total de carteiras de trabalho ultrapassou, para uma população economicamente ativa de 39 milhões de pessoas, os 40 milhões de unidades. Com essa linha de argumentação, Adalberto Cardoso dá um passo importante nos estudos sobre o sindicalismo, ao recusar o simplismo de uma certa interpretação, hegemônica até recentemente, que satanizava as estruturas sindicais brasileiras em razão de admitirem a presença da esfera pública na esfera privada. Sobre o ponto, sua análise é claramente revisionista do que já foi o *mainstream*, e não apenas nos estudos sindicais, o que, sem dúvida, aponta para uma perspectiva, na procura de uma nova modelagem para o sindicalismo, que leve em conta a história anterior, retendo dela as conquistas, ao contrário da orientação neoliberal sempre preconizando rupturas em tudo que admite a presença reguladora do público no mundo do mercado. Em suas palavras: "Havia, efetivamente, uma promessa integradora associada ao trabalho regulado, e essa promessa, e também as perspectivas que ela criou entre os trabalhadores urbanos, ganhou registro inconteste no fato de que os assalariados *procuraram o registro profissional* de forma crescente, em proporção superior ao crescimento da população economicamente ativa"(p. 298).

A passagem, então, de um modelo legislado de mercado de trabalho, isto é, derivado de um direito do trabalho que regula, em suas disposições, as relações em que se troca trabalho por remuneração e as que definem as regras para a organização sindical e a ação coletiva (p. 90), para um modelo neoliberal que importe a deslegitimação do direito do trabalho, tal como vem ocorrendo no país, desde a década de 1990 consiste, portanto, no eixo que estrutura e dá unidade aos vários e importantes ensaios do autor. O diagnóstico dessa transição é, como não poderia deixar de ser, formulado em termos severos: "Em nenhum lugar do mundo se fala a sério sobre essa diluição do direito do trabalho, exceto, como afirmei, no terceiro mundo e, certamente, no Brasil. (...) Apenas por aqui os reformadores pareceram desconhecer que o mercado não *cria* solidariedade (...) dos encontros entre os agentes sociais. Apenas aqui não se reconheceu que o mercado, deixado a si mesmo, o mercado sem o Estado, é a guerra (...). É esse, parece-me, o risco maior da flexibilização e desregulamentação do mercado de trabalho tal como propostas pelos vencedores da guerra ideológica na década neoliberal"(p. 120-1).

Nos países, como o Brasil, com uma tradição sedimentada de modelo legislado, o impacto da legislação teria o seu impacto negativo sobre o mercado de trabalho ainda mais agravado pelo fato que "a legislação, aqui mais que em outra parte, é *constitutiva* do que as classes sociais fizeram de si mesmas ao longo da história" (p. 122). Contra a corrente do que ainda é dominante na bibliografia, Adalberto Cardoso *absolve* a história do nosso sindicalismo, valorizando nela, sem perder de vista o que ela implicou, nas décadas da sua imposição, de perda de autonomia na vida associativa dos trabalhadores, o complexo sistema de defesa que se montou, com base no direito do trabalho e no Judiciário trabalhista, para os trabalhadores e seus direitos sociais.

Repor o sindicalismo no seu lugar de ator influente na sociedade brasileira, longe de procurar uma outra história para ele, sempre a pretexto de uma ruptura com um suposto padrão patrimonial que nele se faria representar, estaria, como indica corajosamente nosso autor, em aprofundar, removendo as sobrevivências anacrônicas que ainda nela persistem, a presença da dimensão do público, tal como configurado nas linhas mestras do nosso modelo legislado. Sem isso, forte insinuação deste trabalho, não é apenas o sindicalismo que perde, mas a própria sociabilidade, que se veria empobrecida com a falência desta região da vida social brasileira, que, mesmo nas horas mais aziagas, foi responsável pela preservação de ideais de solidariedade entre nós.

Segue-se daí que boa parte do esforço para preservar o papel ativo, na cena republicana – e não apenas no mercado –, da vida associativa dos setores subalternos depende de como se resolve a controvérsia sobre a natureza das instituições que a regulam. O leitor tem diante de si a obra de um sociólogo especializado no assunto, reconhecidamente senhor de uma das melhores reflexões, fundamentadas por uma densa pesquisa empírica, sobre essa controvérsia, e que se põe decisivamente em favor dos trabalhadores. Não se pode mais comparecer nos debates sobre a reforma da legislação trabalhista sem conhecer os argumentos que aqui são expostos.

LUIZ WERNECK VIANNA

INTRODUÇÃO

Há consenso, entre os analistas do sindicalismo mundial, de que a década de 1980 foi crítica para a ação sindical no Ocidente. Comparadas ao que a Escola Francesa da Regulação denominou os Trinta Gloriosos, isto é, os anos entre o fim da Segunda Guerra e a metade da década de 1970, as medidas da pujança dos sindicatos caíram em toda parte, com destaque para as taxas de greve e de filiação sindical[1]. A causalidade simples e elegante característica do bom arrazoado científico é de difícil explicação em poucas palavras, e assim conto com a generosidade do leitor: a globalização, o que quer que signifique, esteve, nos últimos anos, na base da maioria das explicações correntes. Ainda que frágil[2], o conceito de globalização denota pelo menos o incremento na competitividade mundial, devido tanto à terceira revolução indus-

---

1 Ver, por exemplo, Boyer (1990); Visser (1993) e Western (1997). Para as taxas de filiação, ver Visser (1994a) e Martins Rodrigues (1999), além do capítulo 3 deste livro.

2 A fragilidade e a polissemia do termo "globalização" podem ser apreendidas pela leitura de Hirst e Thompson (1996); Salama (1999) e Held et alii (1999).

trial como às políticas de tipo neoliberal empregadas por governos na maioria das nações ocidentais, para não falarmos na hegemonia do capital financeiro mundial[3]. A desregulamentação dos mercados de produto, financeiros e de trabalho foram encarados como o único caminho possível à reestruturação produtiva, que seria, sob esse ponto de vista, um passo necessário na melhoria da posição de cada país na divisão internacional do trabalho. O resultado foi a erosão das bases estruturais e institucionais dos Estados de bem-estar de tipo keynesiano, apoiados em sindicatos fortes e quase sempre centralizados. Em outras palavras, a crise atual do sindicalismo ocidental teria relação com a reestruturação industrial, com transições no mercado de trabalho e com mudanças ideológicas no ambiente nos quais atuam os sindicatos, ao lado do enfraquecimento dos Estados-nação e de sua habilidade para sustentar serviços de bem-estar, à causa da globalização[4].

Este parágrafo é por demais telegráfico, mas a intenção é tê-lo não mais do que como um contraponto, já que a vaga de reformas econômicas imporia pesados desafios ao movimento sindical brasileiro apenas dez anos mais tarde. Estagnação econômica, taxas crescentes de desemprego, profunda reestruturação industrial com destruição de milhões de postos de trabalho, privatização de serviços públicos e de empresas estatais, flexibilização do mercado de trabalho: estes são apenas os aspectos mais salientes de um movimento mais

---

[3] Para a terceira revolução industrial, ver Castells (1996) e Singer (1996). Para a hegemonia financeira, ver Chesnais (1996) e Stiglitz (2002).

[4] Ver Locke e Thelen (1998) para os efeitos da reestruturação produtiva; Mattoso (1995) e Pochmann (2001) para a crise do mercado de trabalho; Castells (1996) para as mudanças ideológicas e Tilly (1995) para a crise do Estado-nação.

geral de desregulamentação das relações econômicas, consolidadas no período de industrialização pela substituição de importações, movimento de impactos decisivos sobre as bases sociais de sustentação da ação sindical entre nós.

Neste momento, com alguma licença, creio ser possível atribuir essas mudanças a um processo mais amplo de *despolitização da economia*, que na década de 1990 atingiu principalmente os países do terceiro mundo e que, ademais, está longe de ter se esgotado inteiramente, malgrado revisões de última hora nas posições públicas do Banco Mundial e mesmo do FMI[5]. E o essencial não é o fato de o Estado desvencilhar-se de propriedades. O essencial é ele desincumbir-se de seu lugar como centro de consolidação e reforço de normas gerais de controle dos mercados (de bens, de serviços, financeiros, de trabalho etc.), redefinindo com isso seu papel na sociabilidade capitalista. De elemento definidor, propriamente constituinte dos parâmetros das relações entre classes e grupos sociais e, nesse sentido, capaz de banhar de "status público" as relações de outro modo privadas, o Estado torna-se promotor da reprivatização daquelas mesmas relações. Procura, sobretudo entre nós, fazer valer a máxima liberal segundo a qual, deixados a si mesmos, os agentes encontrarão pontos de equilíbrio sempre mais eficientes do

---

[5] A revisão mais contundente, sem dúvida, é de Stiglitz (2002). Em setembro de 2002, a imprensa mundial foi surpreendida com a notícia de que o FMI estava flexibilizando seu receituário, para dar mais liberdade de planejamento aos países aos quais empresta dinheiro. Horst Köhler, diretor-gerente do FMI, diria, ao final da reunião de cúpula entre o Fundo e o Banco Mundial em 30 de setembro, que "nós passaremos, agora, a ajustar os nossos conselhos às realidades sociais e políticas dos países". Ver *O Globo on-line,* http://oglobo.globo.com/arquivo/economia/20020930/45232337.htm.

que aqueles fomentados pelas instituições, sejam elas os sindicatos ou o próprio Estado.

Nesse novo ambiente, o desafio maior aos sindicatos decorre da "revolução" pelo mercado – mercado promovido pelo próprio Estado ao status de mecanismo mais eficiente de distribuição de recursos econômicos e também de poder – apresentar-se como uma vaga inexorável, que não deixa margem para que os agentes sociais decidam sobre seu destino, senão nos limites estreitos das relações privadas de troca entre indivíduos. O desafio decorre, então, das restrições crescentes impostas à política em sentido amplo, isto é, à negociação pública, entre agentes interessados, dos fins da própria ação pública. Não foi a política, sob Fernando Henrique Cardoso, a "arte do possível"? Não estavam os fins dados de antemão pela globalização? Então a política do possível restringe-se à otimização de meios e, em lugar de ser o momento da elaboração e negociação de projetos de sociedade, limita-se ao *mimetikós* adaptativo. Submetidos por forças incontroláveis e avassaladoras, aos sindicatos só restaria deixar-se levar pela corrente, torcendo pela calmaria.

Este tem sido o tom corrente nas análises sobre a crise sindical brasileira, isto é, tende-se a dar maior ênfase a explicações de tipo estrutural, que chamam a atenção para o caráter relativamente incontrolável das forças da globalização[6]. Ora, parece plausível o diagnóstico de que a força dos sindicatos na sociedade capitalista ocidental decorreu, justamen-

[6] Ver, por exemplo, Rodrigues (1999) e Boito (1999). Marcio Pochmann é bastante categórico: "Grande parte das razões explicativas das alterações recentes na ação sindical devem ser buscadas fundamentalmente nas transformações na base material da economia brasileira e seus efeitos sobre as formas de inserção da força de trabalho" (Pochmann, 1998, p. 150).

te, de sua capacidade de fazer frente a movimentos tidos como fora de seu controle, dentre outras coisas por meio de sua associação com o Estado, que resultou na domesticação do mercado de trabalho e na desmercantilização da força de trabalho[7]. Nestas condições, de um ponto de vista estritamente analítico, a imagem do turbilhão talvez seja exagerada, já que, se as escolhas são sempre contextuais, a ação pública nunca é inteiramente determinada por forças cegas. Por outras palavras, supõe-se aqui que a crise do sindicalismo não pode ser atribuída inteiramente aos movimentos mais gerais da economia, o que seria conceder aos agentes, individuais ou coletivos, papel algum na construção de seu destino de curto e longo prazos. Quanto da crise deve-se às tais forças cegas, e quanto decorre de escolhas dos agentes?

Este livro procurará indicar respostas plausíveis a essa complexa questão, a partir da combinação de estratégias analíticas e recortes empíricos diversos. No primeiro capítulo, apresento em grandes linhas uma interpretação para as mudanças no padrão de relações de classe no Brasil na década de 1990, em comparação com a década anterior. Não há qualquer risco no título do capítulo, que qualifica o decênio como neoliberal. Apresentando os argumentos centrais que serão desenvolvidos nos capítulos posteriores, sugiro que as mudanças no ambiente político e ideológico, bem como a crise do emprego e a transformação da estrutura do mercado de trabalho, reduziram margens de manobra dos sindicatos, lançando-os a uma encruzilhada sem precedentes na história brasileira, na qual as opções de ação não estão claramente

---

7 A referência aqui é, obviamente, Offe (1984). Mas Korpi (1983) antecipou quase ponto por ponto este argumento, que no Brasil teve um precursor ainda mais contundente em Werneck Vianna (1999).

delineadas. No capítulo 2, iniciando o percurso de fundamentar esta interpretação, mostro como o neoliberalismo vigeu entre nós em toda a sua plenitude, e elaboro uma crítica interna ao discurso econômico neoclássico e duas de suas noções mais caras na nova ordem produtiva brasileira, as de empregabilidade e flexibilidade. Sustento que o primeiro conceito, tal como significado pelos neoclássicos, é falacioso, e que o segundo, ao visar uma das traves mestras da legitimação da exploração capitalista, o direito do trabalho, tem em si um elemento essencialmente anticivilizatório. O capítulo 3 dá um passo além, ao explorar justamente o lugar do direito do trabalho no Brasil. Passo em revista algumas interpretações clássicas sobre a natureza e as transformações do modelo de relações de trabalho ao longo do tempo, para mostrar a centralidade crescente que aquele direito adquiriu na regulação dos encontros entre capital e trabalho. Sustento que a fragilidade crescente do poder sindical, incapaz de firmar acordos coletivos para além da legislação, ou mesmo de assegurar o respeito à lei pelos empregadores, fez da Justiça o meio de acesso mais seguro aos direitos burlados no cotidiano da exploração capitalista.

A crise de representatividade dos sindicatos é frontalmente enfrentada no capítulo 4. A atenção maior pousa nas mudanças estruturais nas bases de sustentação do sindicalismo da década de 1990, principalmente na configuração do mercado de trabalho e no perfil dos filiados a sindicatos. Mostro como o ajuste neoliberal acertou em cheio as categorias mais importantes na base da Central Única dos Trabalhadores (CUT) e da Força Sindical, enfraquecendo também as centrais sindicais. No capítulo 5, arremato a investigação da crise sindical com a análise de um *survey* da Organização Internacional do Trabalho (OIT), pelo qual pude mensurar o impacto da pertença a sindicatos sobre a segurança socioeconômica dos trabalhadores brasileiros. Revelo que os sindicatos não garantem a seus adeptos direitos diferenciais, renda mais estável ou emprego mais seguro. Os sindicalizados têm, sim, tudo isso, mas em razão de que os sindicatos organizam trabalhadores do setor formal da economia. É a formalidade do vínculo que faz dos sindicalizados trabalhadores em melhores condições do que os demais, e não o fato da sindicalização *per se*. Na conclusão, procuro responder à pergunta geral do livro: devemos atribuir a crise sindical apenas às "forças cegas" da globalização, ou há espaço para a política, para a intervenção consciente de atores interessados visando conferir outro rumo às suas vidas e às daqueles que eles representam?

~

Gostaria de registrar meu agradecimento a algumas pessoas e instituições, sem as quais as pesquisas de que este livro resulta não se poderiam ter realizado, dada a recente escassez de recursos para a pesquisa básica em ciências sociais no Brasil. Do Conselho Nacional de Desenvolvimento Científico e Tecnológico (CNPq), que acolheu o projeto de base para este trabalho, recebi uma bolsa de pesquisa e outra de apoio técnico. Da Financiadora de Estudos e Projetos (FINEP), recursos tópicos para a pesquisa de campo nas varas do trabalho do Rio de Janeiro. Com recursos da Fundação Carlos Chagas Filho de Amparo à Pesquisa do Estado do Rio de Janeiro (Faperj), por intermédio dos institutos virtuais O Estado Social da Nação, coordenado por Carlos Hasenbalg, e Três Poderes e Democracia no Brasil, capitaneado por Luiz Werneck Vianna, ambos sediados no Instituto Universitário de Pesquisas do Rio de Janeiro (IUPERJ), pude completar a pesquisa na Justiça do Trabalho. E o Social Economic Security Program da OIT facultou o acesso ao *survey* realizado no Brasil sobre segurança socioeconômica. Sou grato a todos.

Ao longo de 2000 e parte de 2001, beneficiei-me da interlocução com Marco Aurélio Santana, Marcelo Jorge Paixão, Luis Antônio Cardoso, Rosana A. Ribeiro, Claudio Salm, Valéria Pero, Márcia Costa e Felícia Picanço, grupo que se reuniu com certa regularidade no IUPERJ sob minha coordenação, com o propósito de formular um projeto de pesquisa sobre o mundo do trabalho no Rio de Janeiro. Várias das idéias apresentadas aqui foram antes fermentadas no grupo, e compartilho com todos os acertos e sucessos da empreitada.

É preciso dizer que, ainda que o livro tenha uma unidade previamente planejada, desenhada em projeto de pesquisa enviado ao CNPq em 2000, seus vários capítulos vieram a público à medida que eram produzidos. Apresentei-os em seminários no IUPERJ, no Centro Brasileiro de Análise e Planejamento (CEBRAP), na Associação Nacional de Pós-Graduação e Pesquisa em Ciências Sociais (ANPOCS), na Sociedade Brasileira de Sociologia (SBS) e em eventos internacionais. Incapaz de nomear todas as contribuições relevantes colhidas nos debates, agradeço no atacado, na esperança que cada contribuição tenha sido devidamente assinalada ao longo do texto. Ainda assim, o agradecimento a granel não me deve eximir de nomear algumas pessoas cuja interlocução constante têm influência direta aqui. Luiz Werneck Vianna é leitor atento e crítico de qualquer coisa que eu lhe submeta. Assim também Wanderley Guilherme dos Santos, que apontou problemas e sugeriu caminhos em vários argumentos defendidos no livro. Nadya Guimarães é interlocutora em projetos, textos e angústias, e as várias ocasiões em que trocamos idéias são sempre pontos de partida para novos projetos, impulso inspirador de várias das análises aqui apresentadas.

O IUPERJ é minha casa. Nela encontro as condições ideais para a pesquisa e a docência, em paz. Na biblioteca, Bia, Simone, Solange e Ângela não medem esforços para encontrar o artigo mais recôndito, o livro mais inacessível. Ana e o laboratório de computação nos mantêm conectados com o mundo, além de garantir a atualização dos bancos de dados e da infra-estrutura de informática. Tema, Márcia e Claudia têm os olhos mais clínicos que conheço, mantendo nas alturas a qualidade editorial e ortográfica do que produzimos. Florita e Luíza, Valéria e Lia, Silvinho e equipe, põem em ordem nosso cotidiano. E Edson, Magno, Cícero e Marta desempenham a difícil tarefa de manter a casa funcionando bem, em seus mínimos detalhes. Nesse momento difícil para o IUPERJ, gostaria de registrar meu reconhecimento pela lealdade e tenacidade com que o corpo de funcionários da casa encara suas responsabilidades, mesmo diante das incertezas financeiras que penalizam a todos.

Como mencionado, os capítulos do livro foram ou estão em vias de ser publicados de forma independente, porém em formato diverso. Para esta edição tive que reescrever alguns, atualizar outros e adequar os argumentos de maneira que a unidade inicialmente pretendida fosse restaurada. O livro, pois, não é uma coletânea de artigos, mas a sistematização de capítulos publicados antes e dispersos em vários veículos. Apenas aqui o leitor pode formar uma imagem coerente da unidade das várias dimensões da crise sindical na década neoliberal, tal como inicialmente concebida no projeto para o CNPq.

1

RETRATOS DA CRISE NA DÉCADA NEOLIBERAL

Inicio a investigação apresentando as diversas pontas do problema geral de análise que orienta o livro, em seus desdobramentos relevantes. Faço isso por meio de uma rápida digressão a respeito das condições de emergência, consolidação e crise dos sindicatos no Brasil nos últimos vinte anos, temas a serem abordados mais detidamente nos capítulos por vir. O interesse maior é pôr em relevo as razões para a perda de poder do movimento sindical na cena brasileira, o que resultou na redefinição de seu lugar no mundo das trocas políticas, hoje mais subordinado e heterônomo do que na década de 1980.

1.1 O crescimento do sindicalismo na década de 1980

Se, como sugeri na introdução, a década de 1980 foi trágica para o sindicalismo no capitalismo avançado, no Brasil deu-se o oposto. Aqueles foram anos de eficiência e eficácia da ação representativa e organizativa sindical. Após seu renascimento no final da década de 1970, o número de sindicatos cresceu perto de 50% até 1989. O orçamento global das instituições oficiais e não-oficiais chegava a perto de um bilhão de dólares. Este dinheiro financiou a ação de mais de 10 mil sindicatos, representando 18 milhões de trabalhadores em mais de 30 mil negociações coletivas por todo o país. Trinta por cento dos empregados formais eram filiados a sindicatos, e quatro centrais sindicais disputavam sua lealdade: CUT, Central Geral dos Trabalhadores (CGT), Confederação Geral dos Trabalhadores (também CGT) e União Sindical Independente (USI) (dados em Cardoso, 1999a, cap. 2). Como é que se chegou aí?

Um brevíssimo sumário dos principais vetores da consolidação sindical na década de 1980 teria que incluir pelo menos os seguintes aspectos:

1. Como Sader (1988) corretamente argumenta, os sindicatos constituíram-se no estuário conjuntural para onde acorreram várias das formas sobreviventes (mais ou menos autônomas) de resistência ao regime militar. Após as grandes greves de 1978 e 1979, o regime teve que se confrontar com um crescimento significativo dos custos de repressão à "sociedade emergente" (O'Donnell e Schmitter, 1986), que viu no imediatamente nomeado "Novo Sindicalismo" uma válvula de pressão que poderia pôr abaixo o autoritarismo. Isso contribuiu para a politização instantânea do movimento que surgia (volto a esse assunto em seguida).

2. A estrutura sindical corporativa herdada da década de 1930 foi deixada intacta pelos militares, e mostrou-se bastante flexível. Serviu tanto ao regime autoritário (enquanto um instrumento de repressão e controle dos sindicatos) como à democracia emergente (como a base de sustentação de sua rápida organização coletiva por todo o país). Dinheiro garantido via imposto sindical, grandes sindicatos com burocracias relativamente ágeis e alianças políticas mais ou menos duradouras garantiram a construção da CUT e da Conferên-

cia Nacional das Classes Trabalhadoras (Conclat) em menos de cinco anos, a primeira já nascendo como uma central nacionalmente implantada, em todos os setores da economia (inclusive o campo). Sem a estrutura corporativa, dificilmente esse processo seria tão abrangente e rápido (Martins Rodrigues, 1989 e 1990).

3. As relações de trabalho no nível micro eram profundamente adversárias devido a regimes autoritários de trabalho e ao uso predatório da força de trabalho, expressa em gerência despótica, baixos salários, altas taxas de rotatividade e extensão das horas de trabalho via horas-extras (Humphrey, 1982). O sindicalismo nascente soube verter esta realidade em demandas por justiça e dignidade no trabalho (Abramo, 1999), elementos centrais da vontade de agir que, historicamente, alimentaram a ação coletiva sindical (Thompson, 1987; Tilly e Tilly, 1998).

4. No nível macroeconômico o ambiente também mostrou-se bastante favorável ao sindicalismo. Taxas crescentes de inflação tornaram racionais as estratégias contenciosas baseadas em greves de massa demandando a indexação dos salários. Isso ocorreu, ademais, contra políticas públicas de controle da inflação baseadas justamente na contenção dos salários reais (Tavares de Almeida, 1992) o que, como efeito colateral, verteu greves estritamente econômicas em protestos políticos diretos contra o governo. Por outro lado, entre 1983 e 1989, as taxas médias de desemprego estiveram quase sempre muito baixas, variando de 2,9 a 4% ao mês[8]. Taxas de desemprego próximas ao pleno emprego aumentam o poder de barganha do trabalhador individual no mer-

---

8 Dados da Pesquisa Mensal de Emprego (PME) no banco de dados do IUPERJ.

cado de trabalho, reduzindo o temor ou os custos da participação. Finalmente, a estagnação econômica com fechamento de mercado restringiu o ímpeto para a reestruturação industrial, limitando os impactos das novas formas de organização da produção sobre o mercado de trabalho nesse setor[9]. As bases de sustentação do sindicalismo industrial, o mais forte no país e também no interior da CUT, permaneceram virtualmente intactas.

5. A crise fiscal do Estado degradou a qualidade dos serviços públicos e conteve os salários reais dos servidores, sobretudo em nível federal, que tiveram seu poder de compra corroído em quase 60% entre 1983 e 1989 (Noronha, 1992). Isso contribuiu para catapultar a organização coletiva desses trabalhadores, e explica as grandes greves de 1987 e 1988, as mais longas na história do país. Não por acaso, o funcionalismo público federal e os trabalhadores em empresas estatais compunham a segunda maior força no interior da CUT ao final da década.

6. Finalmente, a crise duradoura restringiu enormemente os horizontes de cálculo dos agentes econômicos. Horizontes incertos tendem a favorecer jogos de soma zero nos quais cada ator tenta conseguir para si tudo de uma vez, já que não tem certeza se estará presente no próximo encontro (Elster, 1979; O'Donnell, 1992). Isso também favoreceu estratégias sindicais adversárias de tipo tudo ou nada, que se mostraram bastante eficientes na consolidação do poder dos sindicatos e em sua aceitação na sociedade. Em 1988, durante a última rodada de negociações e votações na Assembléia Nacional Constituinte, 64% dos adultos em dez regiões metro-

---

9 Ver o ainda atual Kern e Sabel (1992), em meio a vasta e crescente bibliografia.

politanas brasileiras manifestaram-se favoráveis ao direito de greve para todos os trabalhadores, inclusive aqueles lotados nos assim denominados "serviços essenciais" (bancos, serviços de transporte, hospitais etc.)[10]. Ou seja, a estratégia sindical mais importante na década de 1980, utilizada à farta por trabalhadores de empresas públicas e privadas, legitimou-se junto à população em geral como instrumento adequado de pressão.

Esses elementos contribuem para explicar, sugiro eu, o crescimento vertiginoso do movimento sindical brasileiro na década de 1980, cuja maior expressão foi a quase eleição de Lula para a Presidência da República em 1989. Ademais, a opinião pública mostrou-se altamente favorável aos sindicatos ao longo da década, colocando-os entre as instituições mais confiáveis do país. Em 1990, 56% dos eleitores classificaram os sindicatos como confiáveis, abaixo da Igreja Católica (82%), do Judiciário (62%) e do rádio (56%)[11]. Esse foi, também, o ápice do processo de consolidação sindical na democracia emergente.

Estes mesmos elementos contribuem para explicar, também, por que foi a CUT, e não a CGT ou outra qualquer, a instituição que mais se beneficiou do ambiente favorável da década de 1980. Ela encarnou um tipo específico de sindicalismo, adversário tanto do governo como do capital, e sua

---

10 Pesquisa do Datafolha numa amostra representativa (5.191 pessoas) de eleitores brasileiros de dez regiões metropolitanas. Processamento a partir do banco original de dados, arquivado no Centro de Estudos de Opinião Pública da Universidade de Campinas (CESOP/Unicamp). Agradeço a Rachel Meneguello pelo fornecimento das bases de dados.

11 Pesquisa do Instituto Brasileiro de Opinião Pública e Estatística (IBOPE) junto a uma amostra representativa de eleitores brasileiros (3.650 indivíduos). Dados arquivados no CESOP/Unicamp.

ação confrontacionista mostrou-se bastante eficaz como meio de fortalecimento de seu poder político e social. Nascida em 1983, a CUT tinha quase 2 mil sindicatos filiados em 1989, representando 8 milhões de trabalhadores de todos os setores econômicos, o que fez dela a instituição virtualmente hegemônica no mercado sindical brasileiro.

1.2 Um parêntese

Antes de seguir adiante, devo adiantar que, apesar de sua legitimidade e poder social, a CUT ou qualquer outra central sindical não tinha poder de negociação de acordos coletivos. Legalmente, isso era e ainda é uma prerrogativa dos sindicatos de base. Assim, a combinação de condições favoráveis macro e micro, econômicas e políticas, deram caldo ao fortalecimento de uma instituição (a CUT) que, paradoxalmente, não tinha qualquer poder nas relações trabalho/capital nos mercados locais trabalho. Além dos processos de consolidação democrática e de afiliação política da maioria de seus líderes, isso contribuiu para a forte politização da ação cutista, de um modo específico: a CUT agia como se fosse um partido político e não uma central sindical *stricto sensu*. Isto é, agia como um centro para elaboração e reforço de identidades políticas (muitas das quais subsumidas no programa do Partido dos Trabalhadores), e lutava pela adesão de afiliados nesse terreno estrito, e não apenas (talvez não principalmente) em terrenos afeitos às relações de trabalho no nível local ou nacional (Cardoso, 1992; Comin, 1995).

Nessa arena, a CUT não tinha competidores e o crescimento do sindicalismo na década de 1980 foi o crescimento da CUT. A CGT não conseguiu romper com seu passado letárgico e corporativo e jamais logrou aumentar o número de filiados nessa década. Seus quase trezentos sindicatos suportaram ação política tímida até 1991, quando o nascimento da Força Sindical feriu de morte suas pretensões de sobreviver sem renovar-se[12]. Quando a CGT imiscuiu-se em assuntos políticos (tais como os três pactos sociais propostos durante o governo Sarney) ou greves gerais (1983, 1987 e 1989), fê-lo sob clara liderança da CUT (Noronha, 1992; Sandoval, 1994), com uma exceção em dois casos: o pacto social de 1988 e a greve geral de 1989, ambas encabeçadas pela CUT e pelas lideranças do sindicalismo pragmático que, mais tarde, fundariam a Força Sindical (Cardoso, 1999b).

1.3 Uma imagem no espelho...

A década de 1990 reverteria inteiramente esse quadro, especialmente depois de 1994.

1. O aprofundamento da democratização reduziu o efeito expressivo de práticas e discursos contestatórios. O engajamento de partidos de esquerda em eleições formais e "burguesas", com apoio do sindicalismo, deslegitimou as demandas revolucionárias de parte dos líderes cutistas. Ao contrário de Sarney, tanto Collor como Fernando Henrique Cardoso venceram eleições limpas com grande apoio popular, nos dois casos contra Lula. Para ser politicamente eficaz novamente, a CUT teria que mudar sua estratégia de ação para além da pura confrontação ao "sistema político ilegítimo". Desse ponto de vista (e volto a isso mais tarde), a democratização reduziu o potencial político dos movimentos sociais, à exceção do Movimento dos Trabalhadores Rurais Sem Terra (MST).

---

[12] Na verdade, em 1989 a CGT dividiu-se em duas, ambas nomeadas CGT. Mas aqui as trato como se fossem uma única entidade, porque seguiram aliando-se contra a CUT no interior do mercado sindical nacional.

2. A estrutura sindical mostrou sua face canhestra depois de 1988, quando pequenas mudanças introduzidas pela Constituição Federal liberaram parcialmente a organização sindical. O paradoxo foi a manutenção de provisos tais como a unicidade e o imposto sindical. O censo sindical do Instituto Brasileiro de Geografia e Estatística (IBGE) revela que, em dezembro de 2001, havia pouco menos de 16 mil sindicatos no país, dos quais 5.092 eram sindicatos de empregados urbanos. Isso representa 1.449 sindicatos de trabalhadores a mais do que os existentes em 1991, ou seja, um aumento de 40%. Contudo, o emprego formal urbano cresceu apenas 10,2%, segundo o mesmo IBGE. Isso significa que, em 1991, havia um sindicato urbano para cada grupo de 5.523 trabalhadores. Em 2001 essa proporção tinha caído para um sindicato para cada 4.356 empregados formais urbanos[13]. Em outras palavras, se a estrutura sindical prevalecente serviu ao rápido crescimento e à consolidação dos sindicatos na década de 1980, a liberação parcial instituída pela nova Constituição tornou-se um dos principais elementos de seu enfraquecimento na década de 1990, sobretudo no aspecto financeiro, como veremos.

3. Quanto às relações de trabalho no nível das firmas, aquelas em setores mais expostos à competição em primeiro lugar, seguidas pelas outras em cada segmento da economia,

[13] É preciso fazer uma ressalva importante. Em 1996 havia mais de 16 mil sindicatos de trabalhadores e empregadores registrados no Ministério do Trabalho e Emprego, MTE (Tavares de Almeida, 1998). O censo sindical do IBGE, divulgado em outubro de 2002 e referente a dezembro de 2001, encontrou 15.963 entidades; menos, portanto, do que o próprio MTE computava em 1996. Não há razão para crer que o ritmo de criação de sindicatos tenha caído a zero de 1996 em diante ou que os movimentos de criação de novos e de morte de

experimentaram reestruturação industrial mais ou menos profunda (segundo setores e regiões do país), baseada em novas tecnologias informacionais e formas de organização da produção inspiradas em receitas da "produção enxuta" (CNI e SENAI, 1998; Kupfer, 1998; Bonelli, 1999; Rachid, 2000). Dentre muitas características interessantes deste desenho de produção, a mais importante no que diz respeito à discussão é a combinação do objetivo de "zero defeitos" com fluxos *just in time* ao longo das cadeias produtivas. Essa associação exige a transferência do controle de qualidade para os próprios trabalhadores, o que quase sempre conecta-se com programas de melhoria contínua e mecanismos de controle de qualidade que tendem a estabilizar um corpo central de produtores, treiná-los, estimular seu engajamento voluntário no aumento de produtividade e ganhar sua lealdade, contra os sindicatos. Em outras palavras, sistemas de qualidade são canais institucionais por meio dos quais problemas de produção podem ser diretamente negociados entre trabalhadores e gerência, sem a interferência sindical. Queixas não devem exceder os portões das fábricas. Em lugar de relações de trabalho adversárias e gerência despótica, o "novo local de trabalho" caracteriza-se por parcerias e cooperação entre agentes de produção (Heckscher, 1996; Wever, 1995; Turner, 1998). Em lugar de altas taxas de rotatividade, estabilização de trabalhadores centrais e externalização de trabalhadores periféricos via terceirizações e subcontratações.

A terceirização é, em si mesma, um forte limite ao crescimento dos sindicatos, principalmente os industriais. Ocorre

---

antigos se tenham anulado. Eu suspeito que o censo sindical subestimou a população de sindicatos realmente existentes, e a fragmentação deve ser maior do que a que acabo de mensurar.

que estes se constituíram, historicamente, com base em fábricas de grande porte, cujo melhor exemplo eram as enormes plantas de montadoras de automóveis que empregavam grandes montantes de trabalhadores. Em 1980, por exemplo, a planta da Volkswagen em São Bernardo do Campo produzia 100 mil carros por ano com 30 mil trabalhadores. A nova planta da General Motors em Gravataí, no Rio Grande do Sul, emprega apenas 1.200 trabalhares diretos, mas pode montar 140 mil automóveis por ano, juntando partes produzidas em sistema modular ou trazidas às linhas de montagem por terceiros de diferentes partes do país[14].

4. No nível macroeconômico, as coisas também viraram de cabeça para baixo na décade de 1990. Em lugar de inflação crescente, as taxas caíram de 40% ao mês, em 1994, para menos de 10% ao ano em 1996, e abaixo de 2% em 1998. A crise de janeiro de 1999 não foi suficiente para a volta da hiperinflação e o pico acumulado no ano foi de 8%, descendo novamente a 7% em 2000 e 7,2% em 2001. Na outra direção, as taxas médias de desemprego aberto explodiram, de 4% em 1990 para 8% em 1999, enquanto a indústria perdia quase 2 milhões de empregos formais em virtude da reestruturação econômica com liberalização dos mercados[15]. Ademais, a privatização de empresas estatais erodiu as bases sociais de alguns dos sindicatos mais fortes do país, muitos dos quais filiados à CUT. E o mercado formal de trabalho

---

[14] Ver, dentre outros, Arbix e Zilbovicius (1997); Comin (1998) e Grazziadio (2001). É claro que estas mudanças não se generalizaram no parque produtivo nacional, como mostro em Cardoso (2001). Ver também Antunes (1999) para uma crítica mais abrangente dos novos modelos de produção.

[15] Discuto esses e outros dados nos próximos capítulos deste livro.

encolheu de 56% para 42% no período[16], reduzindo as bases estruturais sobre as quais os sindicatos locais constroem seus edifícios. As condições favoráveis de alta inflação e baixo desemprego foram substituídas por baixa inflação com alto desemprego e informalização, introduzindo um componente de insegurança no trabalho, no emprego e na renda que reduz severamente a propensão dos trabalhadores à ação coletiva[17].

5. Os governos desde 1990 não foram capazes de solucionar as limitações fiscais ou reformar o aparelho de Estado para reverter a tendência de deterioração dos serviços públicos. Ao contrário, essa tendência se aprofundou. Mas a estabilização da economia e o fim da inflação tornaram difícil aos funcionários públicos sustentar uma posição adversária com o governo. A apatia política é o humor geral no âmbito da burocracia de rua, cujos salários depreciados e condições aviltantes de trabalho forçam parte substancial dos trabalhadores a acumular mais de um emprego, o que contribui ainda mais para piorar a qualidade dos serviços e para deslegitimar demandas salariais dos servidores junto à população em geral. Ao lado disso, apesar do salário médio e mediano do funcionalismo diferir pouco do da população em geral, no sentido de que ambos são muito baixos[18], tanto a mídia como o governo federal têm sido muito eficientes na conde-

---

16 Dados extraídos da PME no sítio do IBGE, em http://www.ibge.gov.br/home/estatistica/indicadores/trabalhoerendimento/pme/default.shtm, agosto de 2002.

17 Na verdade, ainda que as taxas de desemprego não possam ser *univocamente* tomadas como explicação para a queda na densidade sindical na maioria dos países (Western, 1997), o medo individual de perder o emprego num ambiente de ausência de seguro-desemprego tende a restringir a vontade de agir dos trabalhadores e, com ela, o poder sindical (Pizzorno, 1974; Visser, 1994a; Tilly e Tilly, 1998).

18 Segundo dados da PNAD, em 1999 o salário/hora médio dos servidores

nação dos "marajás" do serviço público e na contaminação de todos os demais com a imagem de corrupção, negligência e altos salários, culpando-os pela baixa qualidade de serviços sociais muitas vezes propositadamente sucateados. O efeito tem sido a capacidade de mobilização reduzida de um sindicalismo antes agressivo e antigovernamental que, como argumentei, tornou-se um dos esteios mais sólidos da CUT na década de 1980.

6. O fim da inflação, o apoio geral ao plano de ajuste econômico do governo Fernando Henrique Cardoso e a emergência de insegurança estrutural no emprego devida à reestruturação econômica, ao lado da reestruturação industrial com mecanismos de controle de qualidade, minaram as bases de estratégias de tipo soma zero. O compromisso de classe parece ser a regra do jogo nos novos ambientes de trabalho[19].

1.4 ...E mais

O quadro ficou pior em razão de novos desafios. Primeiro, o ataque incisivo e direto do governo Fernando Henrique contra a CUT e a esquerda em geral. Talvez o principal movimento nesta direção tenha sido a reação federal à greve dos petroleiros de 1995. A Petrobras recusou-se a honrar

---

públicos estatutários (nos três níveis da administração) era de R$5,99, contra R$3,41 no setor formal privado *urbano*. A renda mediana era de R$3,75 e R$1,99 respectivamente. Os salários do funcionalismo, pois, são efetivamente mais altos do que os dos trabalhadores urbanos, mas muito distantes de qualquer idéia de padrão suntuário de vida.

[19] Não quero dizer com isso que o compromisso estava de fato ocorrendo, seja no processo de trabalho, seja no mercado de força de trabalho. Sustento apenas que essas eram as regras do jogo, em grande medida impostas aos trabalhadores em troca de segurança no emprego, ao custo de maior carga de trabalho e maior stress na execução das tarefas. Ver Stewart et alii (2001).

um acordo coletivo segundo o qual a companhia deveria repor a inflação passada sempre que chegasse a certo patamar (10%). Como o governo estava combatendo a indexação geral da economia, as demandas dos petroleiros foram tomadas como o farol de onde o governo sinalizaria aos outros trabalhadores que não "toleraria" esse tipo de indexação. Depois de semanas de negociação frustrada, uma greve de trinta dias foi duramente reprimida, com o exército ocupando refinarias, demissão de líderes sindicais no Brasil inteiro (59 ao todo) e nenhuma reivindicação atendida, lembrando os piores momentos da repressão aos movimentos operários durante a ditadura.

Essa foi uma grande derrota para a CUT. Os líderes petroleiros estão entre os fundadores da central e foram dos primeiros a organizar um "departamento nacional" no interior de sua estrutura, negociando acordos coletivos nacionais com a Petrobras que, na estratégia da central, deveriam servir como exemplo para os trabalhadores dos outros setores econômicos. Fernando H. Cardoso estava ciente disso e agiu para minar o poder dos petroleiros. Um dos ganhos laterais da batalha, do ponto de vista do governo, foi a opinião pública ter se voltado contra os grevistas em favor do presidente: 60% da população da Grande São Paulo desaprovou a greve; 55% achou-a injusta; e 53% achou que seu mote era político, uma greve contra F. H. Cardoso, não por motivos econômicos[20].

No mesmo diapasão, de 1995 em diante, CUT, PT, partidos comunistas, centrais sindicais como as duas CGT e outras centrais menores, em suma, a esquerda e outras forças

---

20 Pesquisa Datafolha numa amostra da população paulista com mais de 14 anos (1.079 pessoas), em maio de 1995, também arquivada no CESOP/Unicamp.

nacionalistas, tentaram em vão bloquear os programas neoliberais do governo, dos quais o mais importante, do ponto de vista destas forças, foi a privatização de empresas estatais. Depois de alguns protestos violentos em 1996 e 1997, Cardoso privatizou tudo o que quis, como quis. E isso apesar da crescente resistência popular às privatizações, expressa na condenação da qualidade dos serviços após a venda.

Com efeito, em 1990, apenas 30% dos brasileiros eram favoráveis à venda de empresas estatais, contra outros 30% desfavoráveis e 36% sem opinião[21]. Em 1998 a taxa de rejeição tinha subido para 52%, com apenas 36% de apoio à privatização[22]. Finalmente, em novembro de 2000, 65% da população eleitora do Estado de São Paulo manifestou-se contrária "às privatizações em geral"[23]. Entretanto, os movimentos nacionalistas, de esquerda ou não, não foram capazes de canalizar para si a insatisfação popular e fazer disso movimento sustentado de resistência à privatização de antigos bastiões do movimento sindical brasileiro. Mais do que isso, em vários casos a privatização levou à perda de poder por parte de direções cutistas para entidades concorrentes, com destaque para a Força Sindical.

Na verdade, tudo isso não teria tanta importância não fosse o fato de que, na década de 1990, a Força Sindical instituiu-se real competidor no mercado sindical. Nascida em 1991 e composta de egressos das duas CGT e lideranças

---

[21] Pesquisa IBOPE em amostra representativa da população votante (3.643 entrevistas) em agosto de 1990, arquivada no CESOP/Unicamp.

[22] Pesquisa Datafolha em amostra representativa (4.380) da população adulta no Brasil (18 anos ou mais de idade), jul. 1998. Arquivada no CESOP/Unicamp.

[23] *Folha de S.Paulo*, 13 nov. 2000, p. B1.

independentes, a FS tem uma abordagem bem diversa do que deve ser a estratégia de centrais sindicais no Brasil. Em lugar de confrontação com o governo e o capital, prega cooperação e parceria em nome do "bem-estar da nação", o que quer que isso signifique (Força Sindical, 1993; Martins Rodrigues e Cardoso, 1993). Em lugar de opor-se às políticas neoliberais vigentes, a FS afirmou, quase todo o tempo, seu apoio incondicional a elas[24], esposando o julgamento governamental a respeito das esquerdas, nomeadas de "vanguarda do atraso". Por outro lado, assim como a CUT, a FS favorece a ação coletiva em nível de empresa como a forma mais importante de consolidação do poder sindical. Como conseqüência, e ao contrário do ocorrido na década de 1980, quando poucos sindicatos puderam resistir ao ataque da oposição cutista (dentre eles o Sindicato dos Metalúrgicos de São Paulo, base de sustentação da FS), na década seguinte a estratégia da FS serviu como escudo muito mais eficiente, para seus filiados, contra as ofensivas da CUT. Se as CGTs não cresceram na década de 1980, a FS quase triplicou sua afiliação na década posterior[25]. Dessa perspectiva, por representar obstáculo real ao crescimento da CUT tanto no nível micro (sindical) como no plano macro (político), a FS obrigou a central mais forte a rever planos de ação e estratégias de sobrevivência, já que ambas deixaram de depender unicamente do potencial organizativo da própria CUT. Daqui para frente esta teria que jogar um jogo em que aos trabalhadores foi dada, finalmente, uma alternativa real à sua abordagem adversária no campo sindical.

---

24 Volto a isso mais adiante.

25 Em 1998 um grupo de dissidentes deixou a central, levando consigo setecentas entidades e fundando a Social Democracia Sindical. Sua representatividade, porém, é virtualmente nula.

Para finalizar este discurso sobre as razões para a crise atual, uma palavra sobre o financiamento dos sindicatos e das centrais sindicais. Estas últimas dependem da contribuição voluntária dos primeiros. Estes, por sua vez, dependem em parte de contribuições compulsórias (o imposto sindical) de sua base territorial, em parte de contribuições "voluntárias" aprovadas em assembléia, e em parte de contribuições voluntárias individuais dos associados. Apenas estas últimas são puramente voluntárias; as contribuições aprovadas em assembléia são compulsoriamente descontadas em folha de pagamento caso sejam coletivamente aprovadas por uma maioria não-qualificada, em assembléia da categoria. O que importa é que todas estas formas de financiamento estão em crise devido ao desemprego crescente, ao aumento do setor informal (apenas trabalhadores formais têm contracheques formais que possam ser compulsoriamente descontados), e à competição de novas instituições criadas nas brechas da ambigüidade inerente ao texto constitucional. Virtualmente, todo sindicato enfrenta problemas financeiros e passa ou passou por reestruturação institucional e redução de pessoal nos anos recentes. O mesmo vale para as centrais sindicais.

É fato que tanto a CUT como a FS reduziram pessoal ou redefiniram a escala de salários e funções, ou ambas as coisas, durante a década de 1990. O orçamento da FS depende pesadamente do orçamento do Sindicato dos Metalúrgicos de São Paulo, com o qual compartilha pessoal, prédios e contas. Este sindicato perdeu mais de 52% de sua base territorial entre 1989 e 1999, segundo a Relação Anual de Informações Sociais (RAIS). Quanto à CUT, 90% de seu orçamento vem de trezentos (ou 10%) de seus afiliados. Ademais, os metalúrgicos do ABC, os bancários de São Paulo, os petroleiros em nível nacional e os professores do Estado de São Paulo respondem por quase metade do orçamento global. Os dois primeiros perderam perto de 50% de empregados na base, como veremos no capítulo 4, enquanto os petroleiros sofrem com a queda na filiação voluntária. Não surpreende que o grande problema das centrais sindicais na década de 1990 tenha sido o reforço da afiliação como "vontade de pagar". A CUT ainda assegurou um fluxo regular de pagamentos ao vincular a participação em seus congressos trienais ao saldo das dívidas passadas. A FS, porém, não institucionalizou tais mecanismos e sua forte dependência de um único sindicato teve efeitos mais sensíveis do que na CUT. É claro que ambas contam com aportes internacionais (centrais sindicais alemãs, holandesas e italianas, principalmente), mas estes são cadentes. E o dinheiro do Fundo de Amparo ao Trabalhador (FAT) recentemente carreado a programas de qualificação profissional de ambas não é permanente: depende dos humores dos governantes.

1.5 Fogo sob as cinzas

O ambiente selvagem dos anos 1990 levou os sindicatos e as centrais sindicais à encruzilhada. O crescimento do desemprego e da pobreza contribuiu para uma virada inesperada para a CUT, se fosse feita uma comparação com a década anterior. Então, salários e condições de trabalho eram os alvos centrais da ação do trabalho organizado. As altas taxas de rotatividade e a reestruturação industrial um tanto quanto tímida impediram que a segurança no emprego emergisse como tema da agenda sindical. Mas na década de 1990 as centrais retomaram suas energias, ainda que com enormes restrições de diversas facetas, para a representação tanto dos empregados como *dos desempregados*. A estabilidade no emprego tornou-se crucial. A própria sobrevivência dos sindicatos passou a depender dela, em grande parte.

A série de desafios, derrotas ou ineficácia da ação sindical em cada um dos campos de sua atuação parece ter consolidado, lentamente, a imagem de que os sindicatos, sobretudo os sindicatos da CUT, são fracos diante do governo e do capital. As mudanças profundas no ambiente político, econômico e social parecem ter finalmente minado a possibilidade mesma da ação sindical centralizada. O neoliberalismo parece ter vencido não apenas uma batalha, mas a *guerra* política e ideológica. A Força Sindical, neste contexto, parece ter tido um desempenho melhor em razão de sua aliança incondicional e de primeira hora com o governo Cardoso, e a medida mais importante disso talvez seja o aumento em sua afiliação. Essa imagem, aparente, não corresponde aos fatos.

1.6 Outro parêntese

A aparência de derrota irreversível e de paralisia da ação sindical centralizada no país tem algo a ver com o termo de comparação. A década de 1980 foi o ápice da organização sindical no Brasil. Ao lado das condições favoráveis discutidas antes, esse decênio testemunhou seis planos econômicos frustrados, que alimentaram manifestações de massa contra a restrição de salários que os orientou (congelamentos de preços e salários só foram efetivos em relação a estes últimos). O padrão de relação entre sindicatos e governo durante essas tentativas poderia ser sumariado nos seguintes termos: os sindicatos tentavam, primeiro, impedir a implementação dos planos econômicos. Os protestos mais ou menos intensos do trabalho organizado eram mais ou menos brutalmente reprimidos pelo governo. A Justiça do Trabalho ora julgava as greves ilegais, ora negava as demandas salariais dos grevistas em nome da estabilidade econômica que viria, supunha-se, com o sucesso do plano. O fracasso de cada novo pacote econômico alimentava imediatamente o movimento sindical, e novas greves eclodiam, desta vez revertendo o humor da Justiça do Trabalho que, em geral, dava ganho de causa aos trabalhadores e repunha a inflação passada nos salários. A inflação explosiva e as tentativas frustradas de domá-la baseadas na contenção dos salários foram combustíveis poderosos num ambiente bastante favorável à ação de massa.

Para dizer de outro modo: domar a inflação foi uma das razões de Estado nos anos 1980. Nesse ambiente, greves e protestos contra planos econômicos politizaram-se imediatamente como movimentos contra o governo. A crise geral do Estado, sua ineficácia política e a falta de *responsiveness* do sistema político (Lessa, 1988) alargaram sobremaneira o escopo das disputas no mercado de trabalho. O movimento sindical verteu-se em representante-chave dos interesses e/ou da insatisfação da população em geral[26].

O Plano Real também foi aplaudido desde seu início. Uma vez mais a CUT tentaria derrotá-lo no berço e uma vez mais a opinião pública, Justiça do Trabalho e também a Força Sindical deram apoio irrestrito ao plano. Cardoso foi eleito presidente contra Lula *por causa* do sucesso do plano, e pela primeira vez rompeu-se com o padrão de "plano → aplauso → derrota sindical → derrota do plano → grevismo sindical". Em outros termos, o sucesso do Plano Real que, dentre outras coisas, permitiu ganhos reais de salários entre 1995 e 1997 (Singer, 1996; Amadeo, 1999), solapou uma das principais questões em torno das quais a CUT articulou tanto sua iden-

[26] Leituras diferentes desse processo podem ser encontradas em O'Donnell (1992), Werneck Vianna (1991) e Sallum Jr. (1996), os dois últimos com atenção especial na relação entre classes sociais na transição.

tidade como sua estratégia sindical. A ineficácia governamental em controlar a inflação era um importante cimento da insatisfação popular e alimento de sua vontade de agir. O "inimigo" era claramente identificável e os salários eram nervos expostos e sensíveis. Tudo foi profundamente abalado quando o Plano Real "deu certo". O inimigo não estava mais demarcado de forma tão clara (no início, F. H. Cardoso tornou-se mais propriamente um herói popular), e uma estratégia política global baseada sobretudo na insatisfação popular deixou a cena. Para manter acesa a chama da mobilização, o movimento sindical brasileiro necessitaria encontrar outros combustíveis.

E de fato, sob o manto da derrota, o sindicalismo brasileiro demonstrou insuspeita capacidade de sobrevivência, contra todas as expectativas. Os custos, porém, foram muito altos, como demonstra a experiência do setor automobilístico.

1.6.1 Uma volta por cima? O setor automotivo

O segmento automobilístico será tomado como caso exemplar aqui, em razão de ter sido palco da mais importantes inovações nas relações trabalhistas desde pelo menos 1978, quando o movimento sindical autônomo renasceu entre nós. Ostenta as maiores taxas de filiação sindical entre os setores assalariados da população economicamente ativa (PEA) (tabela 1) e, nas regiões de industrialização mais antiga, o maior e mais complexo conjunto de regras contratuais de trabalho (Cardoso, 1995). Estas regras, bem como o poder deste sindicalismo, foram postos na berlinda na década de 1990. Não apenas as taxas de filiação declinaram (com exceção de São Paulo, onde aumentaram nos onze anos cobertos pela mesma tabela) como, ainda, muitas conquistas históricas do movimento sindical metalúrgico foram revertidas em razão do aumento do poder de barganha das empresas, calcado em ameaças, feitas por todas as montadoras da Grande São Paulo, capital e ABC inclusive, de deixar a região. O saldo, porém, não é inteiramente unilateral, ainda que os trabalhadores tenham perdido muito mais.

Tabela 1 – Taxa de filiação sindical da PEA adulta ocupada no setor automobilístico em alguns Estados selecionados e no total da PEA adulta ocupada assalariada: Brasil, 1988-1999

	Filiação			Emprego		
Estado	1988	1999	Variação	1988	1999	Variação
Minas Gerais	34,3	30,28	-4,02	19002	53.550	34.548
Rio de Janeiro	46,5	44,46	-2,04	58846	19.344	-39.502
São Paulo	33,7	47,15	13,45	455313	283.073	-172.240
Paraná	55,9	50,99	-4,91	13151	11.790	-1.361
Sta. Catarina	54,6	33,33	-21,27	8265	5.184	-3.081
R. Gde. do Sul	47,1	44,44	-2,66	16507	20.443	3.936

Fonte: Pesquisa Nacional de Amostras de Domicílios (PNAD) (1988 e 1999).

Com efeito, o primeiro contrato de trabalho com jornada flexível (banco de horas) foi celebrado pelo Sindicato dos Metalúrgicos do ABC ainda em 1996, como sugestão dos trabalhadores em troca de estabilidade no emprego. Apenas em 1998 esse tipo de contrato seria incorporado em legislação federal como parte de um pacote mais amplo de flexibilização do mercado de trabalho. Essa espécie de contrato corta custos operacionais ao reduzir o número de horas extras necessárias em momentos de pico de produção, mas evita que as empresas demitam trabalhadores na baixa do ciclo. Em economias altamente instáveis como a brasileira, o principal ganho para os trabalhadores é a diminuição do risco de desemprego, ainda que a gestão do banco de horas seja freqüentemente denunciada por possibilitar a superexploração do trabalho.

Em 1997 o mesmo sindicato teve que conceder em negociações com a Volkswagen uma redução de benefícios sociais que, antes, faziam a diferença entre sindicatos cutistas e não-cutistas: subsídios a atendimento médico, transporte, comida no trabalho, hora extra 100% acima da prevista em lei, dentre outros. O objetivo era reduzir os custos de produção em 2,3% e, com isso, evitar a demissão de 10 mil trabalhadores. Este mesmo sindicato tinha negociado, em 1991, acordo coletivo que proibia a empresa de terceirizar produtos ou serviços sem autorização dos trabalhadores! Em dezembro de 1998 a empresa ameaçou com novas demissões, desta vez de 7,5 mil trabalhadores, e o sindicato negociou uma redução de 15% nos salários e na jornada de trabalho, em troca de estabilidade no emprego por 12 meses.

É verdade que o sindicato também negociou com a empresa a permanência da planta de São Bernardo, que a Volkswagen planejava desativar. Esta foi uma grande conquista em meio à perda de direitos trabalhistas. Pela primeira vez no país, uma multinacional reviu suas estratégias de investimento em resposta a demandas sindicais. A companhia decidiu inclusive montar seu modelo "popular" nessa planta decadente e *brown-field*. Essa decisão garantiu os empregos atuais, mas a moeda de troca foi a concordância dos trabalhadores quanto à paz no trabalho. Houve uma derrota, mas a novidade do acordo não deve ser subestimada. Haveria mais.

Em dezembro de 1998, às vésperas do Natal, a Ford anunciou demissão em massa de 2.800 dos 6 mil trabalhadores de sua planta de São Bernardo. A empresa negou-se à negociação desde o início e, depois de 15 dias de intensos (e tensos) protestos, o sindicato do ABC teve uma idéia original: na manhã de 5 de janeiro de 1999, todos os trabalhadores se apresentariam para trabalhar, inclusive os demitidos.

Entraram na fábrica como se nada tivesse acontecido e ocuparam seu local original de trabalho. A intenção era produzir seiscentos veículos com qualidade total. A Ford impediu que o trabalho começasse, e os trabalhadores continuaram com o protesto por outros 15 dias, sempre impedidos de trabalhar pela empresa. Eles não estavam em greve. Era a Ford que estava, digamos, em "*lockout* induzido". O *lockout* é proibido por lei no Brasil, como se sabe. Pressionada pela opinião pública e pelo governo, a Ford finalmente abriu negociações. Em 3 de fevereiro de 1999, 44 dias após o anúncio das demissões, a empresa voltou atrás: os demitidos foram recontratados e a empresa anunciou um programa de demissão voluntária. Luis Marinho, então presidente do Sindicato dos Metalúrgicos do ABC, foi aclamado pelos trabalhadores e, no dia seguinte, os dois lados da disputa publicaram uma nota na imprensa na qual se comprometiam a buscar, conjuntamente, mecanismos de melhora da competitividade da planta de São Bernardo. Esta é outra novidade completa na história das relações de trabalho no país.

A tradição de confronto e negociação nas relações trabalhistas da indústria automobilística já foi por demais estudada. Ela é a base do caráter inovador das propostas sindicais e da disposição das montadoras e fabricantes de autopeças negociarem os acordos. Mas o saldo destes acordos é ambíguo. Em termos institucionais, o sindicato se fortaleceu após duas negociações bem-sucedidas com companhias que planejavam fechar suas fábricas. Houve efetivo ganho em legitimidade diante dos trabalhadores e, não por acaso, a proporção de filiados ao sindicato chegou a superar os 80% (Rodrigues, 1999). Em termos puramente econômicos, os empregos foram garantidos num momento de crise e crescimento do desemprego.

Tudo isso, porém, deu-se à custa de salários e benefícios subsidiários, e de promessas de paz nas relações de trabalho. Ademais, os trabalhadores foram conclamados a assumir parte do risco do negócio ao comprometer-se com a busca de soluções para a competitividade da planta da Ford. Parece-me que o preço mais alto a se pagar em casos como este é a indiferenciação de interesses de capital e trabalho e a conseqüente redução da legitimidade de projetos alternativos de gestão do trabalho e mesmo de relações industriais, que não os propostos (quando não impostos) pelas empresas.

Sindicatos da Força Sindical também sofreram revezes importantes, e o ambiente geral de crise da indústria em São Paulo levou-as, Força Sindical e CUT, a ações conjuntas em defesa do emprego e de direitos trabalhistas. Em junho de 1999 as duas centrais propuseram, juntamente com a Ford, uma mudança na regulação governamental relativa à suspensão temporária dos contratos de trabalho, estendendo o período regulamentar de cinco meses para um horizonte indefinido, negociado entre as partes e supervisionado pelos sindicatos. Em julho de 1999 as duas centrais juntaram-se contra a mesma Ford quando a companhia anunciou o fechamento de sua fábrica em São Paulo, em seguida ao anúncio de uma nova planta na Bahia, favorecida por incentivos da guerra fiscal. CUT e FS demandaram a proibição do fechamento de plantas antigas até que os benefícios fiscais para as novas plantas expirassem.

Ainda em reação à guerra fiscal e à migração de montadoras para outros Estados, entre setembro e outubro de 1999, as centrais propuseram um contrato nacional para a indústria automobilística que estipulasse piso salarial e condições básicas de salário para todo o setor no país. Diante da recusa das montadoras, deram início ao que ficou conhecido como o "festival de greves", a coordenação de vinte sindicatos locais por todo o país, visando parar todas as montadoras, uma a cada quinta-feira, começando em 23 de setembro até 18 de outubro daquele ano. O festival foi um sucesso completo com exceção da Fiat, que não apenas resistiu ao movimento como ainda recusou-se a negociar quando as outras companhias concederam 10% de aumento e nomearam uma comissão para avaliar a viabilidade de um contrato nacional. Como conseqüência, CUT e FS incendiaram dois carros da Fiat na Avenida Paulista, chamando a atenção do público para a "falta de visão social" da companhia. O experimento do festival de greves foi tão bem avaliado que as duas centrais mantiveram em seu horizonte repeti-lo em outras categorias, como químicos e comerciários. E durante os meses seguintes as ações conjuntas de fato se avolumaram, culminando com a greve de protesto dos metalúrgicos de São Paulo em janeiro de 2001, contra o anúncio do fechamento da fábrica da Multibrás em São Bernardo do Campo, com transferência prevista para o Paraná, em função de guerra fiscal[27].

Parece fora de dúvidas que a força dos sindicatos de São Paulo e do ABC, sem poder obstar inteiramente, conteve parte do ímpeto de reestruturação das antigas plantas aí instaladas. Apesar das perdas salariais e de benefícios subsidiários, o emprego foi reduzido em ritmo bastante inferior ao da Fiat, por exemplo, que, tendo impedido a organização sindical internamente à planta de Minas Gerais e adotado regime autoritário de relações de trabalho desde o início (Neves, 1999; L. Cardoso, 2001), não teve problemas em cortar seu

[27] Todos os eventos foram extraídos de meu arquivo de recortes de jornal. Agradeço a Dulcimar Dantas de Albuquerque e Maria Angélica Ribeiro de Souza pelo paciente trabalho de seleção, classificação, indexação e arquivamento do material.

efetivo à metade em dois anos (1998 e 1999) e em anunciar nova redução à metade para o ano de 2001. Assim também a General Motors de São Caetano do Sul reduziu em 60% seu pessoal entre 1995 e 1997, e previa nova demissão em massa para 2001.

Ainda assim, os sindicatos de São Paulo e São Bernardo estiveram às voltas, por todo o período, com a perda de direitos conquistados nos anos de crescimento do sindicalismo na região. A ameaça de fechamento de plantas obrigou-os a barganhas por concessão (*concession bargaining*) e mesmo ganhos salariais estiveram ameaçados, não obstante o estrondoso crescimento da produtividade do trabalho. O resultado foi a deterioração das relações industriais no setor a um ponto que muitos (analistas e sindicalistas) consideram de não-retorno.

Para que se tenha uma idéia do efeito das mudanças sobre o padrão de relacionamento entre empresas e sindicato no coração do complexo automotivo, em 7 de novembro de 2000 CUT e FS realizaram uma greve de advertência no Estado de São Paulo, com adesão que contou com perto de 100 mil trabalhadores de vários setores. Era o início de uma campanha salarial conjunta. Nos dias 13 e 14 seguintes, foi a vez dos metalúrgicos de montadoras e autopeças no Estado pararem, reivindicando 10% de aumento salarial. Os sindicatos patronais ofereceram 6,5%. Sem acordo, e para surpresa de muitos, estes recorreram à Justiça do Trabalho, fato que não ocorria em São Bernardo desde 1976, quando empresas e trabalhadores acordaram tacitamente resolver seus conflitos sem concurso de terceiros (Rodrigues, 1999). E também para surpresa de todos, desta vez a Justiça do Trabalho deu ganho de causa aos trabalhadores, concedendo os 10% pedidos para empregados em montadoras na base da CUT e da FS, e para trabalhadores em autopeças da Central Única.

O Sindicato Nacional dos Fabricantes de Veículos Automotores (Sinfavea), representante das montadoras nas negociações, recorreu da sentença, uma vez que o Sindicato Nacional da Indústria de Componentes para Veículos Automotores (Sindipeças) logrou, em recurso, reduzir para 8% o montante de reajuste em razão de ter sido este o acordo na base da FS. Antes do resultado do recurso o Sindicato dos Metalúrgicos do ABC fechou vários acordos por empresa, conseguindo 10% de aumento para 90% de sua base, inclusive contra a orientação do Sinfavea aos seus filiados. A Volkswagen foi a primeira a conceder o aumento, seguida pela Ford e Mercedes-Benz. Em meados de dezembro todas as montadoras já tinham aderido aos 10%, inclusive a Fiat.

Perdas salariais de 1996 a 2000 foram em parte recuperadas nessas duas grandes mobilizações. Apesar disso, o resultado, em termos das relações industriais, foi o rompimento com um histórico de autocomposição de conflitos que fez a diferença no setor nas décadas de 1980 e 1990 em São Bernardo do Campo. Este histórico consolidou o poder sindical, profissionalizou especialistas em negociação, estabilizou expectativas quanto ao andamento das negociações, firmou os horizontes da confiança possível entre agentes de interesses antagônicos, enfim, travejou a liberdade de negociação segundo parâmetros delimitados no próprio jogo de poder entre as partes, sem o concurso do Estado. Ao recorrer à Justiça do Trabalho, o Sinfavea (com o aval das montadoras) mudou as regras no próprio andamento do jogo, sem aviso, num sinal claro de que sua leitura da conjuntura passou a ter outros conteúdos que não o reconhecimento *ex ante* do poder sindical. Este, na verdade, está agora sob suspeita, apesar das altas taxas de filiação e da reiterada capacidade grevista dos trabalhadores.

A maior novidade nas relações industriais no segmento automotivo brasileiro, porém, deu-se num *green-field*, a planta da Volkswagen em Resende, Estado do Rio de Janeiro. O processo tem semelhança com a reconstituição da organização sindical na fronteira norte do México no início dos anos 1990 (Carrilo e Ramírez, 1993). Os trabalhadores da fábrica de caminhões da Volkswagen fizeram sua primeira greve ainda em 1997, parando outra vez por uma semana em agosto de 1999. Além disso, foi a primeira a parar durante o festival de greves de setembro e outubro 1999, e o modelo de organização do trabalho em regime modular[28], pensado como imune à organização sindical, tem hoje a maioria de seus empregados filiados ao Sindicato dos Metalúrgicos do Sul Fluminense, que montou uma subsede na cidade. Como mostram Abreu e Ramalho (1998):

> Embora tenha sido considerado pela empresa como um sindicato mais dócil (por ser ligado a uma central sindical mais conservadora como a Força Sindical), a atuação sindical tem sido bastante ativa, com um grau de combatividade que garante uma mobilização permanente dos operários da fábrica. Os resultados conseguidos nas negociações salariais mostram um sindicato que vem rapidamente se adequando às necessidades dos trabalhadores nesse setor, considerando que a tradição desse sindicato está na atividade siderúrgica. Isso comprova a possibilidade de incorporação quase imediata de pautas de reivindicação que vem sendo discutidas em sindicatos com mais experiência no setor.

---

[28] No consórcio modular da fábrica da Volkswagen em Resende, todas as peças e subconjuntos estão sob responsabilidade dos fornecedores, que trabalham num condomínio dividido em sete módulos: carroceria, pintura, cabine, motor, chassis, pneus e rodas, e eixos e suspensão. Cada fornecedor acede diretamente à linha de montagem. A

Depois de resistir por quatro anos, em 2000 a empresa teve que ceder diante das pressões para a constituição de uma comissão de fábrica, que é representativa em questões como ritmo de trabalho, padrões de salário e relação com chefias[29]. O curioso é que a organização sindical se tenha dado em prazo tão curto – não mais de três anos – num ambiente idealmente infenso a isso, já que há múltiplos empregadores em unidades fragmentadas e pequenas, nas quais as instituições de produção e controle da qualidade total tendem a internalizar a solução dos conflitos cotidianos de trabalho. Ao que tudo indica, a Volkswagen subestimou a capacidade de articulação do Sindicato dos Metalúrgicos do Sul Fluminense que, como bem lembraram Abreu e Ramalho (1998), tinha um arsenal organizativo já consolidado nas disputas com a Companhia Siderúrgica Nacional em Volta Redonda, arsenal que pôde ser rapidamente adaptado ao novo ambiente de produção.

1.7 As centrais sindicais e a política

É preciso notar que, conquanto importantes, essas conquistas, obtidas num ambiente bastante hostil, são exceções. Os sindicatos cutistas não impediram a destruição de perto de 2 milhões de empregos formais na indústria, sustentáculo decisivo de sua estrutura. Tampouco impediram a deterioração dos serviços públicos, outro pilar de sua organização nacional. E as privatizações não foram obstadas pelos que se

---

Volkswagen fica responsável pelo controle de qualidade final, auditoria, logística, desenho dos projetos e vendas, além da supervisão geral do processo. A montadora não fabrica mais nada, apenas monta o que outros fabricam. Ver Salerno e Dias (2000).

29 Devo estas informações a conversas com Marco Aurélio Santana, Luis Antônio Cardoso e José Ricardo Ramalho, que fazem pesquisas na região. Ver também Ramalho e Santana (2002).

opuseram a ela. As vitórias no mercado de trabalho foram parciais, localizadas, restritas quase sempre a sindicatos previamente poderosos que, ainda que vitoriosos em certo sentido, perderam recursos institucionais, direitos trabalhistas e capacidade de mobilização. Mais importante, porém, foi seu deslocamento para fora do centro da cena política mais geral. Pretendo mostrar que os sindicatos e as centrais sindicais perderam uma parcela importante de sua capacidade de funcionar como galvanizadores, promotores ou representantes de identidades coletivas de caráter político.

Como já se sugeriu, a CUT e a FS consolidaram padrões diversos de ação política no nível macro, a despeito de convergências importantes no final da década. De um lado, na década de 1980 e inícios da de 1990, a CUT não abandonou, por momento algum, seu lugar como movimento de oposição a qualquer partido ou coalizão partidária no poder (nacional ou local) desde seu aparecimento em 1983. Recusando-se a tomar parte na concertação política proposta por Sarney ou Collor de Mello, o primeiro tratado por ela como ilegitimamente eleito pelos militares e o último, como um inimigo neoliberal a ser combatido, a CUT adotou a tática de pressionar a partir de fora: demonstrações públicas, greves gerais, ocupação de terras improdutivas etc. O objetivo principal foi, quase sempre, organizar os trabalhadores para ganhar eleições pelo PT e seus aliados de esquerda, e somente então tomar parte direta no processo político institucional. Vale dizer, a ação política estratégica da CUT não pode ser compreendida fora de um projeto de poder que incluía o PT e outros partidos também representados em sua estrutura interna de poder. Nos anos 1990 isso mudou em pelo menos uma direção relevante.

Com efeito, o *impeachment* de Collor pavimentou o caminho para uma participação de tipo diverso: as Câmaras Setoriais, arranjos tripartites construídos sob o governo Itamar

Franco (1992-1994), em atenção a demanda de Vicente Paulo da Silva, então presidente do Sindicato dos Metalúrgicos do ABC. Essa institucionalidade mesocorporativista (Cardoso e Comin, 1995; Martin, 1995), a despeito de profundos conflitos no interior da CUT (Arbix, 1996; Oliveira, 1994), foi finalmente eleita pela central como o palco principal de sua ação representativa. Dentre outras coisas, a CUT viu nele o melhor caminho para a superação das crises econômica e social no Brasil. As razões para isso não interessam aqui (mas ver Guimarães, 1995). Importa que, pela primeira vez, a CUT decidiu participar de mecanismos de formulação de políticas públicas *internamente* ao aparato estatal, confrontando-se com outros partícipes (incluindo representantes da FS, do Estado e do capital) com demandas não maximalistas, contrariamente à tática da década anterior. Reforma agrária, dívida externa, FMI, tudo isso sumiu da agenda cutista durante seu curto período como co-ator nas Câmaras. Fernando H. Cardoso não levaria as Câmaras adiante, e elas morreriam melancolicamente na segunda metade de 1995. Ainda assim, a CUT e o PT demandariam seu retorno ao longo de toda a década, indicando uma mudança efetiva em sua estratégia política mais geral. A decisão pela participação teria um forte impacto sobre as táticas futuras da CUT.

A Força Sindical, ao contrário, adotou, desde logo, uma postura pragmática de co-participação nos governos, apoiando programas de ajuste quando tinham êxito e criticando-os quando fracassaram. Ao contrário das lideranças cutistas, o presidente do Sindicato dos Metalúrgicos da Cidade de São Paulo, Luis Antônio de Medeiros (que dirigiria a FS três anos mais tarde), foi uma importante figura no Parlamento durante a Assembléia Nacional Constituinte, reunida entre 1987 e 1988, atuando como *a* liderança trabalhista e chamando para si a maioria dos resultados em temas como a Lei de Greve, a estrutura sindical e os direitos sociais. Como mostrarei posteriormente, dado que Medeiros *não tinha* o poder social necessário para sustentar seu projeto de ser o representante único pelo trabalho, ele se aliaria com forças políticas poderosas *de fora* do movimento sindical, com o objetivo de aumentar seu poder de barganha *no interior* daquele movimento (Cardoso, 1999b). Com a fundação da FS ele aprofundaria esse padrão de utilização instrumental do sistema político como meio de legitimação de seu poder sindical entre os pares. A Força Sindical tornou-se um interlocutor próximo da Presidência da República, dos Parlamentos e da burocracia federal, e isso diferenciou intensamente sua estratégia daquela da CUT.

Em suma, na década de 1980 a CUT exerceu pressão a partir de fora do sistema político, negando-lhe legitimidade e contestando seu modo de operação, para tanto utilizando seu poder social real. Na década de 1990 essa estratégia foi complementada pela decisão de participar, isto é, pela decisão de reconhecer a democracia e seus procedimentos e de atuar em seu interior para formular regras e normas para o uso do trabalho e para a política social. A Força Sindical utilizou o próprio sistema político para fortalecer seu poder no mercado sindical, isto é, contra a CUT. Ela também exerceria pressão sobre o sistema político, mas de maneira diversa. Vejamos mais de perto cada uma dessas estratégias.

1.7.1 A FS e a política

A Força Sindical foi uma aliada de primeira hora tanto de Collor de Mello como de Fernando Henrique Cardoso[30].

---

30 Exceto quando indicado, todos os eventos concatenados aqui foram retirados de meu arquivo de notícias da imprensa escrita. Estão siste-

Medeiros, sua liderança mais importante ao longo de toda a década, esteva entre os últimos aliados a abandonar Collor durante o processo de *impeachment.* De 1994 em diante, a central não apenas apoiou as políticas neoliberais adotadas, como ainda teve papel ativo em sua implementação. A central formulou projetos de lei para a flexibilização do mercado de trabalho que foram, todos, aprovados pelo Parlamento entre 1995 e 1999: jornada de trabalho flexível (também proposta por sindicatos da CUT, mas não pela central), contratos temporários de trabalho, com redução dos custos indiretos de contratação[31] e demissão temporária[32]. Ademais, a central apoiou abertamente as privatizações. Nessa questão em particular, a FS negociou com o governo a possibilidade dos trabalhadores comprarem ações das empresas, e mobilizou a opinião pública contra os empregados das estatais, pintados como privilegiados em razão dos melhores salários pagos ali, da estabilidade no emprego e dos extensos benefícios subsidiários pagos[33], nenhum dos quais igualados em empresas privadas. Ela demandaria, ainda, a reforma administrativa do Estado, que resultaria em demissões de funcionários públicos. Paulo Pereira da Silva, então o segundo homem na FS, propôs um empréstimo compulsório sobre os salários de

---

matizados os jornais *O Estado de S. Paulo* (para o período 1995-2001), *Folha de S.Paulo* (1995-2002) e *O Globo* (1995-2002). O *Jornal do Brasil* e a *Gazeta Mercantil* comparecem de forma pouco sistemática. Para assegurar acuidade às informações, selecionei apenas eventos e/ou entrevistas com o mesmo conteúdo em pelo menos dois jornais.

31 Isto é, com menos direitos trabalhistas.

32 As empresas podem, desde então, demitir temporariamente os trabalhadores por um período de até um ano, sem pagar multas rescisórias ou salários, podendo recontratá-los em seguida ou demiti-los, desta vez pagando os direitos.

33 Tais como quarenta dias de férias, décimo quarto salário e outros.

servidores que excedessem US$ 12 mil ao ano para financiar o déficit público. Segundo ele, "não é justo que apenas os empregados da iniciativa privada paguem o preço do ajuste e tenham que encarar o desemprego, perdas salariais e outros sacrifícios".[34]

O apoio às políticas neoliberais tinha um duplo objetivo. De um lado, o intercâmbio com o sistema político em bases favoráveis, quer dizer, na esperança de que o governo, as elites políticas e as lideranças do capital recompensassem de alguma maneira a lealdade da FS. De fato, tudo indica que o próprio Ministério do Trabalho, ao longo de 1996 e 1997, orientou a FS na formulação das propostas de reforma trabalhista[35], concedendo-lhe a autoria de projetos do próprio governo e, com isso, fechando o círculo das lealdades recíprocas, uma maneira bastante comum e eficiente de premiação política. De outro lado, bombardear as bases sociais da CUT. Isso pode parecer paradoxal. Se as privatizações e a reforma do Estado são um ataque frontal a duas das categorias mais importantes dessa central e, portanto, um objetivo compreensível, a flexibilidade do mercado de trabalho é um tiro no próprio pé, já que abre o caminho para contratos precários de trabalho, insegurança no emprego, menores salários e piores direitos trabalhistas, quando não sua extinção (Standing, 1999). Ademais, ela estabelece uma clivagem entre os trabalhadores que torna muito difícil para os sindicatos negociar acordos coletivos mais abrangentes. Isso quer dizer que a estratégia da FS era instrumental do ponto de vista de seu reconhecimento e trânsito no coração do sistema polí-

---

[34] *O Estado de S. Paulo*, 28 out. 1998, p. B-5.

[35] Conforme entrevista com um funcionário graduado do Ministério, realizada por mim em maio de 2001 para a esta pesquisa.

tico, mas não no que diz respeito à defesa dos interesses de seus representados.

Desse ponto de vista, a FS agiu decididamente para marcar sua diferença em relação à CUT na arena política. Fê-lo via apoio a políticas neoliberais, as quais provocaram desemprego, recessão, redução do mercado formal de trabalho, crescimento de relações precárias de trabalho e destruição de parte do tecido industrial que sustentou a ação cutista, mas também a da própria FS ao longo da década de 1990. Esse paradoxo só pode ser adequadamente compreendido se considerarmos que, ao longo do caminho, a FS foi recompensada em termos estritamente políticos. Medeiros, seu primeiro líder, é hoje um congressista, e já foi candidato ao governo de São Paulo. Paulo Pereira da Silva, presidente da FS depois de Medeiros, foi sem dúvida alguma a liderança sindical mais visível na imprensa escrita ou eletrônica, em razão de seu acesso constante a F. H. Cardoso, parlamentares e ministros. Mais do que tudo, sua representatividade foi eficaz em seus próprios termos: o governo "faz o que ele quer" quando seus projetos têm boa aceitação no Parlamento, quando o presidente concorda publicamente com suas idéias sobre flexibilidade do mercado de trabalho, quando todo o sistema político apóia, como Paulinho, as privatizações e a reforma do Estado etc. Além disso, a congruência da ideologia da FS com aquela professada pelo governo desde 1994, permitiu que a FS colhesse os frutos da aprovação popular e do sucesso dos primeiros anos de neoliberalismo[36]. Contudo, como a aliança era pragmática e informal (nunca houve qualquer conexão estrita entre a FS e qualquer partido político no

---

[36] Em 21 de Janeiro de 1998, uma cerimônia pública, bastante anunciada, juntou Medeiros, Paulinho, Pedro Malan (então ministro da Fazenda) e o presidente Cardoso para celebrar a sanção da Lei do Contrato

poder, como aquela que liga a CUT e o PT), o fracasso das políticas públicas jogaria, recorrentemente, a FS nos braços da oposição[37], porém nunca de forma decisiva ou irreversível. E, coroando a trajetória eminentemente política, mais do que sindical, Paulinho foi candidato a Vice-Presidência da República na chapa de um candidato (Ciro Gomes) que não pode, propriamente, ser qualificado de oposicionista.

1.7.2 A CUT e a política

A decisão de participar teve efeitos importantes sobre as táticas políticas da CUT no início da década de 1990, mas a central não abandonaria sua tática de pressionar o sistema política a partir de fora. Isso se mostrou inteiramente ineficaz entre 1995 e 1997, mas o mesmo cenário que empurrou a FS à mobilização sindical restaurou a capacidade da CUT organizar demonstrações públicas depois de 1998. Para uma melhor compreensão das injunções confrontadas por essa central nos anos 1990, uma palavra deve ser dita sobre sua organização interna.

A estratégia cutista, ao contrário daquela da FS, resulta de negociações penosas, demoradas e conflituosas entre líderes de várias afiliações ideológicas. Até 1994 a Articulação, a força

---

Temporário de Trabalho, cuja iniciativa foi atribuída à FS. Em seu discurso, Cardoso criticou fortemente a CUT, erigindo a FS como exemplo a ser seguido. Esta foi uma mensagem sub-reptícia a Luis Marinho, então presidente do Sindicato dos Metalúrgicos do ABC, que iria se encontrar com o presidente na manhã seguinte. Nesse encontro, e reafirmando a divergência nas estratégias políticas das duas centrais, Marinho demandaria Câmaras Setoriais para discutir emprego e jornada de trabalho.

[37] Foi o que se deu em fins de 1998 e ao longo de 1999 e 2000, como vimos no caso das alianças com a CUT em ações no nível do mercado de trabalho.

política mais importante e de inclinação social-democrata, conseguiu eleger o presidente com uma margem de votos segura, mas nunca larga, exercendo sustentada hegemonia e relativo controle sobre o desenho da estratégia geral de ação, contra as tendências mais à esquerda, algumas delas revolucionárias. Parece-me que a decisão de participar erodiu o poder da Articulação de forma não antecipada por seus líderes, e isso explica muito da virtual paralisia do período 1995-1998. As Câmaras Setoriais têm parte importante da "culpa" por esse desfecho.

Como já mencionei, o experimento das Câmaras entre 1992 e 1994 já foi bastante estudado[38]. Interessa reter seu resultado mais importante do ponto de vista das estratégias cutistas, resultado este que foi o comprometimento à larga com a formulação democrática de políticas públicas em arranjos tripartites no interior do aparelho de Estado, como resultado de uma certa leitura da crise dos inícios da década de 1990, segundo a qual, sem intervenção macroeconômica, os sindicatos estariam condenados a reações defensivas diante de forças cegas e incontroláveis. Esse foi o principal motor da decisão de participar. A resistência interna das tendências políticas de esquerda permaneceu bastante forte ao longo de todo o período, favorecendo ação adversária e táticas confrontacionistas com o sistema político[39]. Contudo, o sucesso de algumas Câmaras, especialmente aquela do setor automobilístico, a principal base social do Sindicato dos Metalúrgicos do ABC, que era o mais importante sindicato da CUT, serviu

---

38 Ver Cardoso e Comin (1995); Guimarães (1995); Diniz (1997); Martin (1995) e Arbix (1996).

39 Em 1994 Álvaro Comin, pesquisadores do Departamento de Estudos Sócio-Econômicos e Políticos, DESEP/CUT e eu coordenamos um *survey* entre delegados ao V Congresso Nacional da CUT. Exatos 42%

para pacificar os ânimos por um tempo. A queda do arranjo em 1995 deu força extra às correntes de esquerda.

O poder e a influência da Articulação no interior da CUT, e especialmente o de Vicente Paulo da Silva, então presidente da central e que colocara todas as suas fichas nisso e na interlocução com o governo, erodiu no mesmo passo da queda das Câmaras e dos outros arranjos tripartites montados ao longo do governo Itamar Franco ou mesmo antes dele[40]. Entre 1995 e 1997 a CUT perdeu proeminência como a principal força social de oposição ao neoliberalismo, e a reeleição de Vicentinho no VI Congresso da Central, em 1997, só foi possível depois da negociação de uma profunda perda de poder e influência, sua e da Articulação, no desenho da estratégia geral de ação. Vicentinho teve negado o direito de falar em nome da central, isto é, foi-lhe negada a prerrogativa de representar, a menos que os termos das intervenções públicas fossem discutidos com toda a Direção Executiva. Isso resultou em forte retração da figura pública do líder, impedido de expressar idéias pessoais como se fossem as da central. Daí por diante, o metalúrgico praticamente desapareceu da mídia enquanto portador de opiniões[41]. Apenas sua vida privada tornou-se notícia: ter voltado a estudar

---

dos quase 2 mil presentes eram contrários às Câmaras Setoriais, enquanto 48% as apoiavam. Ver Cardoso et alii (1994).

40 Entre 1995 e 1997 F. H. Cardoso reduziu o poder de agências estatais desenhadas para aliar capital e trabalho em mecanismos consultivos para formulação de políticas públicas. Em 1996 a CUT deixou o Conselho Nacional do Trabalho criado por Itamar Franco, porque os trabalhadores "nunca foram consultados para nada", como disse João Vaccari Neto, estão secretário executivo da CUT (*O Estado de S. Paulo*, 16 dez. 1996, p. B5).

41 No vácuo da CUT, o MST ganhou as ruas e o cenário político como o mais importante movimento de oposição aos programas neoliberais, lutando pela reforma agrária por meio da ocupação de terras improdu-

para graduar-se em direito, suas preferências alimentares e sua infrutífera tentativa de eleger-se prefeito de São Bernardo Campo, cidade de seu sindicato de origem.

É claro que a CUT não renunciou à tática de pressionar o sistema político a partir de fora. Em 1996 uma nova greve geral foi convocada por ela, a CGT e, relutantemente, a FS, em protesto contra o desemprego. O sucesso da empreitada é controverso[42]. As tensões internas emersas em 1997 com a aproximação do VI Congresso da CUT reduziram seu poder de mobilização, mas em 1998 as coisas retornaram aos trilhos. Em 30 de abril a central iniciou uma campanha nacional de arrecadação de comida para os pobres e famintos do Nordeste. O Primeiro de Maio serviu como plataforma de lançamento da "jornada nacional contra o desemprego", congregando MST, movimentos estudantis e sociais. Cinco caravanas dirigiram-se a Brasília a partir de vários Estados da Federação, e agregaram 30 mil pessoas em frente ao Palácio do Planalto em 20 de maio. Em 6 de maio a CUT havia proposto acampamentos em estacionamentos de supermercados como forma de protesto contra a fome e o desemprego.

Em 26 de março de 1999 a CUT, ao lado do MST, partidos de esquerda e movimento estudantil, promoveu o "Dia Nacional de Luta em Defesa do Brasil", uma série de

---

tivas, públicas ou privadas. Apenas com o raiar do século atual as oposições encontrariam, no Fórum Social de Porto Alegre, um espaço nacional, mas internacionalizado, de articulação.

42 Sem entrar na guerra de números que se segue a cada greve geral no Brasil, a Federação das Indústrias do Estado de São Paulo (FIESP) reportou 20% de adesão em São Paulo e 9% no Rio. Os sindicatos falam em 60% nas duas cidades. O que é incontroverso é a greve geral de categorias da CUT em todo o país, sobretudo petroleiros, petroquímicos, metalúrgicos e bancários. Ver *O Estado de S. Paulo*, 22 jun. 1996, p. B4-B8 (quatro páginas sobre a greve!).

demonstrações em cada grande capital de Estado em protesto contra o desemprego, as privatizações e as políticas do FMI, já na esteira da crise de fevereiro daquele ano, que desvalorizou o real. Ao longo da segunda metade de 1999 um conjunto de greves sacudiu a cena mais uma vez: motoristas de caminhão, petroleiros (depois de cinco anos de silêncio), metalúrgicos, servidores públicos e bancários, num *revival* que traria as estatísticas de greve para os altos padrões anteriores a FHC. E em 26 de agosto houve uma enorme demonstração popular em Brasília, a assim chamada "Marcha dos 100 mil", organizada por partidos políticos de oposição, Conferência Nacional dos Bispos do Brasil (CNBB), CUT, MST e muitos outros movimentos sociais, contra as políticas neoliberais, corrupção generalizada, ingerência do FMI na economia brasileira, desemprego e fome. Fernando Henrique Cardoso reconheceu o grande sucesso da jornada, dizendo que "a mensagem foi ouvida"[43].

Em todas essas demonstrações e protestos sociais, a CUT teve um papel importante, tirando vantagem da crescente desaprovação popular do governo Cardoso, devida, principalmente, à corrupção crescente, deterioração dos padrões de vida, taxas de desemprego persistentemente altas e crescente pobreza[44]. Apesar de tudo isso, a central não foi capaz de recapturar seu antigo posto de principal força de oposição ao governo. Tendo que compartilhar essa posição com partidos

[43] O reconhecimento ficou na retórica. As políticas neoliberais foram aprofundadas ao longo dos próximos anos até a saída de FHC do governo. O que importa é que esse movimento terminou por alimentar o Fórum Social de Porto Alegre, que ocorreria no ano seguinte.

[44] A aprovação popular do governo Cardoso caiu de 70% em maio de 1995, para 13% em meio à crise de denúncias de corrupção e tráfico de influência contra seu chefe de gabinete, Eduardo Jorge, na primeira

políticos e, mais importante, com o MST (um parceiro constante nos movimentos sociais, é verdade), e sendo incapaz de oferecer alternativas claras às políticas neoliberais, a CUT perdeu sua distinção enquanto um jogador em seu próprio direito na arena política. Ela passou a ter que competir não apenas com a FS, mas com todas as outras forças de oposição que também defendiam sua identidade em modo negativo: "somos contra FHC". E identidades negativas, é bom marcar, não são suficientes para um jogador que visa o centro das disputas políticas, uma vez que seus movimentos estarão sempre subordinados aos do jogador em relação a quem sua identidade se constrói[45].

1.8 Conclusão

Na década de 1990, mudanças profundas nas bases da ação sindical resultaram em seu deslocamento do centro da arena política brasileira. Lutando por sobreviver em um ambiente pouco amistoso, as centrais sindicais mostraram-se incapazes de oferecer alternativas viáveis às políticas neoliberais que, como pretendo mostrar neste livro, erodiram suas bases de sustentação. A FS optou por apoio incondicional a essas políticas, o que contribuiu para legitimar e consolidar seu poder político. Mas isso foi conseguido ao custo de parte substancial de sua base de apoio, encolhida por aquelas políticas mesmas[46]. Isso, creio, explica em parte por que a FS não tomou o lugar da CUT como a principal central sindi-

---

metade de 2000 (cf. *Folha de S.Paulo*, 28 jul. 2000, p. A4). Em dezembro do mesmo ano a aprovação melhorou um pouco, mas chegando a meros 24% (id., 25 dez. 2000, p. A7).

45 Note-se, de passagem, que a FS afirmou uma clara identidade positiva ao formular políticas neoliberais e aliar-se ao centro político.

46 Refiro-me sobretudo à redução pela metade ou mais de categorias

cal do país. A presença cutista no meio sindical, medida em termos de número de sindicatos filiados, não caiu, apesar do enfraquecimento de seu poder político e do poder dos sindicatos locais sobreviventes.

Nesse quadro, se Paulo Pereira da Silva, presidente da FS por quase toda a segunda metade da década de 1990, tornou-se mais presente na mídia do que Vicentinho, da CUT, isso não se deu à contrapartida de aumento substancial de sua base de sustentação no meio sindical. Nesse aspecto, a FS reproduz estratégia de fortalecimento imprimida por Luis Antônio de Medeiros ainda nos inícios de sua organização: associar-se a atores centrais do sistema político para, a partir do alto, buscar recursos expressivos e financeiros para a ampliação de seu poder de base (Cardoso, 1999b). A novidade é que a "base" encontra-se em franca redução devido às políticas públicas apoiadas pela própria FS.

A CUT, ao contrário, manteve-se diferenciada política e estrategicamente das políticas públicas oficiais, e pode ter se beneficiado da perda de apoio popular por parte do governo depois de 1999. Mas, incapaz de oferecer alternativas claras, como planos de ação contra o desemprego, estratégias afirmativas para controle das tendências perversas da globalização ou simplesmente um discurso de esquerda com alguma consistência interna, sua marca na década de 1980, sem nada disso, sua imagem pretérita de um jogador com luz própria na arena política foi seriamente abalada.

Se isso é verdade, parece-me que, mesmo que a CUT pudesse oferecer estas alternativas, isso não teria o mesmo impacto político das estratégias contestatórias da década

---

como metalúrgicos de São Paulo, trabalhadores em indústrias alimentícias e têxteis da capital, todos base importante da FS. Volto a isso no capítulo 4.

anterior. Neste discurso, um outro tanto da explicação de por que a FS não tomou o lugar da CUT repousa na deslegitimação dos sindicatos como atores políticos *stricto sensu*. A consolidação da democracia resultou na constituição de nichos institucionais para atores políticos especializados, profissionais. O presidente, o Parlamento e os partidos políticos jogam o jogo político. Sindicatos e centrais sindicais encontraram lugar subsidiário nesta mesma arena, em parte porque, simplesmente, atores mais adaptados e adequados ganharam importância. Não há mais, neste ambiente, lugar para um papel tal como o que a CUT desempenhou nos anos 1980, vale dizer, de uma central sindical que atua como se fosse um partido político, um lugar para a elaboração e promoção de identidades *políticas*, mais do que sindicais. Uma das razões para isso reside, talvez, em sua incapacidade de oferecer alternativas *políticas*, devido, em parte, à crise da esquerda em todo lugar. Mas a razão principal residirá, suponho neste livro, numa mudança no ambiente, tal que as alternativas políticas são tarefas para partidos, não para sindicatos. Mesmo que quisesse, a FS não poderia alçar-se à posição da CUT na década de 1980. Esta posição, este lugar, talvez não exista mais.

Um terceiro elemento importante reside, sustento eu, na despolitização da economia. Como argumentei antes, programas econômicos de controle da inflação foram imediatamente politizados pelo sindicalismo e pela sociedade. Mais do que tudo, até muito recentemente, Estado e desenvolvimento econômico eram termos causalmente encadeados, o segundo sendo o resultado da ação consciente do primeiro. Fracassos de mercado eram fracassos de Estado. No novo ambiente neoliberal, ao menos no nível do discurso, as forças de mercado guiam a política. Os termos reverteram-se: fazer política é liberalizar os mercados, é despolitizá-los. Agora, demandas trabalhistas estritamente econômicas não têm mais as conseqüências políticas que alimentaram o poder sindical na década de 1980. O inimigo, como dito antes, não é mais tão claramente identificável. A partir do capítulo 3 apresento novos subsídios empíricos a esta conclusão.

Antes disso, cumpre desvendar os pressupostos mais importantes da reforma econômica que mudou o rosto do país na segunda metade da década de 1990 e que, em suas conseqüências, levou sindicatos e centrais sindicais a uma encruzilhada cujos desafios não encontram paralelos na história pregressa da instituição sindical no país. Pretendo escrutinar a consistência interna dos argumentos econômicos de justificação da subordinação do país ao capital financeiro internacional, dentre eles as noções de flexibilidade do mercado de trabalho, de empregabilidade e de mercado como agente de coordenação social.

2

FLEXIBILIDADE, EMPREGABILIDADE E A ORTODOXIA NEOLIBERAL

2.1 Sobre horizontes analíticos

As sociedades latino-americanas viveram, na última década do século passado, momento de grande restrição de suas opções civilizatórias[47]. Culpe-se, sem medo de errar, a hegemonia de uma certa *rationale* econômica no arsenal analítico imposto à agenda dos cientistas sociais pela vitória do capitalismo na cena mundial. O paradigma neoclássico de abordagem das coisas no mundo ganhou vigência teórica e prática no continente com uma força, intensidade e extensão jamais antecipáveis há 10 ou 15 anos, e o sucesso momentâneo dos hoje náufragos planos de estabilização baseados no mercado levou à lona, ou mesmo converteu, analistas insuspeitos em vários de nossos países. Noções como equilíbrio espontâneo, geração espontânea de coordenação no mercado, eficiência, eficácia, indivíduo e mercado, encadea-

---

[47] Versão modificada deste capítulo apareceu pela primeira vez em *Dados,* Rio de Janeiro, IUPERJ, n. 1, 2000, v. 43, p. 45-82. Fiz alterações na estrutura do texto para compatibilizá-lo com os outros capítulos do livro. Mas o conteúdo do argumento permanece intocado.

ram-se logicamente para constituir aquele paradigma em filtro necessário (porque associado, argumenta-se, à natureza das coisas) pelo qual se enxergar o mundo. Fizeram-no em substituição, ponto por ponto, a idéias como normas sociais, solidariedade, distribuição, justiça, classes sociais e sociedade. Economia em lugar de sociologia.

Não que a sociologia tenha ocupado, nos mesmos termos, qualquer posição hegemônica em qualquer tempo, mas ela certamente deu o norte para muitas das interpretações sobre nossa realidade, e também para projetos de superação dos dilemas de nosso processo civilizatório. Não posso me alongar nisso, mas parece incontestável que Raul Prebisch, Celso Furtado e Anibal Pinto animaram, a partir da Comissão Econômica para a América Latina (Cepal), leituras da formação econômica da América Latina em que as pessoas, as classes sociais, as culturas locais, as instituições, sobretudo o Estado, cumpriram papel não apenas como objeto de estudo, mas centralmente como *critério de interpretação* em sentido gramsciano: os processos de consolidação do capitalismo por aqui *foram problematizados como dinâmicas econômico-sociais.* Estava em perspectiva, sempre, a possibilidade ou necessidade (sim, era um programa de estudos *e* de intervenção) da superação do atraso, do subdesenvolvimento ou do lugar subordinado de nossas formações econômicas no concerto das nações. Logo, não havia como pensar a economia sem o Estado, e não havia ação econômica sem planejamento estatal, planejamento cujo parâmetro normativo era o bem-estar crescente que o capitalismo traria às populações de nossos países. Distribuição, redistribuição, sociedade, justiça, eqüidade. O desenvolvimentismo como critério de interpretação submetia a possibilidade mesma de apreensão do real à necessidade de superar os entraves ao nosso caminho rumo a um mundo menos desigual[48]. Um caminho para fora do subdesenvolvimento, conceito em torno do qual Celso Furtado construiu um sólido edifício teórico de cunho fortemente sociológico.

Há outros exemplos, possivelmente menos comprometidos com a superação das mazelas do capitalismo nas fronteiras do próprio capitalismo, do que a Cepal[49]. Mas com esta lembrança quis apenas marcar que o desenvolvimentismo na América Latina guiou-se por um corpo analítico, talvez hegemônico e fortemente autóctone, em que a economia estava longe de significar mercado. Em que as relações sociais eram mais do que "jogos". Em que uma sociedade justa era mais do que uma sociedade em equilíbrio ótimo de Pareto.

A alienação daqueles critérios de interpretação no discurso econômico neoliberal então hegemônico teve profundas conseqüências analíticas e práticas, muitas delas ainda por se mensurar. Mas parece-me que a vitória da perspectiva neoclássica, ao perder de vista a sociologia, perdeu também a humanidade. Não falo de um suposto componente humano genérico qualquer, ou de um ideal de pessoa ou sociedade alheio ao mundo real. Falo do que as nações fizeram de si

---

48 Devo esta lembrança do lugar da sociologia no pensamento inaugural da Cepal a conferência de Maria da Conceição Tavares em homenagem a Celso Furtado, realizada no XIII Congresso Brasileiro de Economistas no Rio de Janeiro, em 14 de setembro de 1999. Trabalho de fôlego sobre a conformação do pensamento desenvolvimentista no Brasil é de Bielschowsky (1996), no qual a Cepal tem sua importância amplamente reconhecida.

49 Não posso deter-me nisso aqui. Penso, por exemplo e ao azar, em Fernando H. Cardoso e Enzo Faleto e sua teoria da dependência, em Francisco de Oliveira e sua crítica à razão dualista, ou em André Gunder Frank e sua teoria da acumulação dependente.

mesmas, sobretudo nos dois últimos séculos, isto é, do processo civilizatório que, se cumpriu o vaticínio de Tocqueville numa parte diminuta, mas econômica e politicamente dominante do globo[50], condenou dois terços de sua população à exclusão, à pobreza, à condição indigna e aviltante de escravos da necessidade. Perdeu a capacidade de pensar o real do ponto de vista da possibilidade de sua superação. O pragmatismo econômico transforma o-mundo-como-ele-é ao mesmo tempo no parâmetro normativo para a medida e interpretação do próprio mundo e no limite do possível no mundo. Circunscreve o horizonte de possíveis à mesquinhez da realidade hodierna. Se o socialismo ruiu, se não há socialismo, não pode haver socialismo. Se o capitalismo venceu, então não pode haver outra coisa senão o capitalismo. Com o que as coisas são como são por natureza, por necessidade, não porque são frutos da atividade humana. É neste sentido que a perda da sociologia perdeu a humanidade no discurso econômico hegemônico: a intervenção humana é naturalizada, o mundo segue seu curso por necessidade, selecionando para o lixo da história os menos eficientes.

Trata-se precisamente de uma ortodoxia que, ademais, desqualifica leituras alternativas sobre o mundo, o que levou Oliveira (1999) a nomeá-la de totalitária. É por tratar-se de uma ortodoxia, ademais, que é possível referir-me a ela como uma forma de restrição sem precedentes dos horizontes analíticos e civilizatórios na América Latina.

Nas páginas seguintes pretendo escrutinar a ortodoxia neoliberal, descontruindo duas noções ainda centrais ao debate na sociologia do trabalho e que, nas versões que investigarei, foram impostas a nós pelos economistas que rezam na

---

[50] Refiro-me à percepção de Tocqueville sobre a história como a marcha inexorável da igualdade.

cartilha hegemônica: a de flexibilização do mercado de trabalho e a de empregabilidade. Tomo estes casos como exemplos nodais de um processo mais amplo de deslocamento da visão sociológica sobre as coisas, cujo resultado tem sido a virtual cegueira para a fragmentação do tecido social tramado no Ocidente nos últimos dois séculos, isto é, a civilização que conhecemos, fragmentação cujas conseqüências os neoliberais de plantão jamais reconheceram, talvez porque não tivessem nada a oferecer em seu lugar senão o mercado. A tarefa é extensa e não poderei ser mais do que alusivo na enumeração dos problemas. Estarei satisfeito se despertar no leitor qualquer espécie de indignação produtiva, isto é, a sensação de que algo aqui faz sentido e de que vale a pena perseguir o filão oferecido à análise[51].

Na primeira seção avalio a receita desregulamentadora global aviada no Brasil desde a subida de Fernando Henrique Cardoso ao poder em 1994. Ela dá o esquadro mais geral do programa (infelizmente ainda em curso neste e em outros países do continente) de desregulamentação das relações de troca e, no limite, de desestatização da economia. Nas duas seções seguintes analiso as noções de flexibilização do mercado de trabalho e de empregabilidade, faces da mesma moeda de destituição ou diluição das instituições sociais de respaldo ao funcionamento do mercado de trabalho. Por fim, realço algumas leituras concorrentes e complementares sobre o sentido do direito do trabalho no Ocidente, direito que está na alça de mira do discurso e da prática de flexibilização, para mostrar que o neoliberalismo foi uma opção, para dizer desde já, pré, talvez anticivilizatória[52].

---

[51] Nos outros capítulos deste livro aprofundo alguns dos temas aludidos aqui.

[52] Depois da crise argentina, que virtualmente destruiu a nação em anos

2.2 Desregulamentação: uma receita

Há quem argumente ser da natureza dos embates ideológicos a hipostasia das aparências por parte dos que lograram, de um modo ou de outro, ainda que sempre temporariamente, impor sua versão dos fatos, sua leitura da história (Chauí, 1993). Este argumento é um chamado à cautela acadêmica. Talvez a jactância dos neoliberais não passe disso e sua vitória seja apenas ideológica. Para alguns já se teria tornado evidente, por exemplo, que em lugar algum, nem mesmo nos Estados Unidos e Inglaterra sob Reagan e Thatcher, vingou a aposta no "Estado mínimo". Quando ocorreu nos países centrais, a desregulamentação das relações econômicas e sociais deu-se de forma muito segmentada, mesmo no caso do mercado de trabalho. De um modo geral, foram preservadas zonas importantes da organização social, como a regulação das trocas comerciais entre blocos regionais, em que os Estados nacionais se verteram em espécies de *holdings*, ou no que Altvater (1995) chamou de "Estados nacionais concorrenciais", defendendo os interesses das empresas pátrias junto a organismos reguladores do comércio internacional e contra os outros Estados nacionais. Foi preservada e em muitos casos (Alemanha, Japão e Coréia) aumentada a capacidade de planejamento do investimento produtivo, isto é, a capacidade do Estado formular e implementar políticas industriais, coordenando e mesmo financiando o investimento privado. É crescente a demanda por controle dos fluxos financeiros internacionais pelos bancos centrais principalmente

---

recentes, e da brasileira, cujo desdobramento não está escrito nas estrelas, há mais gente disposta a acatar esse argumento do que no final do século passado, quando este texto foi escrito. O problema central, porém, permanece.

dos Estados Unidos, da Alemanha, da Inglaterra e do Japão, em face do estrondoso aumento do volume de recursos voláteis, em busca de melhor e mais rápido retorno. Hoje mais do que nunca as políticas macroeconômicas dos governos são um elemento crucial do equilíbrio entre as nações (Chesnais, 1996; Guttmann, 1995). E finalmente, mas não por fim, dados em Batista Jr. (1998, p. 46-7) revelam que os países do G-7 aumentaram o gasto público (como proporção do produto interno bruto, PIB) de 36,3% na média do período 1978-82, para 39,4% entre 1991-95. Nos países da Organização para Cooperação e Desenvolvimento Econômico (OCDE), o salto foi de 37,3% para 40,7%. A dívida pública bruta deu um salto espetacular na OCDE de 42% para 66,61% do PIB, nas duas pontas. Ao contrário do que apregoa a cartilha neoliberal, pois, os Estados nacionais no primeiro mundo estão *aumentando* sua presença na geração do produto. Ou, como afirma Batista Jr., "o 'neoliberalismo' reina mas não governa. As homenagens prestadas a esta ideologia contrastam com sua limitada influência prática no mundo desenvolvido" (id., p. 49). É isso que leva Mattoso (1996, p. 35) a afirmar que a idéia de Estado mínimo que alimenta o discurso neoliberal tem um componente que se destina "preferencialmente para o consumo de governos de países do Sul".[53]

Eu tendo a concordar com o tom desses alertas. Mas se a cautela analítica impõe que suspeitemos da ideologia imperante, não nos devemos cegar para o fato notório de que, na periferia do capitalismo, o discurso neoliberal ganhou subs-

---

[53] Ver também Cordova (1996) e Bronstein (1997). Trabalho de fôlego é de Held et alii (1999). Uma revisão importante de rota, com informações decisivas sobre os processos decisórios em organismos como o Banco Mundial, pode ser vista em Stiglitz (2002).

tância e fomos (brasileiros, argentinos, chilenos, mexicanos...) todos muito zelosos na aplicação da receita. A desregulamentação foi, sim, a norma por aqui. Sob Pinochet no Chile, sob Salinas de Gortari no México, sob Menem na Argentina, ou sob Fernando Henrique Cardoso no Brasil, a desregulamentação no continente avançou passo a passo.

O Brasil foi, provavelmente, o último dos assim chamados países "emergentes" a empreender reformas econômicas segundo o cânon abertura-comercial-e-reforma-do-Estado, principalmente via privatizações e "ajuste fiscal", denominação anódina para a desobrigação do Estado em relação à sociedade civil ou, segundo o linguajar hegemônico, ao mercado. A abertura das fronteiras nacionais, que poria uma pá de cal nas políticas desenvolvimentistas de substituição de importações, ocorre a partir de 1988, mas é apenas depois de 1994 que a essa fórmula juntou-se à âncora cambial como mecanismo mais importante de estabilização da moeda nacional (em conexão com altas taxas de juros e controle da base monetária) e fio condutor do chamado "choque de competitividade" na economia. Ademais – aspecto central para meus propósitos e também para a receita aviada entre nós – tornaram-se crescentes as pressões por flexibilização dos mercados de força de trabalho, tida como momento crucial da modernização das relações entre capital, trabalho e Estado na nova ordem produtiva mundial[54].

Como instrumental de intervenção global dos Estados nacionais periféricos, vale a pena perscrutar a lógica do hoje náufrago receituário de reforma econômica vendido como

---

[54] Para uma análise detalhada do debate em torno da flexibilização do mercado de trabalho no Brasil, ver Cardoso (1999b, cap. 5), contrapondo-se principalmente a Camargo (1996) e Amadeo e Camargo (1996).

panacéia ao terceiro mundo, já que produziu resultados em muitos aspectos desastrosos, como a elevação do desemprego global e o sucateamento de parte da malha industrial de muitos países, sobretudo o Brasil, para não mencionar a desestruturação da sociedade argentina e o comprometimento das próximas gerações de brasileiros, uruguaios, mexicanos, peruanos e tantos outros com o pagamento de dívidas contraídas irresponsavelmente. São seus efeitos (principalmente o desemprego) que sustentam o discurso da flexibilização do mercado de trabalho, objeto central desta análise.

A referida lógica é simples, quase singela. A abertura comercial, lastreada em taxa de câmbio valorizada, expõe as empresas autóctones à competição internacional e, ao mesmo tempo, dificulta a penetração externa competitiva de seus produtos em razão dos diferenciais de produtividade, desfavoráveis aos parques produtivos construídos nos anos de substituição de importações. Condenadas a vender no mercado interno, têm que aumentar a produtividade para reduzir preços diante do competidor externo (no caso brasileiro, crescentemente do Mercosul) e seguir aprofundando a reestruturação. Isso tem impactos de médio prazo sobre os níveis de inflação, mas os ganhos de produtividade raramente compensam a pequena acomodação inflacionária que ocorre no início da vigência do programa de estabilização. Como conseqüência, a taxa de câmbio fixa ou quase fixa em relação a uma moeda ou a uma cesta de moedas, torna-se ainda mais desfavorável ao agente interno (valorização cambial), o que segue dificultando a penetração externa dos produtos autóctones, ao mesmo tempo em que amplia ainda mais a exposição da economia à competição externa, obrigando as empresas nacionais a aprofundar a reestruturação produtiva para baixar custos e aumentar a qualidade dos produtos.

A reconversão tecnológica passa a dar-se crescentemente via importação de máquinas e equipamentos, produzindo impactos para trás no parque industrial nacional, afetando negativamente setores de bens capital e de matérias primas. No início, apenas os setores mais dinâmicos, mas logo toda a indústria se vê obrigada à reconversão tecnológica, ainda que de forma segmentada. Movimentos de concentração via falências, fusões e aquisições dominam os setores mais dinamicamente afetados pela competição externa. Aprofundam-se os ganhos de produtividade, os preços continuam caindo e a inflação (supunha a receita) é finalmente domada.

O câmbio valorizado torna deficitárias as contas externas: as importações explodem tanto devido ao consumo assalariado como capitalista (importação de bens de capital para a reestruturação). Conjuntura externa favorável, com grande disponibilidade de poupança internacional em busca de grandes e rápidos retornos, permite ao Estado políticas de atração de capitais destinados à composição de superávits em conta corrente e, por conseqüência, de reservas internacionais que salvaguardarão a moeda sobrevalorizada contra "ataques especulativos". Tais políticas concentram-se em taxas reais de juros muito superiores às oferecidas nos mercados estáveis do primeiro mundo, nas privatizações e na flexibilização dos mercados financeiros nacionais. Enquanto a reforma do Estado não se efetiva, as privatizações, ao assegurar receita líquida ao setor público, financiam a taxa de juros, operando a transferência de poupança pública (e do público) para os investidores internacionais e nacionais. Tudo isso permanece até que as reformas fiscal, patrimonial e administrativa do Estado saneiem as contas públicas, permitindo manter o déficit em patamares aceitáveis. Nesse ponto, o câmbio pode ser liberado e os juros reduzidos. O Estado estará enxuto, eficiente e saneado, e a economia estará sem inflação e competitiva.

Talvez porque tão singelo, o receituário não tardou a revelar sua fragilidade, primeiro com a queda mexicana de 1994 e, depois, com a profunda crise desatada pelo *crash* da bolsa de Hong Kong em 23 de outubro de 1997, que culminou com a queda do Brasil em 1999. A dependência externa de capitais voláteis (pedra de toque do financiamento dos déficits em conta corrente de países unilateralmente abertos ao mundo, como é o caso) só se sustentou enquanto os investidores internacionais mantiveram "expectativas favoráveis" quanto à capacidade destes países honrarem seus compromissos. Profecias retroalimentadas (leia-se especulação) quebraram Malásia, Coréia do Sul, Tailândia, Indonésia, Rússia, Brasil e Argentina. O preço que os povos destes países vêm pagando pelo curso das políticas no laboratório em que nos tornaram ainda não foi adequadamente contabilizado. Nem por isso a catilinária neoliberal perdeu força entre nós nos oito anos de governo FHC.

Por outras palavras, Fernando Collor de Mello iniciou e Fernando Henrique Cardoso arrematou o programa neoliberal padrão de reforma econômica, a receita tal qual, assim como o fizeram Carlos Menem na Argentina e Salinas de Gortari no México. Não se trata de um programa autóctone, inovador ou especialmente engenhoso, mas da submissão pura e simples da inteligência econômica da região a um cânon que não está em vigor entre os que o vendem como panacéia. E, olhando em retrospecto, todos estes países "fracassaram", isto é, falharam em cumprir prescrições de Washington, em um ou outro aspecto. Sobretudo no Brasil, lamenta o FMI, não se promoveu o ajuste fiscal do "setor público", essa denominação da moda, mercadológica para o Estado, que vem restringir seu papel na vida da nação a uma equação de receitas e despesas; as taxas de juros mantidas na estratosfera por anos a fio multiplicaram por dez a dívida pública, aumentando as suspeitas quanto à capacidade do país honrar seus compromissos com a "comunidade financeira" internacional.

O que dizer dos brasileiros, dos nacionais? Desemprego, informalidade e aumento da desigualdade social, tudo isso é encarado como custos do ajuste, custos a serem debelados no mundo melhor que ele promete. Sua causa, como mencionado, seria a rigidez da legislação trabalhista. Daí a receita flexibilizadora. O fracasso adveio dos problemas "da vida real", não do modelo.

2.3 Flexibilidade

Ocorre que o desemprego era esperado por todos, porque é efeito colateral inevitável da racionalização produtiva, principalmente do setor industrial. A flexibilização dos mercados de trabalho (cuja irmã siamesa é a requalificação da força de trabalho), então, é *parte* da receita, a ela inextricavelmente atada como panacéia para esta mazela específica da reforma econômica que nos foi imposta: o desemprego. Por que se tratava de mazela inescapável? Primeiro, porque os sistemas nacionais de relações de trabalho estariam caducos, pejados de legislação rígida que não permitiria ao capital a mobilidade necessária para fazer frente ao aumento da competitividade global. Em segundo lugar, por culpa, teimosia ou irracionalidade dos trabalhadores, que se recusam à melhoria de sua "empregabilidade". Ou, dizendo de outra maneira, há desemprego (continuado) porque a força de trabalho não está adequadamente qualificada para a nova realidade produtiva; e há desemprego (crescente) porque a lei impede que o ajuste ao choque de competitividade resultante da implementação do modelo se faça ou via transferência de trabalhadores entre setores produtivos, ou via redução dos salários (Pastore, 1997). A lei e a ordem institucional que regem as relações de trabalho (Justiça do Trabalho e sindicatos, basicamente) impediriam a flexibilidade alocativa e salarial no mercado de trabalho, o que nos levaria ao ajuste pelo desemprego e/ou a informalidade (Camargo, 1996).

Note-se que a "nova ordem mundial" e sua intensa competitividade são pressupostas, um dado de realidade. Elas não causam nada por si mesmas, mas apenas enquanto obstadas pelos sistemas nacionais de relações de trabalho, empecilhos a serem reformados ou mesmo removidos para que a competição pura e simples estabeleça equilíbrio espontâneo no mercado.

Não deixa de ser surpreendente, diga-se de passagem, o fato de que estudos produzidos em instituições oficiais, porém tão diversas quanto o Instituto de Pesquisa Econômica Aplicada (IPEA) e o Sistema Estadual de Análise de Dados (SEADE), no Brasil[55], demonstrando ser o mercado de trabalho nacional um dos mais flexíveis do mundo, estejam ausentes da bibliografia dos outros estudos e trabalhos que insistem em afirmar que a legislação trabalhista brasileira é rígida e precisa ser flexibilizada[56]. O mercado de trabalho por aqui se marca, demonstraram aqueles estudos, por enorme flexibilidade alocativa e salarial, o que dá *inteira* liberdade aos capitais produtivos em momentos de choque econômico como o que estamos analisando. Mas deixemos isso

---

[55] Barros e Mendonça (1996); Barros, Cruz, Foguel e Mendonça (1997) pelo IPEA, órgão do governo federal e Montagner e Brandão (1994) pela fundação SEADE, órgão do governo Estado de São Paulo.

[56] Como vem exigindo o economista José Pastore (1994, 1997 e 1998), instituído em porta-voz da versão hegemônica em discussão aqui; ou como sugeriu Camargo (1996).

de lado, por ora. Minha intenção aqui não é testar a veracidade das teorias, mas apenas chamar a atenção para sua abrangência e seu sentido mais profundo, isto é, a lógica interna que preside sua pregação.

"Flexibilização do mercado de trabalho" é denominação diversa para "revisão do direito do trabalho", do ordenamento jurídico-normativo das relações de trabalho em geral. Supõe, portanto, a existência de algo cuja vigência impede o bom funcionamento do mercado. Com o risco da simplificação, talvez seja possível identificar um modelo ou, no mínimo, uma configuração estável de regras, leis ou regulamentos que, como impedem o funcionamento adequado do mercado de trabalho, demandam mudança, flexibilização. Esse é o primeiro passo. Mais tarde, tentarei circunscrever um sentido para esse "modelo". De meu ponto de vista, são os significados adquiridos pelo direito do trabalho no mundo contemporâneo que esquadrinham o alcance do arsenal analítico neoclássico, hegemônico na economia, como essencialmente pré, ou anticivilizatório.

2.3.1 Um modelo

Noronha (1998) argumenta, de forma bastante convincente, que, em lugar do que muitos afirmam, isto é, ser o modelo brasileiro de relações de trabalho de tipo corporativo (o que remete a regimes de negociação de interesses entre capital, trabalho e Estado em mecanismos tripartites relativamente autônomos de produção de regras; ou ao corporativismo de tipo fascista), somos um exemplo típico, junto com a França, de modelo "legislado" de relações de trabalho[57]. A lei cumpre, por aqui, o papel que as convenções ou

---

[57] No capítulo seguinte discuto mais longamente as conseqüências disso

contratos coletivos ou por empresa cumprem em países como Suécia e, em alguma medida, Alemanha, num nível mais global (contratos coletivos nacionais); e como Colômbia e Inglaterra num nível mais local (contratos coletivos por empresa). Boa parte dos contratos e convenções coletivas no Brasil não fariam senão atualizar, no nível local, a legislação contida na Consolidação das Leis do Trabalho (CLT)[58] muitas vezes não respeitada pelas empresas.

Segundo o conceito de modelo legislado, o direito do trabalho recobre, ou regula, dois tipos de relações:

1. As relações de trabalho propriamente ditas, isto é, aquelas entre patrões e cada um de seus empregados, pelas quais se troca trabalho por remuneração, se definem as regras de acesso ao emprego (idade mínima e máxima, por exemplo), o lugar que o indivíduo ocupará no organograma da empresa, e também regras mais universais como a que regula a jornada de trabalho etc.

2. As relações profissionais, por meio de regras para a defesa e representação de interesses das partes, capital e trabalho. São as relações de "direito coletivo" e recobrem a or-

---

para a análise das relações de trabalho no Brasil. Aqui, cabe apenas indicar os parâmetros mais gerais do modelo.

[58] A CLT é, como o nome indica, uma consolidação da legislação produzida sobretudo (mas não exclusivamente) durante o governo ditatorial de Getúlio Vargas, relativa ao direito sindical e trabalhista. Em termos deste último, a CLT inspira-se principalmente nas experiências inglesa e francesa, anteriores à desregulamentação das décadas de 1980 e 1990, respectivamente. Moraes Filho (1952) foi o primeiro a mostrar que parte importante do que seria consolidado na CLT foi produzido *antes* do governo Vargas, algo que só voltaria a ser reconhecido pela literatura especializada em Werneck Vianna (1999). A legislação sindical, por seu lado, tem inspiração na *Carta del Lavoro* de Mussolini, razão pela qual o modelo brasileiro foi denominado corporativista.

ganização sindical, a ação coletiva, a negociação coletiva, a representação por locais de trabalho etc.

De um lado, temos a instituição de um estatuto geral, que obriga todos os envolvidos na relação de trabalho e que decorre da vinculação de cada trabalhador com uma mesma comunidade de trabalho (a empresa). De outro lado, as normas propriamente contratuais denotam a força de trabalho como prestadora de serviços, que serão remunerados por um soldo ou salário. Aqui, direitos individuais, o indivíduo como objeto do direito que, como tal, verte-se em instrumento de proteção e cidadania. Ali, obrigações e direitos das partes na relação de prestação de serviços contratados[59]. Já os direitos de greve, de organização, de voz e ação no interior das empresas têm sua forma mais acabada delineada já na primeira metade do século XX, sendo aperfeiçoada em cada país segundo maior ou menor poder sindical, maior ou menor presença de representantes sindicais nos Parlamentos ou no Executivo, maior ou menor presença estatal na ordem social (Castel, 1998). O direito que regula as relações profissionais, pois, seria um produto genuíno deste último século e meio de lutas operárias.

Isso é o mais próximo que chegarei, neste capítulo, da definição de um modelo de relações de trabalho. Se algo está em questão, em alça de mira do discurso e da prática de reforma em boa parte da América Latina e certamente no Brasil, é este duplo direito do trabalho, que regula tanto as relações de trabalho como as relações profissionais, tanto o

---

[59] Como veremos no próximo capítulo, Supiot (1994) argumenta que esta forma geral do direito do trabalho, sobretudo nas relações de trabalho (mais do que nas profissionais), decorre de uma síntese das tradições jurídicas germânica e romana, caracterizadas respectivamente por direitos estatutários e contratuais.

mercado de trabalho como a ação sindical. As duas coisas andam juntas, pois, e no Brasil como na França, na Alemanha ou na Argentina, são (ou estão deixando de ser) lados da mesma moeda[60].

2.3.2 Flexibilidade e Estado mínimo

Antes de perscrutar o sentido deste corpo regulatório para a sociedade capitalista ocidental[61], gostaria de investigar a *rationale* mais geral que preside o discurso de sua flexibilização no debate econômico, sobretudo entre os economistas do trabalho. Sua coerência se tece na clara clivagem que estabeleceu entre os "interesses nacionais" e os "interesses *dos* nacionais", isto é, dos indivíduos, das pessoas, sobretudo dos trabalhadores da nação. Isto não está explícito em parte alguma, mas pode ser lido nas entrelinhas do dogma econômico, como desdobramento da receita resumida há pouco. Acompanhe-se o diagnóstico corrente: a América Latina, para

---

60 É claro que em lugar algum um modelo tão abstrato tem vigência real. No Brasil, por exemplo, e como mostram Cardoso (1999c); Arbix e Zilbovicius (1997); Castro e Comin (1997) Gitahy e Bresciani (1998) e Neves (1999), dentre outros, os setores mais modernos da indústria (como o automobilístico ou o petroquímico) têm regras de uso do trabalho e mesmo de organização sindical centralmente pactuadas entre capital e trabalho, seja no nível de empresa, seja no nível regional (cidade ou Estado). O mesmo ocorre na Argentina, como mostra Novick (1999), e no México (Dombois e Pries, 1998a; Bayón y Bensusán, 1996; Bensusán, 2000). A referência a um modelo permite chamar a atenção, porém, para elementos invariantes ou médios, isto é, para o fato de que, se há exceções, elas ocorrem num ambiente em que, na média, o modelo tem vigência mais do que simplesmente parcial.

61 Woodiwiss (1999) argumenta, convincentemente, que este modelo *não* se aplica aos países da Ásia no Pacífico, onde as relações de trabalho têm cunho patriarcal. E esta não é, certamente, a tradição de regulação nos países do antigo socialismo real.

encontrar um lugar no bonde da história, que fez trilhos do socialismo real, do fascismo, do desenvolvimentismo terceiro-mundista e de outras formas estatocêntricas de solução do problema de dar comida e dignidade social aos cidadãos, a América Latina, eu dizia, precisa melhorar a produtividade do trabalho. O mesmo trabalhador deve ser capaz de gerar mais produto na mesma unidade de tempo. Como o salário é pago por tempo, não por peça, por um mesmo montante de salários produzir-se-á mais coisas que, por isso mesmo, podem ter seu preço reduzido. Decorrem: maior competitividade dos produtos nos mercados interno e externo; redução das pressões inflacionárias; perspectivas de redução das taxas de juros; maior renda para o Estado na forma de impostos diretos e indiretos; menor pressão sobre a balança comercial etc. Enfim, *la vie en rose*. O raciocínio foi simplificado aqui, mas não está longe do dogma econômico, segundo o qual o aumento da produtividade tem efeitos benéficos globais sobre a saúde das nações.

Como aumentar a produtividade, isto é, como produzir mais em menos tempo? O mesmo diagnóstico apresenta a receita: modernizando o parque produtivo, de preferência sem interferência do Estado; restaurando a infra-estrutura de apoio à atividade produtiva (sem o Estado, isto é, via privatizações); saneando o sistema financeiro (sem o Estado, também via privatizações); qualificando a força de trabalho (isto sim, com apoio do Estado, já que este seria, genuinamente, interesse *dos nacionais* com o qual "o mercado" não estaria disposto a arcar) e desregulamentando os mercados de trabalho para dar maior rapidez à reconversão tecnológica na indústria. Os objetivos postos na dianteira como "interesse nacional", note-se bem, supõem a alienação do Estado como artífice, caudatário ou simplesmente defensor deste interesse. Caber-lhe-ia atuar como o queria Herbert Spencer no século XIX: para evitar a *lex talionis*, a lei do talião, a guerra de todos contra todos no mercado. Mas as soluções, segue a receita, viriam pelo mercado. Em lugar da regulação estatal que marcou o pós-guerra, Estado mínimo.

O *interesse nacional*, pois, estaria associado à idéia de Estado mínimo. Mas o que sustenta essa idéia, isto é, por que podemos ou, na verdade, devemos reduzir a regulação ao mínimo? A teoria neoclássica que orienta o discurso neoliberal, como é sabido, garante que os agentes no mercado, perseguindo seu próprio interesse, produzirão espontaneamente situação de equilíbrio. O que é isso? Igualdade? Certamente não, porque este resultado não pode estar normativamente posto como meta na ação de agentes auto-interessados. A eficiência não supõe distribuição, muito menos redistribuição, como já o reconheceu o autor clássico da justiça liberal, John Rawls (1971). Justiça? Isto é, uma distribuição com eqüidade dos recursos sociais? Claro que não, porque a idéia de justiça supõe a vida em sociedade, compromissos extramercado (como em Rawls[62]) ou, de outra maneira, comprometimento com valores para além da troca de equivalentes mensurados por um equivalente geral (como em Habermas, 1987a). O que, então, é o equilíbrio de mercado?

Uma definição possível (de inspiração neoclássica, diga-se desde logo) é a de que nenhum dos agentes econômicos tem incentivos para mudar sua própria estratégia de ação a menos que o outro o faça. Este é o equilíbrio de Nash na teoria dos jogos e não supõe, obviamente, a idéia de *poder ou*

---

[62] Como afirma Rawls (1971, p. 128), as circunstâncias da Justiça se verificam sempre que pessoas mutuamente desinteressadas fazem reivindicações conflitantes acerca da divisão de benefícios sociais em condições de escassez moderada. O mercado não é uma dessas circunstâncias, já que nele as pessoas são mutuamente interessadas.

capacidade para mudar a posição. Num jogo atual qualquer de mercado, posso saber que estou em posição desvantajosa mas não dispor de mecanismos para reverter esta posição. Tenho incentivos, mas não o poder de fazê-lo. Uma outra definição possível é a de que, no equilíbrio, ninguém pode estar em melhor posição sem piorar a posição de um terceiro e vice-versa. É o equilíbrio (ou "optimalidade") de Pareto[63].

O equilíbrio de Pareto supõe alguma mensurabilidade dos recursos, digamos, de poder dos jogadores e é, antes de tudo, um ponto de chegada, algo a que certos jogos tenderiam em certas condições, que não cabe avançar aqui. O que importa é que, aplicado a relações de mercado, ele é um ponto possível de convergência e pode funcionar como aspecto normativo das trocas entre agentes com recursos desiguais de poder, algo que pode remeter à existência de instituições ou, no limite, do Estado. Já o equilíbrio de Nash não supõe a optimalidade de Pareto, é claro, porque ele é perfeitamente compatível com situações como uma taxa de desemprego de 20%; ou concentrações de renda como a brasileira, na qual 34 milhões de pessoas estão abaixo da linha de pobreza, os 10% mais ricos capturam 50% da renda etc. O equilíbrio não quer dizer nem igualdade nem eqüidade, como nos ensinou Lord Keynes em sua *Teoria geral*. Ele pode significar, por exemplo, que uns sempre ganham e outros sempre perdem, de forma reiterada e previsível, de tal maneira que o analista "racional" pode afirmar que nenhum ator tem interesse em mudar as regras do jogo simplesmente porque o jogo, objetivamente, não muda.

O Estado mínimo como aspecto central do interesse nacional, pois, estaria associado a esta noção de equilíbrio

---

63 Ver Tsebelis (1990, p. 67 e 110).

no mercado, à alienação do Estado como agente da constituição de algo que poderíamos chamar "a nacionalidade". Tudo isso em nome da eficiência econômica no novo mercado global em equilíbrio (não necessariamente paretiano). E a eficiência do funcionamento do mercado é o que se estaria buscando com as propostas de desregulamentação das relações de trabalho, propostas que andam juntas com o outro remédio, o aprimoramento, ou aumento, da empregabilidade da força de trabalho.

Este seria o interesse dos nacionais, *subsumido* ao interesse da nação por eficiência. O segredo desta submissão, porém, está em que a eficiência no mercado deixa de ser um interesse pátrio, cujas fronteiras possam ser claramente delimitadas. Numa associação de idéias nada difícil de rastrear, o que está em questão é o funcionamento do mercado enquanto tal. E, como o mercado destrói crescentemente as fronteiras (a questão não é a sobrevivência no novo capitalismo global?), o interesse nacional se confunde com a idéia da eficiência do funcionamento do sistema como um todo, de nossa parte no sistema global de trocas eficientes. O discurso neoliberal opera uma clivagem entre o interesse nacional e o interesse dos nacionais justamente porque a eficiência de mercado como meta elege os capitais apátridas como senhores dos projetos de organização social. A sobrevivência *no* novo capitalismo global confunde-se com a sobrevivência *do* novo capitalismo global.

O interesse dos nacionais, ao contrário, tem fronteiras claramente delimitadas. Estamos encerrados no Brasil, ou na América Latina. Por isso mesmo estaríamos oferecendo resistência insustentável tendo em conta o modelo de eficiência global vertido em interesse nacional, dado que a inércia dos sistemas nacionais de relações de trabalho, que se recusam à flexibilização, seria um empecilho à eficiência já referida. O equilíbrio por aqui se manifestaria como desigualdade, desemprego etc., isto é, como um equilíbrio não-ótimo ou socialmente indesejável *porque* a legislação trabalhista existe.

Não é por acaso, então, que a proposição desregulamentadora corrente oferece como solução a contratação coletiva entre capital e trabalho, isto é, por fora ou sem o Estado, em substituição, por exemplo, ao direito do trabalho. Capital e trabalho encontrar-se-iam segundo seus recursos de poder e, medindo-os, pactuariam as condições de seus encontros no futuro. Sem sequer o cuidado de usar meias palavras, argumenta-se que o contrato coletivo é mais flexível e, portanto, mais adequado à nova ordem mundial em que o ator mais forte (o capital) necessita rever as regras todo o tempo em nome da eficiência (Pastore, 1994). Mudar a lei, ao contrário, implica introduzir a política na história, já que tudo tem que passar pelo Congresso Nacional, submeter-se ao debate público e talvez interesses nacionais de outra ordem, que não da simples eficiência, ganhem vida própria. Ora, a política é, por definição, ineficiente. Alguém já disse que é da natureza dos bons acordos que todos saiam perdendo. No mundo globalizado, o contrato coletivo livremente negociado, flexível e passível de revisão sempre que o interesse mais forte for contrariado, é a panacéia para o mal dos acordos congressuais: no mercado, longe das incertezas do jogo político, o mais forte pode sair ganhando sempre. Em nome da eficiência.

Não se está falando, obviamente, de um contrato coletivo nacional, que seria, segundo esta leitura, tão rígido quanto a lei. A idéia é a contratação descentralizada, por empresa, no mundo privado. Eis a palavra oficial da Confederação Nacional das Indústrias (CNI):

> A passagem de um sistema estatutário para outro baseado na negociação deve ser cercada de alguns cuidados. A contratação coletiva não pode funcionar como uma outra forma de engessamento da economia, tal como ocorre nos países que optaram por um nível mais centralizado de negociação. Para obter a flexibilização desejada, é fundamental caminharmos para uma negociação descentralizada em nível de empresa (CNI, 1997, p. 24).

A flexibilização das relações de trabalho como interesse nacional, pois, é sinônimo de alienação do Estado, de desregulamentação, de transferência aos atores sociais capital e trabalho do poder de definir seu destino. Retenhamos este ponto, por hora. Vejamos o que há a respeito da requalificação e seu corolário, a empregabilidade, interesse verdadeiro "dos nacionais" no discurso corrente.

2.4 Empregabilidade

A "empregabilidade" é, como mencionado, a outra face da dinâmica de desregulamentação das relações sociais. Neologismo que é ao mesmo tempo substantivo e adjetivo, colou-se recentemente à força de trabalho como se fosse uma marca de nascença, um atributo identitário. Agora diz-se dos indivíduos que eles têm maior ou menor empregabilidade, que podem melhorá-la ou piorá-la, que podem inclusive perdê-la inteiramente, digamos, por idade ou invalidez, com o que deixam de ser força de trabalho e tornam-se outro ser social, alguém "fora da PEA", alguém sem empregabilidade.

Podem perdê-la também porque no mundo contemporâneo, argumenta-se, estaria ocorrendo este fato notório de que pessoas em pleno gozo de suas forças físicas e mentais, sem outra propriedade para dispor que não sua capacidade de trabalho, já não são empregáveis. Gente, por exemplo, que não se teria reciclado depois da perda de um emprego industrial em setores nos quais, em razão da reestruturação produtiva, profissões operárias ou gerenciais tenham desaparecido inteiramente, tornando obsoletas as qualificações adquiridas antes. Ou gente que, estando há pouco tempo no mercado de trabalho, não teria acompanhado as mudanças ocorridas no lado da demanda por trabalho, não se qualificando de acordo[64].

Não é preciso muito esforço para perceber que esta noção de empregabilidade remete a *ativos*, àquilo que o trabalhador tem a oferecer no mercado de trabalho de tal maneira a tornar-se atraente para os empregadores[65]. Não bastam habilidade (ou força) física e saúde mental que sustentem o aprendizado. A (nova?) questão é que um e outro podem ser hierarquizados a ponto de delimitar para a exclusão combinações pouco atraentes de ambos. Por exemplo, jovens pouco escolarizados têm saúde, mas não têm educação; velhos muito escolarizados sabem muito, mas viverão pouco; mulheres educadas podem ficar grávidas etc. Isto quer dizer que esta noção de empregabilidade só faz sentido como conceito explicativo da dinâmica do mercado de trabalho num mundo em que a origem, a matriz das hierarquias sociais que recortam as gradações do que é bom ou ruim, adequado ou não, é a empresa, o lugar da eficiência onde um *ativo* troca-se por recompensa (salário) segundo sua utilidade marginal.

Segundo a *rationale* desta noção de empregabilidade, isto é, analisando-a por dentro e a partir de seus pressupos-

---

64 Ver, por exemplo, SENAI (1995 e 1996).

65 A versão que discuto aqui para o conceito de empregabilidade não é a única existente. Trata-se, na verdade, de conceito com larga história na sociologia do trabalho, como mostra Gazier (2002). O que me interessa, porém, é o sentido que o termo adquire na ortodoxia econômica reinante, dadas as conseqüências de seu emprego em políticas públicas de flexibilização do mercado de trabalho.

tos, dizer de alguém que ele ou ela não é empregável é dizer que não há no mundo empregadores dispostos a dar-lhe um lugar na estrutura de produção ou distribuição de mercadorias e serviços. Como o empregador é agente racional e seu empreendimento uma empresa racionalmente gerenciada, não é de se esperar que crie postos de trabalho impossíveis de ser ocupados. Se só existem postos que podem ser ocupados, um indivíduo qualquer só não é empregável *porque* outro o é, quer dizer, porque há pessoas com as habilidades requeridas pelos postos de trabalho disponíveis, criados por empregadores racionais segundo um planejamento empresarial voltado para a obtenção do lucro. A empregabilidade como conceito geral, pois, assenta-se sobre a desigualdade efetiva de distribuição de recursos ou ativos empregáveis entre os indivíduos trabalhadores. Ela *pressupõe* a desigualdade de oportunidades de acesso a postos de trabalho já que, se todos fossem substitutos perfeitos no mercado de trabalho, todos seriam igualmente empregáveis, e não haveria necessidade desse conceito, que não distinguiria coisa alguma.

A estrutura dessa noção de empregabilidade é irmã gêmea de outro conceito neoclássico padrão, o de "capital humano"[66], base de uma teoria que dominou as análises econômicas sobre mercado de trabalho nas décadas de 1960 e 1970, sobretudo depois da derrocada das políticas keynesianas de pleno emprego. Aquela teoria procurava explicar as *diferenças* de renda como função das diferenças entre os indivíduos, isto é, das características da oferta de força de trabalho. Com isso, estaria sanando uma lacuna na teoria neoclássica do emprego que, argumenta-se, punha ênfase quase exclusiva

---

[66] Souza, Santana e Deluiz (1999) denominam a nova investida de neo-TCH ou neo-teoria do capital humano. Ver p. 62 e ss. e também Deluiz (1997).

nos aspectos da demanda por trabalho. Para a correta compreensão deste arrazoado, convém recordar, rápida e muito esquematicamente, as bases do argumento neoclássico. São quatro seus pressupostos gerais:

(i) as empresas maximizam lucros num mercado de competição perfeita;

(ii) a tecnologia que empregam é dada exogenamente e apresenta rendimentos marginais decrescentes;

(iii) os trabalhadores maximizam bem-estar e decidirão quanto trabalhar, isto é, quanto de lazer estarão dispostos a abrir mão em troca de um salário, tendo em vista seu plano de consumo, com o que a oferta de trabalho tem relação positiva (crescente) com o salário real;

(iv) a demanda agregada nominal é dada exogenamente[67].

Decorre dos pressupostos (i) e (ii) que, dado um nível de salários qualquer, a curva de demanda por trabalho por parte das empresas é decrescente com o número de trabalhadores, na medida que, a partir de determinado ponto (o ponto em que o salário pago à última unidade de trabalho adicionada equivale ao produto gerado por ela), contratar torna-se irracional para as firmas. Logo, o nível de emprego e o de salários são determinados ao mesmo tempo, e o "emprego de equilíbrio", correspondente a um "salário de equilíbrio", determina-se no ponto de interseção da curva de oferta – crescente com o salário, segundo o pressuposto (iii) – e a de demanda (decrescente com o salário) por trabalho.

---

67 Ver Amadeo e Estevão (1994, p. 14; 50 e ss.); Granovetter (1981, p. 16 e ss.).

Note-se que salários e nível de emprego (logo, de desemprego) são parte da mesma função e se determinam mutuamente. Como, por estes pressupostos, o mercado de bens tende necessariamente ao equilíbrio, se o mercado de trabalho "funcionasse perfeitamente, o nível de salário efetivamente observado seria igual ao de equilíbrio. No entanto, qualquer empecilho ao livre funcionamento do mercado de trabalho pode fazer com que o salário real fique acima do nível que equilibraria oferta e demanda, o que gera desemprego" (Amadeo e Estevão, 1994, p. 14-15). Só é possível haver desemprego, pois, se o mercado de trabalho funcionar de forma imperfeita, e uma das principais fontes de imperfeição são as instituições, como os sindicatos e a legislação trabalhista. A "sociedade" entra no modelo como empecilho, ruído ou obstáculo ao bom funcionamento do mercado. Como algo, pois, a ser removido.

O leitor atento já terá feito a ponte entre esta teoria e as propostas de desregulamentação e flexibilização do mercado de trabalho discutidas na seção anterior. Dar condições ao mercado para funcionar sem empecilhos e encontrar espontaneamente o equilíbrio, eis a receita. É ela, também, que permite compreender a hegemonia da noção de empregabilidade na explicação do desemprego crescente como fruto da desigualdade entre os indivíduos.

Ocorre que o paradigma neoclássico padrão não dispunha de mecanismos internos, um argumento estritamente econômico, para a explicação das diferenças de renda. Ao apresentá-los como resultado do mau funcionamento do mercado de trabalho, o paradigma estava obrigado a recorrer a outras disciplinas, como o direito ou a sociologia. Ao fazê-lo, encontrou que os sindicatos funcionam como "monopólios" com poder de fixação do salário real acima do que seria conseguido espontaneamente no mercado. Encontrou também que a legislação trabalhista, ao estabelecer mecanismos de proteção a determinados trabalhadores e não a outros (jovens e velhos por oposição aos demais, gestantes por oposição às mulheres fora desta condição etc.), introduzia desequilíbrios geradores de diferenças e/ou desemprego dos segmentos desprotegidos (como em Amadeo e Camargo, 1996).

Chega-se, então, ao ponto que interessa aqui: a teoria do capital humano veio dar ao paradigma neoclássico um argumento *econômico* para as diferenças de renda entre os indivíduos, ao sofisticar um pouco mais o pressuposto (iii) apresentado antes. Agora os trabalhadores não são pensados unicamente como maximizadores de utilidade (bem-estar relacionado ao consumo ou ao lazer), mas também como indivíduos racionais que *investirão em si mesmos* para maximizar retornos monetários do trabalho. Não se trata de um *trade off* entre *quantidade* de trabalho a ser ofertada e retorno esperado em termos de salário. Trata-se de um *novo trade off* entre, de um lado, a *quantidade de investimento na qualidade* da capacidade de trabalho a ser ofertada no mercado e, de outro, o salário esperado. Com isso, as diferenças de renda passam a depender unicamente dos investimentos individuais dos trabalhadores, sobretudo (mas não exclusivamente) os investimentos em educação. Os mecanismos ou determinantes pelo lado da oferta de trabalho passam a ser tudo o que se precisa saber para se compreender a distribuição de renda.

Pois bem, a noção de empregabilidade apenas substitui "diferenças de renda" por "diferenças na capacidade de acesso a postos de trabalho", e daí temos a chave do tesouro: o desemprego decorre do fato de que determinados indivíduos (os desempregados) não investiram adequadamente em si mesmos para tornar sua força de trabalho atraente para os empregadores, como os outros indivíduos (os empregados) o fizeram (como em Pastore, 1997 e 1998). E assim como a melhoria da renda dependia do investimento individual em educação, assim também a saída do desemprego. A escolarização, panacéia anterior para acabar com as diferenças de renda, agora nos salvará das diferenças na empregabilidade das pessoas.

Nestes termos, essa noção empregabilidade tem o dom de explicar, ao mesmo tempo, por que alguns estão desempregados e outros, empregados. Além disso, ela transfere à força de trabalho *todo* o ônus por seu desemprego (ou por seu emprego, claro). Se cada qual tivesse buscado informação adequada sobre as necessidades reais dos mercados de trabalho e se tivesse investido em si mesmo de forma diferenciada, isto é, mais e melhor do que os outros indivíduos, estaria, agora, em melhor posição do que os outros. Seria, *certamente*, empregável.

Assim como a teoria do capital humano, essa "teoria" da empregabilidade não tem nada a dizer sobre um aspecto crucial do funcionamento do mercado de trabalho, que são os determinantes sociais, econômicos e tecnológicos de constituição de postos de trabalho. Se o paradigma neoclássico padrão não tinha olhos para os determinantes pelo lado da oferta, seu complemento deu razão quase exclusiva a estes, negligenciando não apenas aspectos da demanda de trabalho, como ainda os mecanismos sociais pelos quais indivíduos e famílias coordenam ou simplesmente planejam sua inserção produtiva. A crítica de Granovetter (1981) à teoria do capital humano é antiga, mas cabe perfeitamente aqui: tal teoria não dá conta desse fato corriqueiro de que a economia pode não gerar postos de trabalho adequados às qualificações presentes; ou de que pode não gerar postos de trabalho de qualquer natureza. Mais do que isso, não há nada que garanta que o ritmo de investimento das pessoas (e famílias) em sua qualificação equivalerá ao de criação de postos de trabalho adequados a ela.

2.4.1 Uma crítica interna

Esta, porém, pode ser tomada como uma crítica externa, que não leva em conta os pressupostos da teoria. Atenhamo-nos, então, ao ambiente modelar e estrito dos agentes racionais maximizadores de renda, cria do dogma econômico dominante e testemos sua consistência. Não pretendo me demorar nisso, já que este ambiente modelar é um dos elementos do que estou denominando "restrição dos horizontes analíticos e civilizatórios". Mas não há como resistir a uma crítica interna.

Seja um trabalhador qualquer, plenamente informado sobre a dinâmica do mercado de trabalho, dinâmica que, por sua vez, é geradora de plena informação sobre si mesma. Seja, ademais, um país que tenha aderido sem restrições ao dogma, abrindo unilateralmente suas fronteiras aos capitais e produtos dos outros países. Essa abertura, além disso, acompanha-se de valorização cambial, de tal maneira que os produtos manufaturados pelos outros países passam a ter preços de mercado inferiores aos produzidos localmente. Nosso trabalhador racional e adepto do dogma saberá imediatamente que, tudo o mais permanecendo constante, a tendência natural do mercado ao equilíbrio levará à transferência dos empregos e/ou dos lucros locais para os capitalistas ou trabalhadores dos países produtores dos quais agora o trabalhador está comprando: ele mesmo e o restante dos patrícios deixarão de adquirir, digamos, camisetas locais, substituindo-as por produtos taiwaneses, por exemplo.

Sem vender no mercado interno ou tendo que fazê-lo a preços abaixo do de reprodução do capital investido, e impossibilitado de fazê-lo externamente dada a valorização cambial, o produtor local tem duas saídas típicas: (i) fechar sua fábrica; (ii) reduzir custos e manter-se no mercado. Tudo o mais permanecendo constante, a primeira saída transfere imediatamente os empregos às regiões de onde os nacionais passam a depender para abastecer-se de camisetas. A segunda só terá esse resultado se a redução de custos se fizer pela demissão de trabalhadores. Se a solução vier pela diminuição dos salários, o efeito se estenderá no tempo, uma vez que a redução dos ganhos reduzirá o potencial do consumo dos assalariados e com ele a demanda efetiva. Cedo ou tarde isso terá reflexos no nível de emprego.

Nosso assalariado padrão sabe de tudo isso: deve racionalmente esperar que a abertura unilateral, mais cedo ou mais tarde, reduzirá empregos em seu país, transferindo-os a plagas onde o salário é menor, ou a produtividade é maior, ou o câmbio é mais favorável etc. Ora, os capitais, sabemos, são voláteis, mas a força de trabalho não. Dificilmente nosso assalariado racional poderá emigrar para Taiwan. Os empregos gerados por lá são para os taiwaneses, não para ele.

Ciente da situação, reza a teoria que ele procurará se antecipar aos movimentos inexoráveis da globalização (se não o fizer, a culpa será do trabalhador ele mesmo). Como? Antes de perder o emprego ele deverá se reciclar profissionalmente, tornando sua força de trabalho mais empregável do que é hoje. O que isso quer dizer? Que ele deve dormir menos, estar menos com os seus, deixar de se divertir nos fins de semana e freqüentar cursos noturnos de especialização, de línguas, de computação, o que for necessário para fazer sua força de trabalho palatável, de preferência para o mesmo patrão. Quando o desemprego vier, não virá para ele, mas apenas para os outros, que não se anteciparam.

Ora, deu-se a mágica e quase não o percebemos. Com que então os outros não se anteciparam! Por quê? De duas uma: (i) a teoria, para funcionar nestes termos para nosso operário padrão, não pode funcionar do mesmo modo para os demais com os quais concorre no mercado de trabalho. Isso porque, num mercado de concorrência perfeita, todos os demais são seus potenciais concorrentes. Logo, *não podem* agir como indivíduos racionais, isto é, informar-se e antecipar-se ao que virá. Se isso ocorrer, os investimentos que nosso operário modelo realizar em qualificação se perderão, já que todos terão feito o mesmo. Ou então (ii) a teoria deve *pressupor* que há desigualdade e segmentação no mercado de trabalho, e esse pressuposto deve fazer parte da lógica do argumento, não "da vida". Apenas se há desigualdade e se esta é reproduzida pelo mercado enquanto tal, apenas nestas condições cabe postular a possibilidade lógica da eficácia permanente de diferenciais de qualificação no mercado de trabalho. Ora, pressupor desigualdade e segmentação é abandonar o outro pressuposto central à teoria, o de que o mercado está em (ou tende ao) equilíbrio devido à concorrência perfeita entre indivíduos bem informados. Ainda assim, sigamos adiante.

Para ser consistente, quando se postula o indivíduo racional bem informado num mercado de concorrência perfeita, deve-se admitir *desde logo* que *todos* farão o mesmo que nosso operário modelar. Se isso ocorresse, o país deixaria de exportar empregos para Taiwan? Tudo o mais permanecendo constante (sobretudo o câmbio), isso só ocorreria se o ganho de produtividade decorrente da requalificação de toda a força de trabalho fosse suficiente para reduzir os preços finais dos produtos a ponto de tornar a demissão desnecessária. Seria, então, possível produzir muito mais com o mesmo montante de trabalhadores, reduzindo preços e compensando a taxa de câmbio desfavorável e a abertura unilateral. Os produtos internos se tornariam competitivos pelo aumento da produtividade do trabalho, decorrente da autoqualificação dos trabalhadores.

Para que este conjunto de arrazoados faça sentido, à teoria cabe, empiricamente, o ônus de demonstrar quanto de aumento da qualificação da força de trabalho é necessário para produzir este *plus* de produtividade, suficiente para impedir o desemprego industrial e, com isso, recompensar os investimentos individuais em qualificação. Deve considerar, também, que o tempo de produção de quálificações é diverso do tempo das mercadorias, trocadas imediatamente no mercado. Pode ser que os países não possam se adequar imediatamente às pressões concorrenciais da abertura e, por conseqüência, ocorra transferência inicial de empregos a Taiwan, vale dizer, ocorra desemprego por aqui.

Mas mesmo se tudo isso for possível, ainda assim o modelo *só funciona se a demanda por camisetas for elástica*, isto é, se, mesmo aumentando muito e crescentemente a oferta interna em razão do aumento da produtividade do trabalho, haverá sempre novos compradores, ou antigos compradores dispostos a aumentar seu estoque de camisetas, atraídos, por exemplo, por preços mais baixos. Estou enganado, ou voltamos à lei de Say, segundo a qual toda oferta cria sua própria demanda? Depois de Keynes, não se pode mais subscrever tamanho disparate. Não posso imaginar a população comprando camisetas sem parar e acima de suas necessidades só para satisfazer a teoria. Logo, é de se esperar que o aumento de produtividade reduza a demanda marginal por trabalho exatamente a partir do ponto de saturação da demanda por camisetas. Deste ponto em diante, o aumento de produtividade redundará em desemprego, porque não haverá demanda para os produtos.

O conceito de empregabilidade no dogma hegemônico conota uma seqüência de eventos, pois, de difícil sustentação: ao aumentar sua empregabilidade, os indivíduos tornam-se mais produtivos, e a certeza da venda por parte do capitalista do excedente produzido evita a demissão do trabalhador. Tenho que pressupor que Jean Baptiste Say está vivo! O trabalhador racional de nosso modelo chegará, com certeza, a esta conclusão e, se é racional, sabe de antemão que seu investimento em qualificação será, provavelmente, perdido no desemprego industrial que a abertura com valorização cambial provocará. Ele sabe que essa fórmula, em lugar de gerar empregos ou demanda elástica, destrói o parque produtivo, transfere empregos a outras plagas e, no limite, reduz a demanda por novos produtos em razão da queda do nível de emprego e da renda das famílias. Logo, ele não investirá em si mesmo, e este será um resultado genuinamente racional, fruto de leitura abrangente e bem informada da dinâmica do mercado de trabalho, e fruto do conhecimento e adesão ao dogma econômico reinante, é claro.

Se esta crítica interna me pareceu irresistível, posto que expõe o argumento como falacioso, o essencial encontra-se em outra parte. Falar em empregabilidade, nos termos da teoria neoclássica, é entronizar a firma como o parâmetro para a análise da dinâmica do mercado de trabalho analisando-a, ademais, apenas como um ambiente para a produção de lucro. Agora, qualificações operárias são comercializadas segundo seu valor de mercado numa troca "entre iguais": postos de trabalho existem, é responsabilidade do trabalhador adequar-se ou igualar sua qualificação a eles. Esta é, está claro, uma inversão completa da *rationale* que orientou a consolidação do direito *do* trabalho no mundo, baseada na idéia de que as pessoas tinham direito *ao* trabalho (Beynon, 1999), algo, aliás, que se tornou preceito constitucional no Brasil em 1988. É porque se tinha reconhecido este último direito que se pôde definir, historicamente, os "legitimamente desempregados" para fins de políticas sociais, por exemplo (Offe, 1984). O direito ao trabalho tinha estatuto de um direito civil. Logo, o desemprego era responsabilidade civil ou de Estado. A empregabilidade, ao substituir o direito pelo mercado, institui como única responsabilidade aquela do trabalhador por encontrar um emprego para si. Logo, o desemprego lhe deve ser imputado. O interesse nacional como interesse pela sobrevivência *do* mercado global, então, circunscreve como interesse dos nacionais sua empregabilidade, uma noção que exime o Estado da responsabilidade civil pelo emprego.

2.5 O direito do trabalho e seus sentidos

O discurso econômico hegemônico (por muito tempo mais do que um discurso, mas uma prática de vários governos nacionais latino-americanos), apresenta dificuldade crescente em aceitar que o mercado não existe sem o Estado. Analistas sérios, remando contra a correnteza[68], estão se tornando, talvez perigosamente, a minoria num debate eivado de ideologias, interesses escusos ou interesses reais, mais ou menos explícitos. É crescentemente reduzido o número de formuladores de políticas públicas dispostos a aceitar, por exemplo, que não há contratos sem um corpo de magistrados cuja tarefa é fazê-los valer[69]. Que não há troca de equiva-

---

[68] Como por exemplo, Singer (1996) e Oliveira (1999).

[69] Há uma cruzada no Brasil contra o Poder Judiciário, sobretudo a Justiça

lentes sem um meio de troca e que não há meio de troca, moeda, sem Estado. Que a moeda não é uma emergência espontânea no mercado, sendo, ao contrário, dependente da garantia da estabilidade das trocas no futuro e de que esta garantia não se baseie na força, mas sim numa idéia qualquer de troca justa, justiça processualmente legitimada na ação de juízes e advogados, na intervenção de ministros e na legislação produzida nos Congressos Nacionais, muito além da equivalência pura e simples no mercado.

No mercado de trabalho, este mercado especial em que a força de trabalho não é uma mercadoria qualquer, mas uma mercadoria que teima em trazer consigo a subjetividade, a vontade, a pirraça, a raiva ou a boa índole daquele que a porta, o trabalhador, esse mercado, mais do que qualquer outro, não pode funcionar sem o Estado. Na verdade, *ele não existe sem o Estado*, que lhe dá a forma e o conteúdo, dá-lhe existência por meio dos mecanismos regulatórios que definem quem pode trabalhar (menores de 10 ou de 14 anos não podem, maiores de 70, 75 ou 80 tampouco, dependendo do país), por quanto tempo trabalhar, qual deve ser a remuneração mínima, até quando é possível ficar sem trabalhar ganhando o salário (férias, descanso semanal remunerado etc.), sendo, em suma, agente e promotor do direito do tra-

---

do Trabalho, alvo de iniciativas reformadoras que partiram do Executivo e do Legislativo. Em outubro de 1999, o Congresso ultimou as atividades de uma Comissão Parlamentar de Inquérito instalada quatro meses antes, que desvelou esquemas de corrupção em várias das instâncias do Judiciário, relacionados com venda de sentenças, desvio de verbas de obras públicas, nepotismo e peculato, dentre outros crimes. Esta CPI, conquanto restrita a casos isolados, parece ter contaminado fortemente a imagem de todo Poder Judiciário, principalmente seu ramo trabalhista. Um Judiciário rendido é o mundo dos sonhos dos neoliberais de plantão.

balho como constituinte e pressuposto de qualquer idéia de troca no mercado.

Pois bem, o ponto a ser desenvolvido daqui por diante, mesmo que telegraficamente[70], tem a ver com a idéia de que talvez não se esteja percebendo que as clivagens entre interesse nacional e interesse dos nacionais, entre a eficiência de mercado e a sobrevivência *no* mercado, entre sobrevivência *no* mundo global e sobrevivência *do* mercado global, entre Estado e mercado, enfim, põem em questão um aspecto central do direito do trabalho, que é sua condição de elemento fulcral das relações de classe no capitalismo. Vejamos.

Se inquirirmos por um momento sobre a razão de ser dos instrumentos de regulação do mercado de trabalho (isto é, das duas dimensões do direito do trabalho mencionadas antes), se refletirmos sobre o lugar que ocupam na sociedade contemporânea, em seu sentido para os contemporâneos, encontraremos leituras muito diversas, muitas vezes conflitantes[71]. Na literatura econômica hegemônica no debate, o direito do trabalho é avaliado, principalmente e como sugerido, em termos dos obstáculos ou incentivos que impõe aos atores no mercado. Já na literatura sociológica, jurídica ou política a visão mais comum, quase de senso comum, é a de que o direito do trabalho existe, ou constituiu-se ao longo do último século e meio, para proteger o lado mais fraco da relação de trabalho, isto é, o assalariado.

Tornou-se clássica, nesse recorte, a visão de Offe (1984), por sua vez devedora de Polanyi (1944), segundo a qual o direito do trabalho reduz a disparidade de poder entre capi-

---

[70] Há mais sobre isso no capítulo seguinte.

[71] Devo muito do recorte analítico dos parágrafos seguintes a Jeammaud (1998).

tal e trabalho no mercado. Em conexão com a legislação social no capitalismo avançado, ele "desmercantiliza" a força de trabalho ao transferir ao patrão e ao Estado parte substancial dos custos de reprodução do trabalhador individual e de sua família. Como o valor do trabalho não pode ser mensurado contra um equivalente no mercado, seu preço não tem qualquer relação com seu valor, sendo arbitrado como parte de um arranjo normativo mais amplo que determina, por exemplo, salários mínimos, pisos salariais por categoria profissional, seguro-desemprego (que permite ao trabalhador esperar por um emprego melhor e, com isso, não pressionar o mercado e os salários dos ocupados) etc. Essa abordagem teve e tem grande força entre analistas por vezes polares da social-democracia, como é o caso de Przeworski (1989) e Francisco de Oliveira (1988). Habermas (1987b) alimentou um importante argumento sobre o esgotamento das energias utópicas no capitalismo, uma vez que a utopia feita história nos Estados de bem-estar estaria circunscrevendo os interesses dos trabalhadores à reprodução do sistema.

Se bem que importante, esta noção de direito do trabalho como redução das disparidades de poder nem de longe é a única. A literatura francesa costuma tratá-lo *também* em seu aspecto, por assim dizer, civilizatório das empresas, servindo a um ideal qualquer de justiça *no* trabalho, de emancipação do trabalhador em relação ao jugo do proprietário. Essa vertente teve muita força na década de 1960, sob a pena de André Gortz ou Georges Friedman, mas avançou pela Inglaterra nas décadas de 1970 e 1980 e é forte ainda hoje nos países periféricos, entre eles o Brasil. Gortz, por exemplo, se perguntava como era possível uma sociedade democrática conviver com o despotismo imperante no interior das empresas, em que as regras de uso do trabalho eram unilateralmente definidas pelo patrão, em que a gestão do negócio era encarada como prerrogativa única do proprietário e os direitos dos cidadãos ficavam pendurados no vestiário, com a roupa da rua, trocada pelo macacão de trabalho. Quem já entrou numa fábrica no Brasil ou no México não pode deixar de se fazer a mesma pergunta ainda hoje...

O papel civilizatório do direito do trabalho, então, teria a ver com a penetração da proteção estatal ali onde as relações parecem, à primeira vista, ter caráter unicamente privado, já que a empresa nada mais é do que um instrumento para a produção de lucro, sendo, como tal e legitimamente, passível de gestão privada pelo proprietário. Aquele direito, então, penetraria as relações privadas, retirando-as desta esfera de arbítrio onde impera a lei do mais forte. Fá-lo-ia, ademais, para além de uma perspectiva puramente humanista da liberdade regrada, na medida em que leva em conta as hierarquias reais que cortam a organização social burguesa moderna, que destina ao trabalho lugar subordinado[72].

Mais recentemente, sobretudo depois da teoria do agir comunicativo de Habermas, a literatura alemã vem pondo ênfase em outro aspecto central do direito do trabalho, vendo-o também como elemento fulcral do processo secular de juridificação das relações sociais, isto é, de colonização do mundo da vida (o lugar por excelência do agir comunicativo) pelo direito. É como se o Estado, por meio da produção de regras jurídicas, estivesse limitando a autonomia dos indivíduos e dos grupos em determinar ou defender seus interesses. Note-se que a abordagem é crítica em relação ao direito como aspecto da ordem estatal moderna, ao mesmo tempo em que reconhece seu papel central na vertebração desta mesma ordem, isto é, sua função (o termo é de Habermas) como um dos

---

[72] Ver também Werneck Vianna (1999, introdução), e Machado da Silva (2002).

instrumentos da coesão social (ao lado do dinheiro, do poder e da solidariedade). A abordagem, ademais, tem semelhança com certa leitura liberal do direito (o direito como obstáculo), mas a alternativa não é uma sociedade fragmentada de indivíduos negociando suas posições segundo seu interesse particular, mas sim uma sociedade cuja identidade é construída por indivíduos dispostos a negociar suas posições originais na busca do entendimento e, possivelmente, do bem comum.

Há quem identifique no direito do trabalho uma virtude em sentido maquiaveliano, isto é, algo que tende "objetivamente" a realizar-se caso se imponham as condições da fortuna. Como o direito do trabalho *constitui* as relações de produção, estabelecendo proteção real aos trabalhadores contra o arbítrio completo do patrão (não há mais escravidão formal, por exemplo) nestas condições ele contribui para a reprodução pacífica da ordem capitalista, ao mesmo tempo em que amplia as bases da democracia liberal. Ele conferiria legitimidade à exploração da força de trabalho e daria caldo de sustentação ao compromisso de classe que permite a convivência, sempre tensa, entre capitalismo e democracia. Esta leitura é comum entre os suecos, e é bom citar Esping-Andersen (1985) ou Korpi (1983).

No Brasil e em parte da América Latina (sobretudo México e Argentina) o direito do trabalho é visto, quase sempre (e segundo alguns, erroneamente, como Moraes Filho, 1952), como uma concessão estatal, como um instrumento dentre muitos outros de moldagem de uma sociedade civil invertebrada, carente de fontes universais e endógenas de construção de solidariedade. Um modelo ainda mais fortemente legislado do que o francês, por exemplo, fruto de uma concepção do papel do Estado como demiurgo das disputas entre capital e trabalho. O direito do trabalho teria cumprido, entre nós, o papel civilizatório que lhe atribui a literatura francesa, não tanto pela pacificação ou humanização das empresas, mas pela vertebração da própria sociedade via estabilização de expectativas dos assalariados a respeito de seu quinhão na riqueza socialmente produzida e seu lugar na estrutura de distribuição de recursos mais propriamente estatutários (Werneck Vianna, 1999). Indivíduos e coletividades, ao se vincularem a uma categoria profissional reconhecida pelo Estado e, com isso, investir-se de direitos quase corporativos[73], ganhavam também um lugar na ordem social de posições, definindo-se por oposição a outras categorias profissionais e aos que não estavam no mercado formal de trabalho.

Não obstante leituras diversas quanto à sua necessidade social, ou simplesmente sociológica[74], é difícil sustentar que estes sentidos do direito do trabalho estejam no horizonte dos reformadores liberais do final do século passado. Por outro lado, se as pressões por transformação permitem a circunscrição de um modelo anterior, ou melhor, de significados precisos para um modelo certamente abstrato e de modo algum encontrável em qualquer parte, não descerram com a mesma facilidade um futuro sequer próximo do unívoco. As experiências nacionais têm sido muito diversas e apenas com muita licença poética é possível falar em convergência nos processos internacionais de reforma dos sistemas de relações de trabalho[75]. Mas parece-me possível, sim, capturar

---

[73] Como o direito de ser representado por sindicatos oficiais, de acesso a renda mínima, de férias remuneradas, de estabilidade no emprego após certo tempo de permanência nas empresas etc.

[74] Castel (1998) institui o direito do trabalho no fulcro do que ele denomina "sociedade salarial", por exemplo, com o que aquele direito ganha estatuto de elemento definicional das sociedades contemporâneas.

[75] Como sustentam, por exemplo, Hyman (1994); Lane (1994); Dombois e Pries (1998b) e Katz e Darbishire (1998) dentre tantos outros.

o espírito do que se pretende, isto é, o lugar a que os reformadores gostariam de chegar se o poder lhes fosse despótico, ainda que sua efetivação receba o crivo das histórias nacionais, para infelicidade dos que propugnam pelo fim do Estado. A conclusão segue esse passo.

2.6 Coda

A palavra de ordem, como já se disse, é a flexibilização, ou um sinônimo mais sonoro, a desregulamentação dos mercados de trabalho. O modelo esboçado antes estaria gerando custos excessivos e rigidez no mercado de trabalho, limitando a reestruturação capitalista necessária na nova ordem competitiva mundial, a dos mercados globalizados. Resultado: como os custos são altos e a legislação é um obstáculo à sua redução, o capitalista prefere livrar-se do empregado a assumir o ônus de sua reprodução. E ele o faz de diversas maneiras: des-patria ou re-patria empresas, funde-se com outros capitalistas, investe em tecnologia poupadora de força de trabalho, focaliza o empreendimento produtivo no "*core business*" e terceiriza o resto, pratica *outsourcing* de produtos, tudo para livrar-se deste incômodo que é o trabalhador com direitos. Logo, desemprego, eis a conclusão da leitura hegemônica.

A flexibilidade, ou a desregulamentação, cumpriria essa tarefa central de dar mobilidade ao investimento produtivo e, como decorrência lógica, gerar empregos ou, pelo menos, garantir os empregos existentes. Deixemos de lado a contradição interna no argumento, aquela que apregoa que investimentos tecnológicos e aumento de produtividade são necessários para competir e, ao mesmo tempo, espera que a destruição de postos de trabalho daí decorrente gere empregos. O que me interessa marcar aqui é a mudança de objetivos inscrita nesta virada interpretativa: onde estão os elementos civilizatórios associados ao direito do trabalho? O que dizer de sua *virtu* à Maquiavel, isto é, reproduzir o capitalismo com democracia? A chamada globalização e a hegemonia de *rationale* e interpretação econômicas da sociedade mudaram o tom da leitura corrente sobre o direito do trabalho. Ele, agora, é objeto de leitura pragmática, instrumental mesmo: o capitalismo venceu as batalhas ideológica e prática no mundo contemporâneo, com o que os mecanismos de regulação social devem ser postos à sua disposição. Devem tornar-se *instrumentos* não da civilização, da democracia ou do bem-estar social, mas sim da reprodução global do sistema, do mercado mundial.

Esta leitura, como está claro, está prenhe de um projeto: nos termos do que se discutiu antes, está em pauta a remercantilização da força de trabalho, ou a reprivatização das relações de classe. Está em causa a desjuridificação das relações sociais e de mercado, instituindo o mercado onde ele, de fato, *jamais existiu*, exceto talvez nos primórdios da industrialização, o tempo dos moinhos satânicos e do despotismo de mercado (Burawoy, 1985), quando levas de camponeses, por excesso de contingente, obrigavam-se a trabalho semi-escravo em Manchester ou Paris. Não se trata de uma desjuridificação à Habermas, portanto, isto é, que liberasse as potencialidades inscritas na razão comunicativa, intrinsecamente redentora, mas sim de uma desregulamentação que garanta o império da razão instrumental em que determinados indivíduos procuram impor seu interesse a outros.

Se isso é verdade, cabem algumas perguntas: supondo que as leituras resumidas acima sobre o caráter civilizatório do direito do trabalho etc. estavam ao menos próximas da realidade, *se o discurso neoliberal se efetivasse em sua plenitude*, não estaríamos diante do risco de dissolução dos laços sociais mais estáveis do capitalismo, aqueles garantidos, justamente, pelo direito do trabalho? Se comprarmos o argumento sobre seu papel civilizatório, estaremos diante de movimentos ou pressões, anticivilização? Se o direito do trabalho pacificou as relações de produção e deu alento à democracia, poderemos suportar sua dissolução pura e simples, ponto de chegada dos discursos desregulamentadores mais radicais?

Em nenhum lugar do mundo se fala a sério sobre esta possibilidade (ao menos em sua versão mais radicalmente neoliberal), exceto, talvez, no terceiro mundo, e certamente no Brasil da década de 1990. Talvez porque no mundo desenvolvido se tenha alguma noção dos riscos de profunda crise social decorrente da diluição dos laços de solidariedade associados ao direito do trabalho. Está equivocado, é bom que se diga, quem enxerga a solidariedade como o sentimento restrito de pertença a um grupo ou classe social. A solidariedade que sustenta uma sociedade inteira é galvanizada por certa estabilidade nos encontros face a face, estabilidade que tem seu fundamento, dentre outras coisas, na certeza de que o outro não tem como objetivo último (ou mesmo que o tenha não conseguirá) tomar o meu lugar, ganhar os meus bens ou solapar minha dignidade. O direito do trabalho cumpriu exatamente este papel para o trabalhador diante do capitalista, fazendo-o, ainda mais, como resultado universal e, por isso mesmo, social.

Em nenhum lugar se fala a sério sobre essa diluição do direito do trabalho exceto, como afirmei, no terceiro mundo e certamente no Brasil. Apenas por aqui o discurso liberalizante teve plena vigência em políticas públicas, e fomos mais realistas do que o rei na implementação de políticas neoliberais ou de desregulamentação de todas as esferas da atividade econômica, do mercado de capitais ao de produtos, do sistema financeiro ao mercado de trabalho. Apenas por aqui os reformadores pareceram desconhecer que o mercado *não* cria solidariedade naquele sentido referido acima, isto é, de vértebra, de sustentáculo da estabilidade dos encontros entre os agentes sociais. Apenas aqui não se reconheceu que o mercado, deixado a si mesmo, o mercado sem o Estado, é a guerra, a selva ou a máfia, ou tudo isso junto. É esse, parece-me, o risco maior da flexibilização e desregulamentação do mercado de trabalho *tal como propostas* pelos vencedores da guerra ideológica na década neoliberal.

Para que não reste dúvidas no leitor: o que estou afirmando aqui é que a hegemonia da *rationale* econômica neoliberal vertida em ideologia dominante, que pensa por modelos e vê o mundo do ponto de vista da eficiência dos mercados, eficiência que cobra seu preço às instituições (burguesas, por suposto) e aos mecanismos de vertebração social, como o direito do trabalho, esta hegemonia *restringe o campo analítico e o instrumental interpretativo* a mínimos pré-civilizatórios, em que a questão social era assunto para os exércitos e a democracia, uma piada nos salões da nobreza. O modelo não é capaz de fornecer instrumentos analíticos adequados à compreensão da vida real, que, por toda parte, teima em impor-se na forma de movimentos de trabalhadores, de sentenças judiciais, de votações nos Parlamentos, enfim, nisso tudo que a catilinária então prevalecente seguiu denominando "obstáculos" ou "imperfeições" a serem removidos[76].

No capítulo que se segue prossigo na análise do modelo brasileiro de relações de trabalho. Revejo, em grandes pinceladas, as interpretações sobre o corporativismo brasileiro,

---

76 Ver, uma vez mais, Machado da Silva (2002).

aprofundo a definição de modelo legislado, e mostro como a Justiça do Trabalho adquiriu centralidade nas relações de classe entre nós nos últimos anos, apesar das investidas flexibilizadoras dos mais diferentes governos. Com isso pretendo mostrar que as pressões por desregulamentação têm impactos muito profundos em modelos legislados como o nosso, dado que a legislação, aqui mais que em outra parte, é *constitutiva* do que as classes sociais fizeram de si mesmas ao longo da história.

3

DIREITO DO TRABALHO E RELAÇÕES DE CLASSE NO BRASIL: revisitando problemas e interpretações

3.1 Apresentação

A década neoliberal, a despeito das pressões flexibilizadoras, foi palco de intenso processo de judicialização das relações de classe no Brasil[77]. Por judicialização entende-se a

---

[77] Versão anterior, levemente modificada, apareceu pela primeira vez em Werneck Vianna, org. (2002). Devo registrar que este trabalho não teria sido possível sem a valiosa colaboração de várias pessoas e instituições. Luiz Werneck Vianna confiou no projeto, incorporando-o no Instituto Virtual Três Poderes e Democracia no Brasil, que ele coordena no IUPERJ e que tem financiamento da Faperj. Este capítulo não existiria sem isso. Ademais, seus comentários atentos ajudaram a lapidar o argumento. A dra. Dóris Castro Neves, corregedora do trabalho do Rio de Janeiro, abriu as postas da Justiça do Trabalho para que levantássemos os conteúdos das demandas, trabalho realizado com paciência e cuidado por Maria Angélica Ribeiro de Souza. Nas varas de número 19, 20 e 69 contamos com a compreensão e colaboração, respectivamente, da juíza Giselle Bondim Lopes Ribeiro e sua secretária Carmem Lúcia Ramos Miranda; do juiz Cláudio José Montesso e sua secretária Maria José Fernandes Valente; e das juízas Aurora de Oliveira Coentro e Cissa Biasoli, e sua secretária Alzira Santos. José Lúcio de Oliveira Campos, chefe do Arquivo Geral Unidade III da Justiça do Trabalho em Niterói, pôs a nossa disposição processos anteriores a 1994 referen-

prevalência de recursos à Justiça do Trabalho na solução de conflitos individuais de direito, por oposição a soluções negociais[78]. Dados analisados em detalhe mais adiante mostram que, se o recurso judiciário cresceu exponencialmente desde a instituição da justiça trabalhista em 1939, na década de 1990 ocorreu verdadeira explosão de demandas. Em 1998, ápice do processo de crescimento, as 1.109 varas do trabalho existentes no país acolheram cerca de 2 milhões de processos trabalhistas, 98% dos quais relativos a conflitos individuais.

Qual a razão desse aumento? A literatura econômica costuma atribuir o fenômeno a causas essencialmente jurídicas: a Constituição de 1988 teria criado direitos em excesso, muito além da capacidade dos agentes econômicos (leia-se capitalistas) se adequarem a eles. Os custos do trabalho estariam enrijecendo de tal forma o mercado de trabalho que, diante da necessidade de reestruturação produtiva para a competição na nova ordem global, os empregadores escolhem evadir-se da norma, burlando direitos. Segundo o arrazoado, muito explícito em Amadeo e Camargo (1996), os emprega-

---

tes às mesmas varas mencionadas, o que permitiu complementar a coleta. Os dados de Niterói foram sistematizados nos computadores da 1ª vara da cidade, e agradeço a Claudia Maria da Costa Cruz por nos tê-los facultado. A sra. Katlen Cruz, chefe de gabinete do presidente do Tribunal Superior do Trabalho, ministro Almir Pazzianotto, providenciou com presteza os dados sobre movimento processual. Agradeço, enfim, aos alunos do curso "O mundo do trabalho e seus intérpretes", que ministrei no IUPERJ no primeiro semestre de 2001. As discussões por vezes acaloradas contribuíram para que eu testasse parte das questões teóricas tratadas nas duas primeiras seções do capítulo e, não raro, revisse posições e interpretações. A todos sou grato e com todos compartilho os resultados da pesquisa, eximindo-os, obviamente, de meus erros.

78 Em modelos contratuais de relações de trabalho esses conflitos costumam ser dirimidos nos próprios locais de trabalho ou em mecanismos de caráter autocompositivo constituídos para este fim. Ver Romita (1993).

dores não teriam incentivos para cumprir a legislação porque, não o fazendo, "podem negociar o valor dos benefícios na Justiça do Trabalho e, na pior das hipóteses, terão que pagar o mesmo que pagariam no decorrer da relação de trabalho" (id., p. 85). Como o empresário é agente racional, a estratégia adequada é não pagar os direitos trabalhistas e esperar que o trabalhador o processe. Os processos trabalhistas duram anos. Logo, há forte incentivo para que o trabalhador aceite contrapropostas da empresa, sempre inferiores ao que o trabalhador tem direito. Conseqüência: mais incentivo para que o empresário não pague adequadamente os direitos. Parece claro que isso seria mais verdadeiro em momentos de crise ou de reestruturação produtiva, uma vez que a ameaça de desemprego coloca o empregador em posição ainda mais vantajosa[79]. Nessa linha de argumentação, a causa do aumento de processos são os novos direitos, que operam em um ambiente em que os empregadores têm poder econômico suficiente para negá-los; não houvesse esses direitos, as demandas não teriam explodido.

O Ministério do Trabalho e Emprego (MTE) atribui o fenômeno ao modelo brasileiro de relações de trabalho, que favorece a solução judicial em detrimento de instrumentos autocompositivos e negociais. Os trabalhadores estariam recorrendo ao Judiciário trabalhista porque não encontram, no cotidiano das relações de trabalho, meios confiáveis de negociar com o empregador os direitos burlados. É este diagnóstico que levou o MTE a instituir as comissões de conciliação prévia nas empresas. Com a legislação de 2000, as comissões ainda não puderam ter impacto sobre o acesso à Justiça, mas o importante a reter é que são a expressão de um diagnóstico diverso daquele dos economistas citados antes: para o órgão

[79] Na mesma direção, ver Pastore (1997).

estatal, o aumento de demandas é um processo social, tributário do modelo brasileiro de relações de trabalho, que não abre espaço para negociações nas empresas. A medida legislativa que deu vida às comissões de conciliação prévia seria, então, um instrumento jurídico visando acomodar o conflito de classe, sem negar direitos aos trabalhadores ou sem atribuir aos novos direitos a causa da explosão nas demandas.

Estas são explicações concorrentes mas, como formuladas, amplamente insatisfatórias. Conceber o *aumento* do recurso judiciário como fenômeno jurídico requer inquirição sobre a relação entre existência da norma e conhecimento dela por seus titulares, sobre validade da norma legal, isto é, sobre sua correspondência com processos sociais identificáveis, sobre sua legitimidade para os agentes, ou seja, o grau e os modos de contestação a ela etc. Nada disso é realizado por aqueles que brandem o argumento. Na outra ponta, a avaliação do aumento dos processos como fenômeno social requer uma análise das transformações econômicas e sociais recentes e sua relação com o arcabouço legal herdado da década de 1980, uma avaliação das mudanças na correlação de forças entre capital, trabalho e Estado e coisas do gênero, que o órgão público que a divulga não pôde realizar até aqui.

O objetivo deste capítulo é buscar uma explicação plausível para a intensificação do processo de judicialização das relações de trabalho no Brasil, tentando atribuí-la a causas empiricamente testáveis a partir de um argumento teórico mais geral a respeito da natureza do modelo brasileiro de relações de trabalho. Para dizer desde logo, pretendo mostrar que em modelos legislados de relações de classe, como o nosso[80], o aumento da judicialização é conseqüência natural

---

80 Para esta noção, longamente desenvolvida adiante, ver Jeammaud (1980). No Brasil, ver Nascimento (1997) e Noronha (1998).

da deslegitimação da norma legal pelos capitalistas. Transformações importantes no palco da luta de classes reduziram o poder coercitivo dos sindicatos e a capacidade fiscal do Estado, abrindo o caminho para que os empregadores avaliem como pouco custoso evadir-se da norma. A norma legal deixa, então, de operar como um sistema de referências recíprocas para capital e trabalho e, como tal, de regular as relações de classe.

O capítulo divide-se em cinco seções, além desta apresentação. Na primeira, dou um passo mais largo na caracterização da natureza do modelo brasileiro de relações de trabalho definido no capítulo anterior. Em consonância com argumentos da ciência jurídica brasileira e de Eduardo Noronha (1998), mostro que ele é *legislado*, e não corporativo. Na segunda seção discuto o problema da validade da norma jurídica em modelos legislados e construo a hipótese geral de análise, segundo a qual é da lógica do modelo o acesso à Justiça como solução para o conflito de direito. Sem essa caracterização, sustento eu, não se pode compreender as razões para a explosão de processos trabalhistas no Brasil. Na terceira seção avalio as possibilidades explicativas dos argumentos opostos "fenômeno jurídico" vs. "fenômeno social" para o crescimento das demandas trabalhistas. Ao favorecer esta última explicação, na quarta seção exponho como o conteúdo dos processos mudou na década de 1990, sugerindo não apenas que os empregadores estão deslegitimando a ordem legal existente, como ainda estão flexibilizando a frio o mercado de trabalho. Concluo resumindo os achados.

3.2 Corporativismo?

A relativa fragilidade do diálogo da sociologia brasileira com a ciência (ou as ciências) do direito terá sido a responsável, creio, pela longa vigência no debate entre os sociólogos do trabalho, de uma certa concepção a respeito do modelo brasileiro de relações trabalhistas que, se fez sentido um dia, há muito demanda revisão. Refiro-me ao qualificativo "corporativismo", decorrente da percepção do modelo brasileiro de relações de trabalho como a reprodução, sem grandes mudanças no tempo, de seu "mal de berço", isto é, a inspiração fascista que presidiu sua elaboração durante o primeiro período Vargas. Aquele qualificativo fazia todo sentido então: a Carta del Lavoro, mãe do corporativismo fascista e totalitário[81], não apenas inspirou, mas teve partes inteiras traduzidas literalmente na legislação sindical e trabalhista plasmada na Constituição de 1937[82], que fundou o Estado Novo e reiterou a *constitucionalização* do direito do trabalho no Brasil, iniciada pela Constituição de 1934[83]. Ambas, portanto, sob Vargas. E é inegável que o pensamento corporativista era uma das traves mestras de todo o empreendimento revolucionário de 1930, como demonstrou Werneck Vianna (1999) e como defendia, reiterada e ardorosamente, um de seus ideólogos mais expoentes, Oliveira Vianna[84].

---

81 Cabe notar que o fascismo cativou militantes de esquerda e de direita na década de 1930 e sua versão totalitária não era *necessária*. Lembre-se, a respeito, o debate entre Gramsci e Ugo Spirito, em que o primeiro critica as posições do segundo relativas ao possível caráter libertador do corporativismo (Gramsci, 2000, p. 336 e ss.).

82 Como bem mostrou, de forma sistemática, Moraes Filho (1952).

83 Nascimento (1998, p. 50, nota 1) enumera à seguinte cronologia da constitucionalização do direito do trabalho no Ocidente: México, 1917; Alemanha, 1919; Rússia, 1918; Iugoslávia, 1921; Áustria, 1925; Espanha, 1931; Peru, 1933; Brasil, 1934; Uruguai, 1934; Bolívia, 1938 e Portugal, 1975.

84 Por exemplo, em Vianna (1938 e 1951). É inegável que Oliveira Vianna influenciou as concepções dos mais importantes nomes do regime varguista, dentre eles Francisco Campos, o ministro da Justiça

A correta identificação do corte corporativista da ideologia e da legislação produzida durante os anos 1930-45, porém, não é suficiente para sustentar o argumento de que o corporativismo vigeu no país por todo o período e mesmo depois da queda de Vargas. Para aceitar tal argumento, seria necessário esposar uma definição muito fraca de corporativismo, restrita aos regulamentos ou à ideologia e cega em relação ao mundo sobre o qual eles legislavam ou ao qual davam sentido. Parece mais plausível assumir que a ordem corporativa foi, com algumas exceções importantes, tênue, e jamais unívoca. Ela variou de intensidade e conteúdo em momentos diferentes do pós-30.

Tomada em sentido forte, isto é, tal como constitucionalizada na Itália fascista e seus congêneres mais próximos, o franquismo espanhol e o salazarismo português, a ordem corporativa *não foi*, com certeza, um desenho estável ou coerente no primeiro período Vargas. Por um lado, os aspectos repressivos e totalitários do fascismo operaram com força num período muito curto. Por outro lado, o projeto comunitarista de Oliveira Vianna, consubstanciado num corporativismo doutrinário de caráter societal, autoritário mas não necessariamente totalitário, no qual os sindicatos operariam como canal de deliberação e participação popular e empresa-

---

que elaborou a Constituição de 1937. Campos, como Oliveira Vianna, sustenta que o resultado lógico do Estado liberal é o comunismo e a desordem, daí a necessidade do Estado corporativo. Ver Campos (1940). Os dois divergiam, porém, quanto à necessidade de um "Estado integral ou totalitário", defendido por Campos (id., p. 90). Para Oliveira Vianna, caberia ao Estado fazer dos sindicatos espécies de conselhos deliberativos voltados à participação direta dos trabalhadores, sem a necessidade de representantes parlamentares ou de partidos políticos. Os sindicatos seriam, no Estado corporativo, o lugar da democracia direta... (Vianna, 1939, p. 213-16).

rial, influenciando diretamente a formulação de políticas públicas segundo o interesse das classes econômicas, vertidas por esse mecanismo em esteios da ordem social mais geral, esse projeto, em suma, da sociedade como um corpo funcionalmente integrado pelo interesse privado tornado interesse público, comunitário, jamais se efetivou. Esbarrou em vários obstáculos. A Constituição de 1934 liberou a organização sindical, ainda que lei complementar no mesmo ano a subordinasse ao Ministério do Trabalho em moldes que anteciparam o que se consolidaria em 1939[85]. A representação classista no Legislativo vigeu para a Constituinte de 1934, mas a possibilidade de sua reprodução no futuro morreu com a revolta da Aliança Nacional Libertadora, em 1935. O ímpeto repressivo do Estado Novo consumou o movimento, iniciado após a revolta, de perseguição, prisão e desorganização da militância ligada a Prestes, repressão que lançaria os sindicatos a uma esquina obscura da ordem estatal estadonovista até pelo menos 1939, recusando-lhes, pois, a tarefa que lhes atribuía Oliveira Vianna. O processo de representação classista em conselhos de estado excluía, quase sempre, os trabalhadores, e quando os incluía, era por meio da cooptação ou da imposição, jamais por "participação direta". A relação das classes com o Estado, pois, não tinha caráter corporativo em sentido forte. Tinha, sim, um desenho legal corporativo utilizado para repressão e controle dos trabalhadores, como insistiu Werneck Vianna (1999)[86].

---

[85] Tavares de Almeida (1978, p. 211).

[86] Gomes (1988) argumenta, equivocadamente, que, "ao contrário do que a literatura sobre o tema sugere, não existia sindicalismo corporativista no Brasil de 1931 a 1943. [Ele] iria ser realmente implantado, não no momento autoritário por excelência do Estado Novo, mas no período de '*transição*' do pós-42, quando a questão da mobilização de

No âmbito da representação de interesses a ordem corporativa também teve densidade e conseqüência (isto é, sentido forte) em momentos bem demarcados. Se todo associacionismo era regulado e garantido pelo Estado pelo menos desde 1934, os controles legais ganharam caráter sistemático apenas com a Lei Sindical de 1939[87], que visava preparar o terreno para a consolidação da "superestrutura corporativa"[88]. Por meio de controles estritos sobre os mecanismos de seleção e reprodução das elites sindicais (inclusive sua educação e treinamento), bem como de sua atividade cotidiana, o Estado Novo converteu a ação sindical em questão de Estado e os dirigentes em parte da elite estatal, financiada, depois de 1940, por um imposto sobre a renda dos trabalhadores, mecanismo padrão de financiamento do poder público. Isso conferiu um caráter público aos conflitos localizados entre capital e trabalho, ao mesmo tempo em que se reafirmava uma autoridade pública capaz de incorporar em sua matriz regulatória as energias de outro modo turbulentas do mercado de trabalho. O

---

apoios sociais tornou-se uma necessidade inadiável ante a própria transformação do regime" (p. 276-77). O argumento não se sustenta e a melhor interpretação para o período ainda é de Werneck Vianna (1999, cap. 5). Em que pese a precariedade da evidência empírica manipulada por ele, o autor é convincente na demonstração de que o pós-37 é um período de aprofundamento dos controles de tipo totalitário sobre a classe operária. Tratava-se de corporativismo maneta, sem espaço para a participação operária nas estruturas decisórias. Ao contrário, a ordem corporativa desenhou-se para controlar e reprimir o operariado, não para lhe dar voz.

87 Mas não há como discordar do consenso na literatura, de Evaristo Moraes Filho (em 1952) a John French (em 2001) em torno do fato de que o Estado Novo, para os trabalhadores, teve início já em 1935, a pretexto da repressão à militância comunista.

88 Termo utilizado em um boletim do Ministério do Trabalho citado por Werneck Vianna (1999, p. 279), para justificar a outorga da Lei Sindical.

termo "interesse" perdeu seu caráter privado, e só era legítimo se e enquanto subsumido ao interesse geral pelo desenvolvimento com paz social. A ordem corporativa, presente sobretudo nos regulamentos e no ideário de legitimação do regime antes de 1939, aperfeiçoou-se sobremaneira ao tornar-se repressiva e com vocação totalitária entre esse ano e 1943.

É esse o período nitidamente corporativista (em sentido forte) das relações de trabalho no Brasil. Nesse pequeno interregno, o Estado não era propriamente o árbitro do conflito entre as partes, posto que esse conflito era simplesmente tido como ilegítimo ou, para muitos e certamente no discurso do ditador, inexistente. O Estado tampouco era o canal de expressão do interesse privado, porque a idéia de interesse privado era alheia ao programa comunitarista típico do corporativismo, segundo o qual o soberano espelha a vontade geral. O Estado, por meio tanto de sua burocracia repressiva como da legislação social e trabalhista, *era o lugar* da formulação do interesse coletivo, em especial dos trabalhadores. A legislação social e trabalhista era, na ideologia estadonovista, precisamente isso: a objetivação da clarividência do soberano relativamente à vontade geral, incapaz ela mesma de expressar-se senão na linguagem menor e conflituosa do interesse privado. Tinha, pois, estatuto de direito público, e não é outra a essência do corporativismo fascista.

Neste sentido, enquanto controlava o associacionismo e instituía crescentes instrumentos de regulação do mercado de trabalho e de intermediação do conflito que lhe é próprio, para negá-lo, Vargas na verdade retirava do mercado e de seus mecanismos "naturais" de representação de interesses qualquer papel distributivo, por um lado, e qualquer ímpeto constitucional, por outro[89]. O lugar por excelência de for-

[89] Não cabe aqui discutir se e quanto da legislação varguista foi ou não

mulação das normas e regras de uso do trabalho (legislação trabalhista), bem como das normas e regras da distribuição do fruto do trabalho (legislação social), era o Estado. A contrapartida, porém, era a repressão ao movimento sindical. Logo, mesmo então tratou-se de corporativismo maneta, porque fechado à voz dos trabalhadores nos mecanismos decisórios do aparelho de Estado.

Esta forma de abordagem denota uma separação analítica de mecanismos que, na prática, operavam em conjunto para negar aos agentes privados o poder de produzir regulação do mercado de trabalho e fazê-la valer. De um lado, havia o aparato repressivo e controlador do Executivo, e que incluía o Ministério do Trabalho bem como as polícias estaduais e o exército federal. Esse aparato assegurou, com toda intensidade nesse pequeno período, a voz uníssona do Estado como formulador do interesse nacional pelo desenvolvimento com paz social. De outro lado, tínhamos o Poder Judiciário, anteparo último, lugar de operação do direito que o Executivo Federal consolidava de forma autoritária, ainda que de modo algum impermeável às pressões do poder econômico e, por isso mesmo, destinado ao mesmo tempo a conceder em parte e a reprimir bastante as demandas emergentes do operariado em crescimento (Dean, 1971, p. 239-48).

O quase-totalitarismo estadonovista produziu uma miragem: as relações de classe não pareciam ser apenas vazadas ou mediadas pelo direito do trabalho. Elas pareciam ser *constituídas* por ele, já que fora das normas não podia haver vida sindical ou interesse privado. Mais do que regulatório, o direito

---

uma dádiva a uma classe operária amorfa. Remeto o leitor a French (2001), que desfaz muitos mal-entendidos ainda presentes no debate a respeito do mito da dádiva e seu correlato, a artificialidade da regulação varguista.

totalitário de tipo corporativista pareceu dar forma a coisas no mundo, coisas que antes não estavam ali ou que estavam de uma maneira que o direito, ao acompanhar-se da repressão totalitária, teria liquidado. Não por acaso, as estatísticas sobre o número de sindicatos existentes no Brasil são zeradas em julho de 1939, quando foi editado o Decreto-Lei nº 1.402, a Lei Sindical. A partir de então, o Ministério do Trabalho só reconhecia existência aos sindicatos que se enquadrassem na nova regulamentação. Tudo o que existia antes, como passou a só poder existir em acordo com o direito, tornou-se não apenas um não-ser jurídico, como também uma espécie de realidade virtual, corpos etéreos à espera de consubstanciação via reconhecimento pelo Ministério do Trabalho. Esta é uma das razões pelas quais o Estado de índole totalitária imaginou estar dando corpo ao social, atuando sobre um mundo amorfo, carente de traves e pilares. É por esta razão, também, que a ideologia da dádiva pareceu aos agentes do poder, artífices da ordem corporativa, como mais do que ideologia[90].

O que é importante marcar, contudo, é que esta ordem combinava, de forma surpreendentemente não contraditória, repressão à cidadania e instituição de direitos de cidadania, restrita, no caso dos trabalhadores, aos que tinham um ofício reconhecido pelo governo. Esses direitos tinham, já no berço, sua corte especial, cujo embrião foram as Comissões Mistas de Conciliação criadas por decreto em maio de 1932. Tais comissões conciliavam em primeira instância os conflitos trabalhistas, e tinham poder de arbitrar seu desfecho. Porém, no caso de discordância das partes quanto ao

---

90 Refiro-me à idéia de que os direitos sociais e trabalhistas foram uma dádiva do ditador Vargas. Remeto, uma vez mais, a French (2001).

resultado, cabia recurso ao Ministério do Trabalho, que nomeava uma comissão para julgar o dissídio. A Constituição de 1934 consolida esse sistema conferindo-lhe caráter judicial, mas é apenas em 1939 que a já consolidada Justiça do Trabalho torna-se parte do Poder Judiciário e destino quase obrigatório do dissídio entre as classes, dissídio desde logo visto como ilegítimo, posto que expressão de interesses particularistas. A Justiça do Trabalho e o direito por ela operado talvez sejam o arranjo mais permanente e consistente da regulação varguista, sobrevivente à perda de vigência real dos regulamentos corporativistas no cotidiano das relações entre classes e dessas com o Estado.

De fato, se a vigência efetiva da maioria dos instrumentos regulatórios da ordem corporativa deve ser nuançada e qualificada segundo as conjunturas, sobretudo no que respeita à participação dos representantes de interesses na formulação de políticas públicas, há pelo menos dois aspectos permanentes que não podem ser negligenciados: de um lado, o viés autoritário da regulação do associacionismo dos trabalhadores, elemento mais conspícuo da confusão conceitual corporativista; de outro lado, a legislação sobre o mercado de trabalho, que subtrai dos sindicatos a tarefa de negociar aspectos essenciais do cotidiano do trabalho. Jornada de trabalho, proibição do trabalho de menores, proteção da mulher, idades mínima e máxima para entrar e sair do mercado de trabalho e salário mínimo são apenas alguns dos muitos temas objeto de determinação legal e, por isso, passíveis de recurso judicial por parte dos trabalhadores, recurso sustentado por outros centros do direito no aparelho de Estado, dentre os quais a Constituição.

Esse rápido quadro permite uma asserção provisória: o corporativismo, com exceção talvez de seu momento mais sistemático (1939-1943), teve consistência frágil no Brasil. A ideologia corporativista embalou empresários, igreja, juristas, administradores públicos, trabalhadores de esquerda e de direita e tantos outros agentes no pós-1930, mas serviu de fato para legitimar a repressão ao associacionismo autônomo dos trabalhadores. A ordem jurídica corporativa definia os sindicatos como parte do aparelho estatal e o direito sindical como parte do direito público, mas as relações de trabalho, isto é, *o uso cotidiano* do trabalho, era regulado sobretudo por instrumentos de direito privado, relativos a obrigações contratuais. O corporativismo vinculava *os sindicatos* ao Estado para controlá-los, mas não vinculava os trabalhadores representados por eles, que continuavam vendendo sua força de trabalho no mercado regulado pelo direito social e trabalhista.

Por outras palavras, ao constituir o mercado de trabalho como um espaço de regulação pública minuciosa, o direito do trabalho em nosso país minimizou estas potências instituintes de regras contratuais que são os órgãos de representação de classe. Isso verteu o aparelho de Estado em lugar privilegiado da solução do *conflito de direito* não por ser esse aparelho de corte corporativista, mas por ser ele o *locus* de produção de regulação sobre o mercado de trabalho. O *conflito de interesse* típico do capitalismo, aquele que opõe coletividades em luta pela distribuição da riqueza produzida pelo trabalho, foi tornado universal ao transformar-se em conflito de direito, e isso independentemente do caráter mesmo da assimilação *dos órgãos de classe* ao aparelho de Estado.

A resistência das ciências sociais em fazer a crítica do direito do trabalho no país, com as exceções de praxe[91], teve

---

91 Cabe enumerar Werneck Vianna (1999) e French (2001) entre os raros casos de crítica do direito do trabalho pelo olhar sociológico no Brasil que reconhecem a vigência muito parcial do corporativismo

como conseqüência a negligência desse fato básico. Foi ele que impediu, até muito recentemente, que incorporássemos em nosso campo conceitual uma forma de abordagem das relações de classe que vige nas ciências jurídicas há tempos: a de que o modelo brasileiro de relações de trabalho não é corporativo, mas *legislado*, por oposição a modelos negociados ou contratualistas[92]. Abramos um parêntese para o escrutínio desse modelo.

3.2.1 Modelo legislado e relações de classe no Brasil

O conceito de modelo legislado de relações de trabalho é antigo, mas recebeu elaboração interessante em Jeammaud (1980) em referência ao caso francês, no qual a produção das regras e normas de uso do trabalho, bem como a regulação da negociação entre capital e trabalho, ocorrem preferencialmente no nível da legislação federal, sendo, portanto, produzidas no Parlamento e não em mecanismos composicionais. Parte do direito do trabalho alemão tem esta característica, assim como os direitos brasileiro, mexicano, venezuelano, argentino e aqueles de outros países latinos da Europa (Itália, Portugal e Espanha)[93]. Segundo esse modelo, e como vimos no capítulo anterior, o direito do trabalho recobre, ou regula, dois tipos de relações. Em primeiro lugar, as relações de trabalho propriamente ditas, isto é, aquelas que se estabelecem entre patrões e cada um de seus empregados,

---

entre nós. O caso mais radical de adesão ao corporativismo como um dado da realidade é, na literatura recente, Boito (1991). Moraes Filho (1952), ele mesmo um estudioso do direito, em sua crítica do varguismo não foi capaz de perceber a fragilidade da ordem corporativa mesmo no Estado Novo.

92 Nascimento (1997 e 1998).

93 Como o demonstra Supiot (1998). Ver também Romita (1993).

pelas quais se troca trabalho por remuneração. Podem referir-se a um plano mais geral ou estatutário, como a regulação da jornada de trabalho, da idade mínima e máxima para entrada no mercado e do trabalho da mulher gestante; ou podem regular num plano mais específico, relativo ao lugar que o indivíduo ocupará no organograma da empresa, ao plano de cargos e salários etc.; ou podem, ainda, referir-se aos dois níveis, como no caso do México até muito recentemente (Bensusán, 2000). Em países com tradição contratual, estas regras são definidas por acordo entre as partes, seja no âmbito da empresa (Inglaterra e Colômbia), seja no âmbito dos ramos da economia (Alemanha até recentemente) ou seja ainda em nível nacional (como, tradicionalmente, na Suécia). Em segundo lugar, o direito do trabalho regula as relações profissionais, por meio de normas para a defesa e/ou representação de interesses das partes, capital e trabalho. Estas são relações de "direito coletivo" e regulam a organização sindical, a ação coletiva, a negociação coletiva, a representação por locais de trabalho etc.

Ressalte-se que, enquanto os modelos negociais ou contratuais têm na contratação coletiva o espaço privilegiado de produção das normas, nos modelos legislados o Estado ocupa esse lugar (no Executivo, no Parlamento ou no Judiciário). Como veremos adiante, essa forma geral do direito do trabalho decorre de uma síntese das tradições jurídicas germânica e romana, caracterizadas respectivamente por direitos estatutários e contratuais. Aqui, obrigações e direitos das partes na relação de prestação de serviços contratados. Ali, direitos individuais, o indivíduo como objeto do direito que, como tal, é instrumento de proteção e cidadania.

Por seu turno, os direitos de greve, de organização, de voz e ação no interior das empresas, de inspiração germânica e comunitarista, têm sua forma mais acabada delineada já na primeira metade do século XX, sendo aperfeiçoada em cada país segundo maior ou menor poder sindical, maior ou menor presença de representantes sindicais nos Parlamentos ou no Executivo, maior ou menor presença estatal na ordem social (Castel, 1998). Volto a estes temas em seguida.

Essa forma de apreensão da regulação das relações de trabalho aportaria nas ciências sociais brasileiras pelas mãos de Eduardo Noronha (1998), ainda que por caminhos outros que não os do diálogo direto com as ciências jurídicas. Sua inspiração é a abordagem de "relações industriais", típica das análises sobre relações de classe no mundo anglo-saxão. O autor propõe que a análise da regulação do mercado de trabalho deve procurar identificar os *espaços normativos* em que as regras de uso do trabalho são produzidas e garantidas. A classificação dos países segundo modelos de relações de trabalho dar-se-ia pela identificação da "divisão de trabalho" entre três destes espaços: (i) a lei; (ii) o contrato coletivo; e (iii) as normas das empresas, definidas unilateralmente pelo empregador. Importaria identificar "o que é matéria de regulamentação em cada um deles, e quais são os atores relevantes na sua definição" (id., p. 2).

Com base nesse esquema simples, Noronha argumenta que o modelo brasileiro teria migrado

> (...) do [que] chamamos legislado-corporativo para legislado-"pluralista", ainda que um pluralismo incompleto, com marcas corporativistas estatais do passado. O que permaneceu, ou melhor, ampliou-se foi o caráter legislado. Essa é a marca permanente do modelo brasileiro de relações de trabalho, que sobreviveu e ampliou-se durante os governos autoritários e democráticos (Noronha, 1998, p. 59).

Não importa aqui perscrutar a interpretação do autor a respeito do que teria levado à mudança de um modelo a outro. Cabe marcar sua clara distinção entre o ordenamento jurídico das relações de trabalho e o enquadramento legal dos sindicatos. Mesmo sob sindicalismo corporativista, a natureza do modelo brasileiro de relações de trabalho era ser legislado e não negocial. E o "pluralismo" sindical (seja ou não sustentável, não importa agora) é também secundado por normas legais bastante estritas ainda hoje.

Sem negar o mérito maior da análise de Noronha, que consiste em chamar a atenção para a permanência da norma legal no ordenamento geral das relações de trabalho no país, parece-me faltar ao autor uma compreensão mais profunda do lugar do direito do trabalho em sociedade, algo que requer um tipo de abordagem que não pode prescindir de incursões pela teoria jurídica daquele direito. Só assim a virtude última do conceito de modelo legislado de relações de trabalho revela-se ao investigador, servindo como chave de interpretação para os processos recentes de mudança no país. Vejamos.

3.2.2 Perscrutando a natureza do direito do trabalho

A tradição jurídica brasileira tende a tratar o direito do trabalho exclusivamente como um ramo do direito privado. Posição radical neste sentido é manifesta por Amauri Nascimento:

> Se admitirmos a validade metodológica da distinção entre direito público e privado, o direito do trabalho seria ramo do direito privado, porque não vincula o cidadão ao Estado; regula interesses imediatos dos particulares; é pluricêntrico, emanando de fontes internacionais, estatais e não estatais; tanto a convenção coletiva do trabalho como o contrato individual do trabalho não se desvin-

cularam do âmbito do direito privado (...) Supondo-se que o direito privado representa uma relação entre sujeitos em posição de igualdade e o direito público, uma relação entre um sujeito supra-ordenado e um sujeito subordinado (Estado-cidadão), o *direito do trabalho* é direito privado, porque nele se encontram dois sujeitos em um mesmo plano (empregador e empregado) em relação ao Estado, embora em níveis diferentes nas relações entre si (Nascimento, 1998, p. 45).

Ainda que algo formalista, essa concepção é relativamente incontroversa hoje se restrita à regulação do mercado de trabalho, embora o corporativismo, em sentido forte que incorpore também a representação sindical, combine as duas coisas[94] e tenha marcado em parte o direito brasileiro nas décadas de 1930 e 1940, como vimos. Enquanto ramo do direito privado, a regulação do contrato de trabalho tem sua origem histórica na tradição romana que fazia repousar a relação contratual na órbita do direito das obrigações, dos contratos de aluguel e sendo, portanto, acolhido no código civil dos países ocidentais até fins do século XIX[95]. Contudo, o fato do trabalho mobilizar *a pessoa* do trabalhador introduz uma ambigüidade importante na relação de trabalho que o código civil não tem poder para amparar: o contrato de trabalho é um contrato de prestação de serviços por alguém que é proprietário da capacidade de trabalho. Mas ocorre desta capacidade emanar de um corpo ele mesmo inalienável. É o que Supiot (1994) resume na idéia de uma antinomia entre a patrimonialidade (jurídica) do trabalho, consubs-

---

94 De la Cueva (1960).

95 No Brasil o Código Civil de 1916 retoma a idéia romana do contrato de trabalho como um contrato privado de aluguel de serviços, idéia que, a essa altura, já tinha deixado de orientar o direito do trabalho na Europa. Ver Siqueira Neto (1996, p. 197).

tanciada no contrato de aluguel, e a supra-patrimonialidade (jurídica) do corpo do trabalhador. O *objeto* do direito do trabalho, então, em lugar do serviço prestado ou do contrato de trabalho, não pode ser outro senão *a pessoa* do trabalhador, já que ela não pode ser separada da capacidade de desempenhar tarefas em nome de outrem[96].

Tal ambigüidade foi resolvida no direito ocidental do trabalho através da síntese, algo antinômica, da referida tradição romana individualista, com a tradição germânica comunitarista segundo a qual a fonte verdadeira da relação jurídica de trabalho é a pertença da pessoa a uma empresa. Porque o direito do trabalho confere ao trabalhador assalariado o estatuto de membro dessa comunidade, o trabalhador encontra-se "numa posição estatutária, e não contratual. Esse estatuto confere um conjunto de direitos e obrigações, cuja vigência depende da posição que o trabalhador ocupa na comunidade [de trabalho]" (Supiot, 1994, p. 18). Nestas condições, a cultura germânica coloca a relação de trabalho na órbita *do estatuto das pessoas*. Por outros termos, em lugar de uma relação entre homens e coisas que torna possível a troca de um trabalho assim objetivado por um salário, o direito do trabalho de inspiração germânica regula *relações entre pessoas*. Isso implica em deslocar a análise da relação de trabalho para além do direito das obrigações, isto é, abandonar o contrato em favor do estatuto. Ainda com o mesmo autor, e com o perdão da longa citação:

> O direito das obrigações remete a uma ideologia individualista e liberal, que postula a liberdade e a igualdade dos indivíduos e afirma a primazia do indivíduo sobre o grupo, e do econômico sobre o social. O direito das pes-

---

96 Ver também Polanyi (1944).

> soas (...) remete a uma ideologia comunitária, que postula a hierarquia dos pais e dos filhos, e afirma a primazia do grupo sobre o indivíduo e do social sobre o econômico. Daí os conceitos que se opõem, termo a termo: "igualdade/hierarquia", "*societas/universitas*", "associação/corporação", "contrato/estatuto" (...) etc. (...) A análise contratual apreende o trabalho como um "bem". O direito do trabalho consiste em restituir a este "bem" sua pele, em reinserir a dimensão corporal e, por isso, extrapatrimonial do trabalho no jogo de categorias do direito das obrigações, e, a partir daí, reinserir, por círculos concêntricos, todos os outros aspectos da pessoa do trabalhador (Supiot, 1994, p. 31-32; 67).

Note-se que se postula a combinação de tradições, não a substituição de uma pela outra ou a passagem de um modelo a outro na história. Como bem marca Supiot (id., p. 27 e ss.), um acordo inicial voluntário é necessário à constituição de uma relação de trabalho assalariada. Mas a permanência desta noção no direito do trabalho só é possível por meio de uma completa revisão da noção tradicional do contrato como aluguel de serviços, fazendo-o referir-se à pessoa que presta os serviços.

É bom assinalar que, se essa formulação parece hoje trivial, em sua síntese antinômica é fruto genuíno do século XX. Robert Castel discute longamente o equivalente sociológico da encruzilhada em que se encontrava o direito do trabalho no século XIX. A pergunta relevante para a questão social, então, era "como encontrar um compromisso entre o mercado e o trabalho que garanta a paz social e reabsorva a desfiliação de massa criada pela industrialização?" (Castel, 1998, p. 277-78). A resposta em termos de políticas e direitos sociais, de que o direito do trabalho é parte, seria arrancada à ordem pela luta de classes. Isso quer dizer que a introdução da pessoa do trabalhador em sua inteireza na regulação da relação de trabalho, a transmutação do indivíduo em sujeito efetivo do direito, deu-se em resposta a uma dinâmica propriamente social pela qual os trabalhadores impuseram à ordem jurídica o desafio de tornar-se quase contraditória ao acolher, num mesmo corpo de normas, individualismo e comunitarismo.

Esta idéia está contida na intuição genial, hoje clássica, de Karl Polanyi: o trabalho é uma mercadoria fictícia, como a terra e o dinheiro, porém diferente destas últimas pelo fato de vir atada a um indivíduo dotado de subjetividade, que entra numa relação de troca com um empregador em que a tarefa a se desempenhar, o trabalho propriamente dito, não pode ser inteiramente especificado no contrato. O indivíduo trabalhador tem que cooperar para que a tarefa se desempenhe, com o que é o trabalhador mesmo que é objeto da obrigação, não sua capacidade de trabalho, a mercadoria pela qual o empregador paga o salário.

Dizendo de outro modo, se a condição de despossuído marcou o indivíduo trabalhador na aurora do capitalismo industrial, de sorte que ele não tinha o que trocar no mercado senão sua capacidade de trabalho, ao que, portanto, estava condenado; ao tornar-se titular de direitos estatutários este mesmo indivíduo pode realizar aquela troca sob certas condições de sua escolha. Do ponto de vista do direito do trabalho, o *welfare state* não é outra coisa senão a garantia de que a pessoa só trabalhará se quiser, se considerar consentâneas com padrões civilizatórios as condições oferecidas pelo mercado. É nesse sentido preciso que o direito do trabalho reduz a disparidade de poder entre capital e trabalho no mercado: ele "desmercantiliza" a força de trabalho, já que seu valor tem parte substancial de sua composição definida politicamente nas estruturas deliberativas do *welfare state*.

Como já se insinuou, o direito penetra as relações privadas, impedindo o império da lei do mais forte[97].

O que cabe reter aqui é a idéia de que, tanto na tradição das ciências jurídicas como na tradição sociológica, o elemento civilizatório introduzido pelo direito do trabalho nas relações de classe tem a ver com mudanças culturais de caráter geral, que atribuem novo estatuto à noção de pessoa humana, isto é, do indivíduo em sua singularidade, identidade e liberdade. Aquele elemento civilizatório torna juridicamente canhestros e, ao mesmo tempo, moralmente condenáveis a escravidão, a tortura das jornadas infindáveis, o trabalho infantil, o aviltamento das condições de trabalho etc. Nos modelos legislados de relações de classe, todos estes estatutos não são apenas limites à exploração do trabalho, mas também qualificação crescente do contrato de trabalho para longe da idéia de aluguel de serviços, em nome da delimitação jurídica da pessoa humana *no* trabalho.

3.3 Modelo legislado e validade da norma jurídica

Fechemos o parêntese e retornemos à discussão no ponto em que a deixamos no final da seção anterior. O autoritarismo varguista fez crer que o Estado dava à vida coisas que não existiam. Se não podia haver sindicatos senão na forma da Lei 1.402 de 1939, a Lei Sindical, então tudo o que veio depois apareceu como produto da lei, e não como uma adaptação, ou conformação a regras, de instituições previamente existentes, mesmo que elas também fossem reguladas por normas criadas no interior do aparelho de Estado desde pelo menos 1931. Como a Lei tinha inspiração corporativista, então o modelo, concluiu-se por muito tempo, era corpora-

---

97 Ver também Werneck Vianna (1999, introdução).

tivo. Ora, uma norma legal só existe de fato, só faz sentido sociológico, se tem efetividade no mundo. Logo, *nos modelos legislados o problema da validade da norma jurídica é central*, e a inquirição sobre a existência efetiva do corporativismo no Brasil requer o escrutínio daquela validade.

Com efeito, em modelos contratualistas, não faz tanto sentido perguntarmos pela validade ou legitimidade da norma que regula as relações de trabalho. Essa norma é, se o conceito é de se levar a sério, contratada entre as partes, e tal contratação ocorre em negociações em que as partes comparecem munidas de seus recursos de poder. Se as regras que orientam o processo mesmo de negociação (por exemplo, quem representa os trabalhadores, com que periodicidade a negociação deve ocorrer, a quem os acordos se aplicarão etc.) não são contestadas pelas partes, a legitimidade do acordado está dada pelo assentimento dos representados: o patrão concederá o reajuste de salário negociado por seus advogados e os trabalhadores não farão uma greve contra o que o sindicato negociou. A legitimidade e a validade da norma estão dadas pelo processo de sua instituição, e modelos contratualistas radicais (como o inglês e o colombiano) encontram nas próprias partes, em seus recursos de poder, a garantia de que a norma será cumprida.

Dá-se algo muito diverso no caso dos modelos legislados. A norma é produzida no Parlamento ou, no caso brasileiro, sobretudo no Executivo Federal. Com isso, a questão de sua validade e legitimidade é a mesma daquela relativa ao direito positivo em geral. Problemas de validade relativos à interpretação da norma (papel dos tribunais, dos juízes e da jurisprudência[98]), convergem com problemas de legitimidade

---

98 Para uma análise sobre o problema da validade da norma jurídica em

que, com alguma licença, podem ser resumidos na maior ou menor adequação de ações e expectativas de ação à norma. A validade é um problema, por assim dizer, da filosofia do direito, enquanto a legitimidade é um problema da sociologia do direito[99], e é sobre isso que cabe me estender um pouco mais.

3.3.1 Sobre obrigação e legitimidade

É da natureza do direito do trabalho, de caráter intrinsecamente distributivo, ser constantemente testado pelos agentes de capital e trabalho em sua luta pela apropriação da riqueza socialmente produzida. Essa é uma afirmação banal, mas é em suas conseqüências que estou interessado, já que delas decorrem, precisamente, os problemas de legitimidade da norma. A afirmação denota um intrincado ambiente espaço-temporal de disputa, múltiplo em sua distribuição de recursos e nos resultados possíveis das ações normatizadas, ambiente que não é outra coisa senão o rosto contemporâneo da luta de classes. Creio ser possível dizer, sem grandes riscos para o argumento, que, se o direito do trabalho é um meio de reduzir a disparidade de poder entre capital e trabalho ao favorecer o último, o problema da obrigação e da legitimidade da norma põe-se sobretudo *para o capitalista*, que tem parte importante de sua liberdade de empresa definida *fora do âmbito* da própria empresa.

Entretanto, se aceitarmos, em caráter provisional, que o direito do trabalho define um subsistema de relações so-

---

democracias e o papel dos juízes em sua determinação, ver, dentre outros, Dworkin (1999, caps. 2 e 3), que Werneck Vianna et alii (1999) classificam de visão substancialista do direito, pragmática no que respeita à sua validação. Em oposição estaria Habermas, procedimentalista e adepto da idéia do cidadão como sujeito do direito.

99 Ver, por exemplo, Luhmann (1985, p. 61 e ss.).

ciais modelado por expectativas de ação referenciadas pela própria norma jurídica e sua operação[100], então, em modelos legislados, a legitimidade da norma trabalhista é aspecto estruturante das ações recíprocas de capital e trabalho. É porque os trabalhadores têm expectativas normativas quanto à obediência dos capitalistas e vice-versa, expectativas que têm que ser confirmadas a cada momento das relações de classe, que o direito se legitima *enquanto* uma ordem supra-individual de deveres, obrigações e recompensas com vigência real no mundo. A conseqüência lógica é o fato de que a negação sistemática daquelas expectativas normativas quer dizer, ao mesmo tempo, que o direito deixou de estruturar as relações de classe e que a ordem legal perdeu legitimidade.

Definido nesses termos, o problema da legitimidade pode ser empiricamente operacionalizado em dois âmbitos: por um lado, nos mecanismos de produção do direito; por outro, nos mecanismos de operação do direito. Assim, se o modelo de relações de trabalho é legislado, seria de se esperar que a disputa entre capital e trabalho, ou a luta de classes, ocorresse preferencialmente no Parlamento ou nas agências do Executivo encarregadas de propor projetos de lei. Parlamentares e administradores, de um lado, e grupos de pressão de outro, analisados enquanto tomam decisões, esgotariam o universo empírico relevante. A análise da produção legislativa em seus vários momentos seria a expressão mais pura da luta democrática de classes, e a legislação resultante, sempre em transformação, refletiria equilíbrios mais ou menos instáveis de poder e distribuiria aos agentes (capital, trabalho e Estado) quinhões da riqueza social.

---

100 Isto é, expectativas normativas sobre a normatividade tanto das expectativas como da ação do outro. Ver Luhmann (1985, p. 67-8).

Mas sabemos que as leis têm que ser aplicadas, e mesmo que capital e trabalho acolham como legítimos tanto os processos decisórios como o resultado das deliberações, ainda assim o direito resultante será interpretado nos tribunais, e a jurisprudência, fruto dos mecanismos judiciais de interpretação da norma, é outra maneira crucial de se produzir normatização. Os tribunais são, então, palco das disputas entre representantes de capital e trabalho pela interpretação da norma legal. São palco da luta de classes tanto quanto o Parlamento, o balcão ministerial ou os restaurantes de Brasília, *loci* de pressões de toda ordem de agentes interessados.

A idéia da ordem legal trabalhista como um subsistema é útil na compreensão do problema empírico em questão aqui, na medida em que capital e/ou trabalho podem legitimar os processos legislativos mais gerais, no Parlamento, no Executivo ou no Judiciário, mas ter razões para contestar (isto é, não se sentir obrigados pela) legislação produzida, vendo-a, por exemplo, como injusta segundo algum critério material ou moral[101]. Podem, ao contrário, reputar ilegítimos os canais legislativos, mas concordar com o resultado geral da ordem jurídica produzida, segundo uma relação também material ou moral com a regra. Essa disjuntiva quer simplesmente dizer que a legitimação dos mecanismos decisórios, isto é, do sistema jurídico-político como um todo, não contamina necessariamente a relação dos indivíduos com o direito daí resultante, e isto tanto mais intensamente quanto mais esse direito regule relações materiais e obrigações, que põem em causa acesso a bens, subordinação pessoal ou dominação de indivíduos ou coletividades por outros indiví-

---

[101] Exemplos salientes são o interesse em manutenção do empreendimento produtivo e a resistência ao trabalho infantil, respectivamente.

duos ou coletividades. Com isso posso dar um passo empírico mais largo e trazer o problema da legitimidade para o nível micro das relações cotidianas de classe, em que os limites da norma são constantemente testados.

O ponto importante a salientar nesse nível micro é o de que direitos consolidados em cartas legais não têm necessariamente que se fazer valer nos tribunais. Sem qualquer menção a processos legislativos ou judiciários, a efetividade da lei pode decorrer simplesmente de uma relação instrumental do capitalista com a norma, de três maneiras: (i) uma, que o leva a preferir o ordenamento previsível e estável do direito às incertezas do mercado de trabalho, mesmo que aquele ordenamento não seja de seu interesse material imediato e reduza suas possibilidades atuais de lucro. Por este cálculo, a ausência da norma legal produz um ambiente no qual suas ações encontrarão resistência ou cooperação dos trabalhadores numa medida não inteiramente previsível, ou cuja margem de previsibilidade é larga demais para que se incorra no risco da contratação livre no mercado. Aqui, a alternativa à norma é a contratação, e envolve questões como o poder de cada parte, a conjuntura econômica, a posição de mercado da empresa etc.; (ii) outra forma da relação instrumental do capitalista com o direito é o cálculo estrito de custos e benefícios, de sorte que a obediência à regra atual decorra da percepção de que ela lhe é benéfica por oposição a outra norma qualquer cuja produção não pode controlar. O problema aí são os mecanismos de produção do direito do trabalho (o Parlamento ou o Executivo) e a distribuição de poder entre os agentes legislativos, fora do controle estrito do capitalista individual; (iii) a terceira possibilidade é a de que este empresário julgue a norma benéfica para seu empreendimento, sem remissão a qualquer consideração de caráter temporal ou do ambiente onde atuam os agentes. A norma lhe é benéfica e ponto, de sorte que não apenas é seu interesse segui-la, como ainda mantê-la no tempo.

O importante em relação a esses mecanismos miúdos de legitimação do direito do trabalho é que a mudança da percepção do agente mais forte, o capitalista, tendo em conta o equilíbrio instável destes cenários, pode resultar em burla da norma. Tudo o mais permanecendo constante, sobretudo o poder coercitivo dos sindicatos ou do órgão fiscal do Estado, o ponto onde isso passa a ser a opção mais provável é a ameaça à lucratividade da empresa. E pode-se dizer que a obediência interessada dos empresários à lei é sintoma de que esta não atende aos interesses do todo ou de parte dos trabalhadores, que, por isto mesmo, tornam-se elemento central de instabilidade do sistema e de deslegitimação da ordem legal quando o poder sindical *não* é constante no tempo, como costuma ser o caso.

A relação interessada com a norma ainda não esgota o problema em questão aqui, que é a legitimidade da ordem jurídica para o capitalista no cotidiano das relações de classe. A adesão à regra pode decorrer, também, da adesão prévia a valores últimos baseados em algum critério civilizatório. Um deles já foi discutido antes, isto é, o que vê no direito do trabalho uma guarida para os trabalhadores contra as vagas turbulentas do conflito desregrado de interesses e contra as incertezas do mercado de trabalho. Muito além de critérios caritativos, o que está em causa é a adesão a normas universais de proteção de uma coletividade empiricamente constituída pela história do capitalismo e juridicamente acolhida como tal pela própria norma. Esta ganha, então, caráter estatutário de proteção a indivíduos, que só o são *qua* parte daquela coletividade. Não são poucos os capitalistas que compartilham dessa noção. Outro critério civilizatório pode valorizar a juridificação da vida cotidiana por si mesma, e o mesmo indivíduo que pára no sinal vermelho e paga seus impostos, assina a carteira de seus empregados, porque "é assim que deve ser". Num caso, temos adesão valorativa guiada por um critério estrito de justiça distributiva, enquanto no outro o que está em pauta é uma idéia de boa vida ou bem comum, tributária, nesse caso, da previsibilidade das ações e das interações cotidianas ou simplesmente de uma moralidade de tipo kantiano.

É claro que o tempo pode mudar as percepções dos agentes, e mesmo a adesão a critérios de justiça distributiva pode perder apelo em conjunturas desfavoráveis à sua afirmação prática. A competição capitalista é um desses elementos mutantes que incide poderosamente sobre as convicções dos empresários. Não há convicção última de um capitalista que resista ao diagnóstico de seus diretores-executivos de que seguir a regra levará à falência da empresa. É claro, porém, que a conseqüência de tal diagnóstico não tem que ser, necessariamente, a ilegalidade. Na verdade, é mais provável que esse tipo de empresário tente *negociar* com os trabalhadores algum outro expediente para redução de custos, sendo a redução de quadros funcionais uma das soluções possíveis.

Não se pode deixar de lado a situação, importante para esta discussão, em que os capitalistas sejam *forçados* a seguir a regra, legitimando-a ou não. Um movimento sindical organizado nos locais de trabalho, ou mesmo das portas da empresa para fora, pode ser o agente dessa coação, operando como injunção institucional que põe em risco real a possibilidade do lucro das empresas, via ação coletiva. O Novo Sindicalismo fez exatamente isso na década de 1980. Muitos dos "novos direitos" conquistados em convenções coletivas eram, na verdade, a transcrição pura e simples da letra da lei nos acordos entre as partes (Tavares de Almeida, 1983; Noronha, 1992). Eram, pois, direitos legais tornados direitos contratuais por força da ação coletiva[102]. A redundância parecia fazer sentido então, na medida em que trazia para o cotidiano das relações de trabalho uma regulação aparentemente distante, operada por uma Justiça do Trabalho da qual os trabalhadores, ainda sob o manto do autoritarismo, desconfiavam. Era como se, trazendo a letra da lei para os contratos, os agentes de capital e trabalho se estivessem afirmando como capazes de pactuar autonomamente as regras de sua convivência. Esta afirmação, é bom marcar, não era meramente ilusória. Ao forçar o cumprimento da norma legal como se fora uma norma contratual, os trabalhadores estavam obrigando o empregador ao reconhecimento de direitos cuja burla seria retaliada não na Justiça, mas pela ação coletiva[103].

Outra injunção importante à evasão da norma pelo capitalista é a fiscalização da aplicação da lei por parte das delegacias regionais do trabalho. Nosso direito do trabalho é abrangente e complexo, como já se mencionou. Aspectos

---

[102] Em 1994 e 1995 as indústrias metalúrgicas de São Bernardo do Campo e Diadema, capitaneadas pelas montadoras de automóveis, tentaram sem sucesso acordos com o Sindicato dos Metalúrgicos do ABC, visando retirar da convenção coletiva as cláusulas equivalentes a normas da CLT. Estas cláusulas só foram suprimidas nas negociações de 1998 e 1999, quando o sindicato debatia-se com o desemprego e a perda de poder de barganha junto às montadoras. Ver Cardoso (1995) e boletins do Departamento Intersindical de Estatística e Estudos Sócio-Econômicos (DIEESE), vários números para o período 1998-99.

[103] Neste sentido, e como exemplo expoente, é de meados da década de 1980 o acordo de não recurso à Justiça do Trabalho firmado entre empresas metalúrgicas e o sindicato de trabalhadores do ABC (Rodrigues, 1999), acordo rompido apenas em 1999 pela Volkswagen, como vimos no capítulo 1. Ver também Cardoso (2001).

salientes da regulação são a saúde e a segurança no trabalho, objeto de normas minuciosas e de uma infinidade de instruções normativas da Secretaria de Inspeção do Trabalho do Ministério do Trabalho e Emprego, relativas à fiscalização e autuação, quando couber, de empresas irregulares. Outro item importante de fiscalização é a anotação da carteira de trabalho e Previdência Social, instrumento que abre as portas do direito previdenciário e trabalhista no país. Contudo, tanto quanto o direito do trabalho, as instruções normativas referentes à fiscalização têm que ser atualizadas em práticas efetivas de vigilância por parte do MTE, e esta é uma questão ela mesma sujeita à composição de poder no aparelho de Estado e à legitimação da ordem jurídica herdada pelos grupos atuais no poder.

Finalmente, o ambiente material onde são feitas as escolhas pode impor tantos limites (ou estímulos) que a decisão pela adesão ou não à regra deixa de ser uma conseqüência natural de convicções, interesses ou controles institucionais para tornar-se emanações mais ou menos automáticas de mecanismos estruturais. A disponibilidade atual de renda é um destes mecanismos. Comunidades pobres o suficiente não permitem sequer aos agentes imaginar alternativas ao trabalho informal, de sorte que a relação com a regra simplesmente *não se põe*: nem trabalhadores nem empregadores (se os houver) tornarão a regra jurídica objeto de suas relações recíprocas.

Estas alternativas não esgotam, é claro, as possibilidades de relação dos agentes com o direito do trabalho. Não há nada aqui sobre coordenação da ação em associações profissionais, por exemplo, que obrigue agentes de capital e trabalho a ações contra suas convicções ou interesses em nome de um bem maior (greves gerais por salários que punam trabalhadores melhor remunerados) ou de cartel (preços de oligopólio que penalizem empresários mais eficientes). Ou sobre ambientes culturais e ideológicos que tornem a relação com a norma automática, seja no sentido de sua negação sistemática, seja no de sua afirmação sobre todas as coisas.

Sem espaço para abordar tais questões, o objetivo dessa breve digressão foi sugerir que há um *continuum* de intensidade na relação de capital e trabalho com o direito, com pólos na relação de trabalho inteiramente extrínseca à regulação estatal, de um lado, e na adesão sem mais à norma por parte de empresários e trabalhadores (digamos) kantianos, de outro. Em algum lugar entre estes pólos encontraremos o capitalista médio e o trabalhador médio, expressões ou personificações de seu lugar na distribuição de recursos materiais e de poder, ambos atuando para fazer valer a norma em seu favor. A diferença entre ambos é que, para evadir-se da norma, basta ao capitalista não assinar a carteira de trabalho de um ou mais de seus funcionários, e este será um ato administrativo imediato, cujos custos podem ou não lhe ser cobrados num futuro indeterminado. Os trabalhadores, para fazer valer a norma burlada, isto é, para cobrar do capitalista esses custos, dependem de três coisas: sua capacidade de ação coletiva; a ação do órgão fiscal do Estado; ou a Justiça do Trabalho.

Eis, em poucas palavras, a natureza contemporânea da luta democrática de classes no Brasil[104]. Agências regulatórias nas mais variadas repartições estatais; instrumentos de vigilância e punição de empregadores recalcitrantes; ordenamento jurídico de garantia da execução do direito do trabalho; aparelho judiciário de interpretação e execução do direito; orga-

---

[104] Para abordagem semelhante para países ocidentais, ver Korpi (1983) e Esping-Andersen (1990).

nizações sindicais de trabalhadores; tudo isso tem uma função saliente dentre outras: a de garantir, em nosso modelo legislado de relações de trabalho, que a lei seja cumprida pelos empregadores.

Se todo esse arrazoado faz sentido, ele cumpre dois propósitos no argumento: sustentar a afirmação de que as relações de trabalho entre nós são, e sempre foram desde 1930, mais ou menos intensamente juridificadas, ou reguladas pelo direito. E afirmar, em segundo lugar, que, se o modelo brasileiro de relações de trabalho é legislado, por outro lado seus estatutos sempre sofreram resistência tanto de trabalhadores como de empregadores, ainda que por razões diversas. Isto é, sua validade e sua legitimidade foram, e ainda são, contestadas.

É a combinação dessas duas assertivas que permite sustentar a idéia de que o corporativismo entre nós teve forte efetividade ideológica e jurídica, mas moldou as relações de classe e a operação do mercado de trabalho em momentos muito bem marcados. Se perscrutássemos o modo mesmo de operação do direito sindical no país, isto é, a relação das classes com esta regulação, veríamos que o próprio Estado agiu contra a norma ao manietar a ordem corporativa em desfavor dos trabalhadores, obliterando-lhes a voz e limitando seus ganhos materiais na ordem capitalista em construção. Veríamos que, sempre que puderam, os trabalhadores construíram entidades de classe por fora da estrutura corporativa, sobretudo embriões de centrais sindicais. Os empresários fizeram o mesmo em suas associações voluntárias externas ao aparato legal, constituindo o que a literatura classicamente definiu como modelo dual de representação de interesses[105].

---

105 Por exemplo, Cardoso (1964), Dean (1971) e Diniz e Boschi (1976).

Esta constatação é, na verdade, trivial do ponto de vista da análise do direito do trabalho. Ocorre que este direito regula a luta de classes e, sendo ou não um produto claro desta luta, isto é, sendo ou não formulado a partir de pressões dos grupos de interesse sobre o aparelho Estado (Executivo ou Parlamento), será aplicado ou não em relações contratuais e estatutárias vazadas por disparidades de poder que favorecem enormemente os capitalistas. É porque o direito do trabalho regula a exploração da força de trabalho e, com isso, impõe obstáculos ao lucro, que sua legitimidade estará sempre em causa, questionada diuturnamente pelo jogo bruto dos interesses de mercado.

3.3.2 Uma hipótese

Com isso posso formular, enfim, a hipótese geral que será inquirida neste capítulo: o aumento das demandas trabalhistas individuais no Brasil decorre da crescente deslegitimação do direito do trabalho entre os empregadores que, por razões e formatos que serão empiricamente investigados daqui por diante, se estão evadindo de sua obediência. Os controles e limites impostos por trabalhadores ou Estado, e os incentivos seletivos de um e outro, parecem ter perdido eficácia na obrigação dos capitalistas à conformidade com a norma[106]. Dito de outro modo: o aumento sem precedente nas demandas judiciais trabalhistas expressa tanto a deslegitimação do direito do trabalho pelos capitalistas quanto a

---

[106] E pode ser o caso, impossível de ser inquirido aqui, de que, em razão da crise econômica, convicções e critérios de justiça estejam perdendo espaço para o cálculo racional puro e simples, que maximiza o lucro pela otimização de meios materiais quantificáveis, sendo o direito do trabalho um dos elementos do cálculo e, por isso mesmo, descartável numa equação contábil.

tentativa dos trabalhadores fazerem valer as regras da ordem. É a ordem legal como um todo que está em crise e, por paradoxal que isso possa parecer, seu sintoma mais conspícuo é o crescimento das demandas judiciais. *A intensificação da judicialização das relações de classe é a resposta dos trabalhadores à crise da ordem jurídica mais geral que, por décadas, estruturou as relações de classe no país.* Formulemos melhor a hipótese.

Parece incontestável que, na segunda metade da década de 1990, o poder público, o Ministério do Trabalho e Emprego (MTE), economistas que informaram a elaboração de políticas públicas para o mundo do trabalho, e tantos outros agentes importantes das relações de classe no Brasil, todos concordavam que o direito do trabalho herdado do período Vargas era um empecilho à reestruturação produtiva em particular e econômica, de uma maneira geral, ambas necessárias à retomada da rota ascendente de nossa economia rumo à modernidade. Argumentava-se que o mercado de trabalho brasileiro era rígido e que os custos do trabalho impediam a inserção competitiva de nossos produtos, condenando-nos à competição predatória de mercadorias *made in* Taiwan ou na China continental. Ainda que esses argumentos tenham perdido muito de seu apelo depois da crise argentina, as políticas públicas e a ação dos agentes privados continuaram informadas pela crença neles até o fim do governo FHC[107].

É assim que o governo federal, pelas mãos do economista Francisco Dornelles, que compartia daquele diagnóstico, introduziu instrumentos de flexibilização do mercado de trabalho de forte impacto sobre a ordem anterior. No campo da norma jurídica são expoentes o contrato por tempo determinado, com menores custos trabalhistas, e as jor-

---

[107] Argumentei longamente contra esse arrazoado em Cardoso (1999b).

nadas de trabalho flexíveis, resultantes da legalização dos chamados "bancos de horas"[108]. Contudo, há razões para crer que, mais do que pela norma, a flexibilização operou intensamente por medidas administrativas e judiciárias. Dentre as medidas administrativas mais importantes conta-se o relaxamento da fiscalização da aplicação da lei por parte das delegacias regionais do trabalho, por determinação do MTE. Dentre as medidas judiciárias está a introdução do procedimento sumaríssimo na Justiça do Trabalho e a regulamentação das comissões de conciliação prévia nas empresas, encarregadas de conciliar o conflito trabalhista individual antes que ele chegue às varas do trabalho.

Tais medidas, porém, do ponto de vista do argumento corrente entre empresários e economistas, chegaram tarde. A economia brasileira tratou de flexibilizar no grito o direito do trabalho na década de 1990, via contestação da norma legal, expressa por dois indicadores centrais: a queda na proporção de assalariados com carteira assinada entre os assalariados em geral; e o aumento do número de demandas na Justiça do Trabalho. O governo federal (voluntariamente) e o trabalho organizado (por debilitação do poder sindical) teriam perdido capacidade de fazer valer o direito existente, restando como último recurso o balcão judiciário.

A hipótese, pois, além de atribuir o aumento das demandas a um certo tipo de encadeamento de fenômenos econômicos e sociais, supõe ainda hipóteses sobre o papel dos outros dois atores relevantes das relações de trabalho na dinâmica de deslegitimação da norma trabalhista. Os capitalistas se sentem, crescentemente, desobrigados, flexibilizando a frio o mercado de trabalho ao cobri-lo com o manto

---

[108] Discuti a adoção desses estatutos no capítulo anterior.

negro da ilegalidade. Como o modelo é legislado, o resultado esperado não é outro senão o recurso à Justiça.

Esta explicação será testada contra uma alternativa, segundo a qual o fenômeno é mais jurídico do que social. Tal hipótese sustenta que a Justiça do Trabalho se teria aparelhado continuamente, para atender a uma demanda reprimida que só não se teria manifestado antes nas estatísticas dos tribunais porque não os havia em número suficiente. Por esse arrazoado, é como se os 2 milhões de processos entrados naquela Justiça nos anos recentes fossem a demanda real por direitos no país, em razão do caráter legislado das relações de classe e da propensão histórica do empresariado de evadir-se da norma. A Justiça do Trabalho teria finalmente (se é que estaremos limitados a dois milhões de processos nos anos por vir, o que não é importante para a lógica do argumento) chegado a um desenho adequado, capaz de responder aos requisitos reais do mercado de trabalho brasileiro.

3.4 A crescente judicialização das relações de classe no Brasil

Em modelos contratualistas a burla de normas contratuais por parte de empresários que se julgarem em posição de poder para isso, resultará, possivelmente, em greves ou outras formas de ação coletiva e de pressão direta dos trabalhadores sobre aquele que quebrou o contrato. Mas nosso modelo de relações de trabalho é legislado. Em termos puramente lógicos, seria de se esperar que crises de regulação do mercado de trabalho resultantes da deslegitimação da norma jurídica produzissem um aumento dos recursos à Justiça, isto é, um aumento da judicialização das relações de classe. O fato a se explicar, pois, é o *crescimento* das demandas na Justiça do Trabalho, tentando atribuí-lo a causas sociais identificáveis. Mas de que aumento estamos falando? O gráfico 1 informa.

Gráfico 1 – Processos recebidos nas Juntas de Conciliação e Julgamento da Justiça do Trabalho por ano: Brasil, 1941-2000

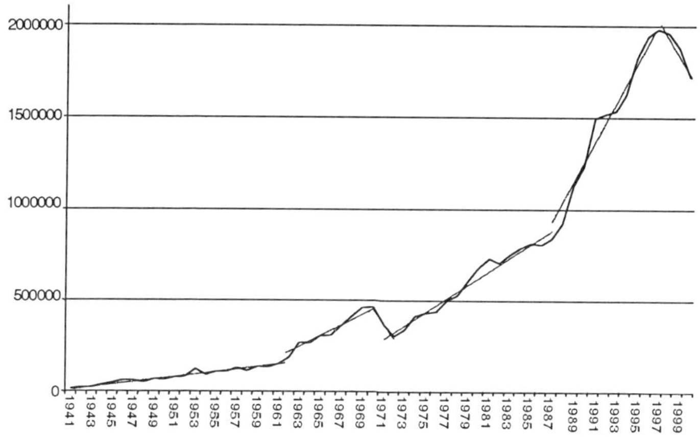

Fonte: Tribunal Superior do Trabalho (TST).

Ele ilustra a evolução do número de processos na Justiça do Trabalho nos últimos sessenta anos[109]. É possível identificar seis períodos bem marcados no movimento das demandas:

1. Entre 1941 e 1961 o ritmo de acesso à Justiça cresce em média 14% ao ano, com picos em 1946, 1949 e 1953 e atingindo 155 mil processos acolhidos nas Juntas de Conciliação e Julgamento no ano final do período. A reta pontilhada no gráfico tem inclinação equivalente ao acréscimo médio de 7.024 processos ao ano no movimento processual[110];

---

[109] Os dados referem-se a processos entrados nas Juntas de Conciliação e Julgamento, ou varas do trabalho.

[110] O artifício utilizado foi regredir o movimento processual contra anos transcorridos, para produzir uma reta o melhor possível adequada aos

2. Entre 1962 e 1970 o movimento processual sofre seu primeiro salto importante, com picos em 1963 (ano da turbulência social sob Jango) e 1970, já em meio à repressão do AI-5. A inclinação da reta significa o acréscimo médio de 32.252 processos ao ano, uma diferença significativa de mais de quatro vezes em relação ao período anterior;

3. Entre 1971 e 1973 o crescimento torna-se negativo, coincidindo com o período mais negro da ditadura. A queda é de mais de 14 mil processos ao ano, em média;

4. De 1974 a 1987 ocorre novo crescimento vertiginoso, se bem que a um ritmo médio equivalente ao segundo período. Cada ano acrescenta, em média, 36.293 novas unidades ao movimento processual, e a diferença de pouco mais de 4 mil processos ao ano em relação a 1962-1970 não é significativa em termos estatísticos. Volto a isso mais tarde;

5. Entre 1988 e 1997 ocorre efetiva explosão nas demandas, com cada ano recebendo 112.489 processos a mais do que o ano anterior. Isso significa multiplicar por três o ritmo de crescimento em relação aos dois períodos anteriores, resultando em quase 2 milhões de demandas em 1997;

6. Finalmente, entre 1998 e 2000 a queda é constante, a taxa próxima do acréscimo anterior (inclinação equivalente a queda de 117 mil processos ao ano).

Estamos falando de um crescimento quase contínuo e exponencial nas demandas trabalhistas até 1997[111]. E parece

---

dados. O procedimento é puramente descritivo, mas muito eficiente para mostrar a mudança de intensidade no movimento processual nos vários períodos. Cabe notar que o aumento médio significa que no ano t_1 foram acolhidos 7 mil processos a mais do que no ano t_0, portanto, o valor em t_1 é igual o valor em t_0 + 7 mil, em média.

111 Uma curva exponencial de fórmula Processos = $34552 * e^{0,0724 * Ano}$

fora de dúvidas que cada pico de crescimento ou queda coincide com momentos salientes das relações de classe ou da conjuntura política mais geral. O final da ditadura Vargas, a crise de seu segundo período de governo, a turbulência pré-AI5, a repressão do governo Médici (com a maior queda em todo o período), o Novo Sindicalismo e a Constituição de 1988, todos estes momentos estão bem marcados em picos de acesso à Justiça. E estes picos, com raríssimas exceções, servem de novo patamar para o crescimento futuro. Ao que tudo indica, há razões para acreditar que o processo de judicialização das relações de trabalho está contaminado por aspectos da conjuntura política bem além do que seria de se esperar se o fenômeno fosse estritamente jurídico. As retas pontilhadas oblíquas no gráfico, que ilustram cada um destes períodos, sugerem também que, depois de 1987, vivemos um momento inteiramente novo no processo de judicialização das relações de trabalho, por sua intensidade inaudita.

Se isso é verdade, os períodos de crescimento quase linear entre os picos conjunturais ainda permitem tomar como plausível a hipótese alternativa, isto é, a que sustenta ser o aumento da judicialização um fenômeno estrita ou principalmente jurídico. Iniciando pela inquirição desta hipótese, podemos perguntar: estaremos diante de um processo unidirecional de democratização da justiça trabalhista, que se estaria tornando mais permeável a demandas emergentes ou existentes desde sempre? Ou será o caso de que novos direitos consagrados na CLT ou na Constituição estariam habilitando, a cada ano, mais trabalhadores a demandas antes improcedentes, justamente por inexistirem como direito? Ou ainda, talvez se trate de mecanismos relativamente

---

responde por 95% da variância do movimento de processos no período.

automáticos tributários do crescimento do contingente de trabalhadores habilitados a demandar aquela justiça? Num caso, estaríamos diante de mudanças nos direitos e nos mecanismos de acesso à Justiça. No outro, de mudanças no mercado de trabalho que, por exemplo, acarretariam um aumento no contingente de trabalhadores formais titulares dos direitos. Qualquer que seja caso, porém, permanecemos no âmbito estrito da operação do direito do trabalho. Isto é, se a resposta for sim a qualquer das questões, teremos definido um fenômeno estritamente jurídico. Sem qualquer referência a outros processos ou conexões causais, a relação das pessoas com a norma definiria inteiramente as possibilidades de resultado.

A resposta a essas perguntas, porém, não é trivial e parte dela requer recurso a dados não disponíveis para todo o período em tela. O mercado formal de trabalho, por exemplo, não foi mensurado no Brasil antes de 1973, e um exame minucioso da mudança na legislação trabalhista no sentido da ampliação da cobertura dos direitos está além das possibilidades deste trabalho[112]. Contudo, em relação a esse último aspecto, creio ser possível sustentar como plausível a hipótese de que a ampliação dos direitos do trabalho (tanto em termos de número de regulamentos como em termos de cobertura) não será explicação suficiente, porque dificilmente a extensão dos direitos, seja via novas leis, seja via jurisprudência, obedecerá ao movimento contínuo e ascendente de crescimento do número de demandas no país a cada ano. Ademais, não custa lembrar que a extensão nominal dos direitos não é necessariamente coetânea com sua efetividade.

112 De fato, uma análise mais detalhada e cabal da hipótese requer um *survey* das leis e da jurisprudência no período, algo muito além dos objetivos originais deste trabalho. Fica a sugestão, porém, para pesquisas futuras.

Os trabalhadores ou seus representantes legais têm que fazer valer estes direitos, e o crescimento *do conhecimento* dos direitos existentes pode obedecer a mecanismos semelhantes ao do crescimento do acesso à Justiça. Para investigar esse aspecto adequadamente, seria preciso uma análise detalhada da mudança no conteúdo das demandas trabalhistas no período de tempo em causa aqui, o que não é mais possível: a Justiça do Trabalho incinera os processos após cinco anos da sentença transitada em julgado. É plausível sustentar, porém, que o aumento do conhecimento ou da disposição dos trabalhadores em relação a novos e antigos direitos está em relação direta com a existência de delegados (dos trabalhadores) e intérpretes do direito, isto é, de advogados e juízes trabalhistas. Com isso seguimos para a tentativa de resposta à primeira pergunta formulada antes.

3.4.1 Um fenômeno jurídico?

Trata-se, como vimos, da hipótese da maior permeabilidade do Judiciário trabalhista às demandas reais ou potenciais dos trabalhadores. Esta hipótese pode ser analisada por indicadores existentes, com aproximações algo indicativas, ainda que robustas. De fato, não é descabido sustentar que a Justiça do Trabalho seja uma máquina em crescimento contínuo desde sua instituição, em 1940. O gráfico 2 mostra que o Judiciário trabalhista acompanhou *pari passu* o crescimento das demandas, e os saltos na abertura de novas varas do trabalho coincide com o ritmo de processos que elas passam a acolher. Isto é muito evidente de 1987 em diante, quando a explosão do número de demandas foi acompanhada por explosões intermitentes de criação das Juntas de Conciliação e Julgamento. Não é preciso dizer que a cada nova junta temos pelo menos um novo juiz responsável por ela, um juiz suplente e também novos funcionários de gabinete responsáveis por arquivamento, produção de estatísticas e suporte ao andamento processual. Estamos falando, no mínimo, de quatro pessoas por junta, além dos juízes.

A relação entre processos acolhidos e processos julgados ou conciliados pelas varas do trabalho aponta na mesma direção. As duas curvas são quase perfeitamente coincidentes até 1973. O atraso nos julgamentos, depois de 32 anos de movimento processual, era de pouco mais de 237 mil processos. É verdade que, de 1974 em diante, quando as demandas retomam o ritmo ascendente, a defasagem se aprofunda a cada ano, atingindo 780 mil em 1987 e mais de 2,2 milhões em 1997, diferença em parte reduzida no período final.

Esta última constatação parece sugerir a existência de dois momentos distintos da relação entre infra-estrutura judiciária e demandas trabalhistas. No primeiro período, indo de 1941 a 1973, o crescimento do acesso à Justiça parece estar estreitamente relacionado com a capacidade instalada nas varas do trabalho, resultando em eficácia processual bastante satisfatória. Já no período posterior, de 1974 em diante, o crescimento da infra-estrutura judiciária parece ir a reboque do crescimento acelerado das demandas. E, de fato, entre 1946 e 1956 as varas constituídas permanecem em número relativamente constante (56) até que as demandas atingem o patamar de 100 mil por ano. Quando as demandas atingem 190 mil em 1962, as varas já são 128, antecipando-se, pois, a possível aumento posterior. A antecipação confirma-se no fato de que o crescimento de demandas daí até 1970 não se acompanha de aumento equivalente no número de varas, enquanto a eficácia processual permanece alta, mesmo quando o número médio de processos por vara atinge 2.400, justamente em 1970. A Justiça do Trabalho, nesse primeiro período, muitas vezes atuou em antecipação ao crescimento das demandas, numa dinâmica própria de institucionalização em nível nacional que tem corte nítido em 1974. É daí por diante que se evidencia a dinâmica que o lento crescimento das demandas do período anterior havia escamoteado.

Gráfico 2 – Processos recebidos nas varas do trabalho, processos julgados, e número de varas existentes: Brasil, 1941-2000

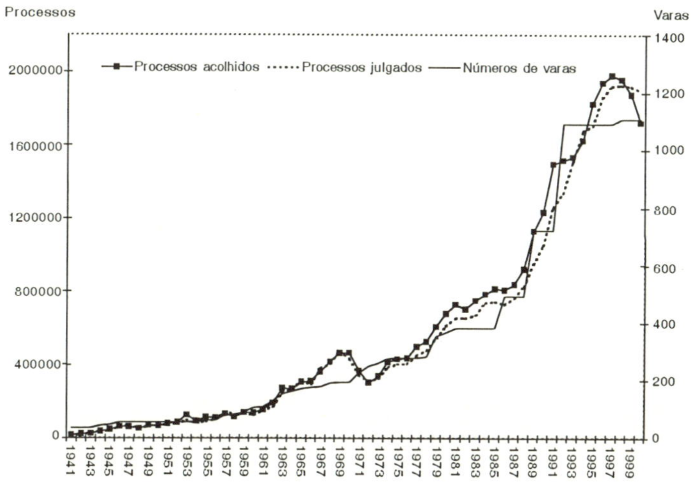

Fonte: Tribunal Superior do Trabalho (TST).

Tal dinâmica torna-se incontestável de 1987 em diante, quando o crescimento do mecanismo processual é mais nitidamente uma *resposta* ao crescimento da demanda. Isso fica mais claro neste lapso de tempo por oposição aos anos anteriores a 1974 em razão dos períodos cada vez mais curtos em que a Justiça adapta-se ao crescimento processual. O gráfico 3 evidencia o movimento: cada pico de demandas é acompanhado da criação de novas varas do trabalho, o que reduz o número médio de processos por vara até novo pico. A distância entre os picos é decrescente a cada período, em razão da resposta cada vez mais rápida da Justiça em termos de constituição de novas varas do trabalho. É isto que as retas pontilhadas estão demonstrando. Isso quer dizer que a Justiça do Trabalho não se estaria tornando mais permeável a demandas existentes desde sempre, mas sim respondendo ao crescimento das reclamações.

Gráfico 3 – Média de processos por varas do trabalho: Brasil, 1941-2000

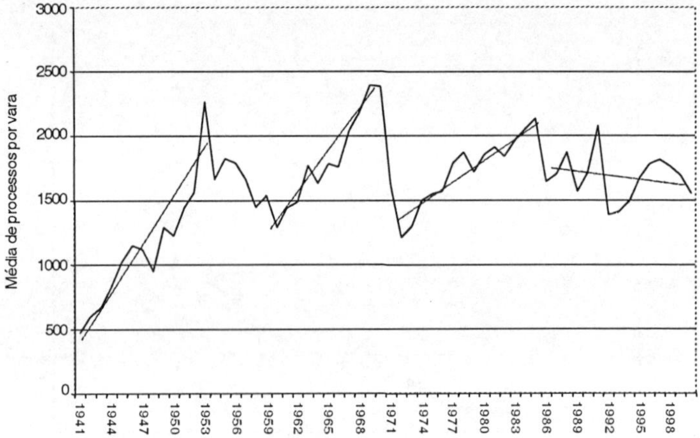

Fonte: Tribunal Superior do Trabalho (TST).

Perseguindo ainda a hipótese de tratar-se de fenômeno mais jurídico do que social, embora não seja possível afirmar que o aumento de demandas seja a causa do aumento do número de advogados trabalhistas, o fato é que este também parece estar crescendo no mesmo ritmo. Não tenho dados para a especialidade, mas em 1945 o Ministério da Educação e Saúde registrou pouco mais de mil diplomas de direito no país. Em 1976 esse valor tinha chegado a 9 mil[113].

[113] Dados nos Anuários Estatísticos do Brasil, dos anos de 1946 e 1977, respectivamente.

O censo da educação de 1980 contou mais de 20 mil concluintes em cursos de direito em todo o Brasil, valores que atingiram 40 mil em 1999. Da mesma forma que no caso do crescimento dos processos, trata-se de movimento exponencial, que expressa a democratização crescente do acesso ao ensino superior, algo que se acentua nas décadas de 1980-1990[114].

É claro que estas duas variáveis podem estar expressando um movimento subjacente mais geral (a democratização), do qual elas seriam resultados derivados, mas independentes entre si. Há razões para supor que isso não é inteiramente verdadeiro. A principal delas é o ritmo de criação de entidades sindicais. O gráfico 4, que apresenta dados para os sindicatos de trabalhadores urbanos apenas, deixa claro que as duas coisas também andaram juntas no tempo[115]. O crescimento dos sindicatos tem o mesmo movimento exponencial do crescimento das demandas[116]. Esta conexão não deve ser

[114] Dados para todo o período, que permitem constatar o crescimento exponencial, estão disponíveis no endereço do Ministério da Educação, www.mec.gov.br.

[115] Os dados para os sindicatos foram coligidos a partir do censo sindical de 1991, realizado pelo IBGE e são, portanto, uma aproximação. Tomou-se o ano de fundação declarado em 1991 como indicação do número de sindicatos realmente existentes a cada ano. O artifício não é descabido, porém. Tomando-se a estatística oficial do órgão de registro obrigatório dos sindicatos, o Ministério do Trabalho, publicada nos Anuários Estatísticos do IBGE para o período 1942 a 1974, os dados apresentados subestimam o número de sindicatos efetivamente existentes, mas isso se dá a uma taxa relativamente constante, de sorte que a relação entre as duas distribuições produz um R^2 de 0,96, com significância de 0,0001, o que permite tomar uma pela outra sem grandes riscos de interpretação.

[116] Adianto que dá-se o mesmo quando se agregam os sindicatos de trabalhadores rurais, de empregadores e de agentes autônomos. Não o fiz

atribuída a movimentos aleatórios ou independentes. Pela CLT, os sindicatos estão obrigados a prestar serviços jurídicos a seus associados, e o crescimento das burocracias sindicais deve estar seguindo a passo com o crescimento de sua capacidade de pressionar os canais judiciários de solução do conflito trabalhista. Para isto, dependem da existência de advogados do trabalho.

Gráfico 4 – Evolução do número de sindicatos de trabalhadores urbanos e de processos nas varas do trabalho: Brasil, 1941-1992

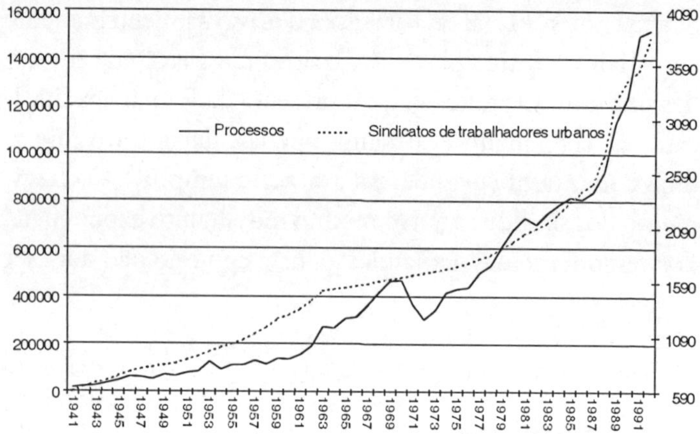

Fonte: TST e IBGE.

Uma leitura possível desta relação é a de que os sindicatos brasileiros, porque têm pouco poder de mercado, isto é, porque são frágeis diante dos empregadores, preferem o recurso à Justiça à negociação dos conflitos de direito, conflitos que são eminentemente individuais e restritos ao âmbito de cada empresa. Sindicatos de base municipal, raramente

---

porque o sindicalismo rural só foi legalizado na década de 1970, o que dificulta a interpretação dos dados no longo prazo.

contando com representação por local de trabalho (delegados sindicais ou comissões de empresa), não estariam aparelhados para a solução desse tipo de conflito. A Justiça não seria apenas um, mas o único canal de sua solução. Essa leitura está em acordo com a idéia de que nosso sistema de relações de trabalho é legislado: sindicatos são criados para representar os trabalhadores e, no Brasil, isto quer dizer, além de realizar negociações coletivas, servir de ponte para o acesso dos indivíduos à Justiça. Continuarei perseguindo essa hipótese nas páginas por vir.

A Justiça do Trabalho, pois, é um aparelho em crescimento, e este crescimento espelha outras mudanças mais gerais em indicadores afins, como o aumento no número de sindicatos e de advogados. Importa reter, por hora, que o crescimento do aparelho processual parece estar ocorrendo *em resposta* à aceleração das demandas. Isso é incontestável no período de renascimento do sindicalismo entre nós (1978-1981), e é muito intenso depois de 1988. A diferença, porém, é que no primeiro caso o crescimento dos processos coincide com o momento de maior ebulição social dos trabalhadores desde a conjuntura de 1963-1964, enquanto a explosão pós-1988 parece ter mais a ver com novos direitos trabalhistas consignados na Constituição, bem como com a ampliação de sua cobertura. Num caso, a sociedade emergente pressionando a Justiça para fazer valer direitos burlados durante o período autoritário. Trata-se, pois, de um processo de permeabilização da Justiça a demandas reprimidas, e esta permeabilização seria fruto direto do crescimento do poder sindical e de sua pressão por mais direitos. No outro caso, tratar-se-ia de trabalhadores titulares de novos direitos tentando fazê-los valer, num momento de baixa da atividade sindical.

Esta constatação nos devolve, enfim, ao problema central de análise: por quê a eclosão de demandas antes reprimidas ecoa principalmente na Justiça do Trabalho, e não em contratos ou convenções coletivas? E por quê a ampliação *dos direitos constitucionais* resulta no aumento *de demandas trabalhistas*, e não em adesão pura e simples às novas regras por parte dos agentes empresariais, como seria de se esperar em sociedades democráticas regidas pelo direito? A resposta à primeira pergunta, por capciosa que possa parecer, é inescapável: porque o modelo é legislado e não negocial. A norma legal orienta efetivamente a ação cotidiana dos trabalhadores, e sua burla leva naturalmente à judicialização das relações de trabalho. Já a resposta à segunda pergunta remete tanto à inquirição da legitimidade do direito do trabalho como dos mecanismos de reforço da norma, isto é, os instrumentos que obrigam os agentes à sua obediência. A segunda pergunta denota, pois, que o direito do trabalho tem sua legitimidade contestada de forma crescente nos anos recentes.

3.4.2 Um fenômeno social

Indo direto ao ponto: na ausência ou insuficiência de poder do trabalho organizado, o órgão fiscal do Estado pode bastar na garantia da obediência à lei, como bem o demonstra a ditadura Vargas. Mas na ausência do órgão fiscal, o trabalho organizado talvez não seja suficiente para assegurar no mercado aquela obediência, principalmente em relação aos direitos individuais. É porque o órgão fiscal é ineficiente e/ou o trabalho organizado é frágil no nível micro ou de empresa (ainda que não necessariamente no nível societal mais geral, o que não vem ao caso no argumento), que o resultado da deslegitimação da norma pelos empresários é o aumento da judicialização das relações de classe: os trabalhadores são titulares de direitos burlados, e procuram fazê-los valer neste único outro lugar de sua afirmação e obrigação, que é a Justiça do Trabalho. É porque os capitalistas estão testando os limites da nova ordem constitucional, num ambiente em que os trabalhadores organizados não conseguem impedi-los e o órgão fiscal do Estado parece desinteressado nisso, que a Justiça do Trabalho apresenta a explosão de reclamações que discutimos na seção anterior[117].

Essa forma de delimitar a explicação sugere que o fenômeno em tela, isto é, a explosão de demandas depois de 1988, não é estritamente jurídico. Há novos direitos em jogo, mas o que parece estar ocorrendo é a incapacidade dos outros agentes (trabalho e Estado) obrigar os capitalistas à obediência. Os dados disponíveis para a realidade brasileira recente indicam que os agentes do capital de fato estão colocando em questão o ordenamento jurídico herdado da era Vargas e aprofundado com a Constituição de 1988. Um indicador nesse sentido é a queda constante na taxa de formalidade na economia brasileira desde a promulgação da Constituição, como mostra o gráfico 5. Em que pese a diferença nas fontes dos dados (PNAD e PME)[118], a tendência de declínio da

---

117 Não preciso reafirmar longamente aqui o que disse alhures: a conseqüência lógica desse arrazoado não é, como querem Pastore (1998) ou Amadeo e Camargo (1996), a eliminação ou a flexibilização do direito do trabalho. A conseqüência lógica é a necessidade de dar poder aos sindicatos para impedir que capitalistas interessados deslegitimem a ordem legal e, no limite, a democracia. Ver Cardoso (1999b).

118 Diferença que não é tão grave, já que até início dos anos 1980 a PNAD também se baseava em amostras concentradas em regiões metropolitanas, como a PME a partir de 1982.

proporção de trabalhadores formais na população ocupada parece inequívoca: a queda iniciada na década de 1970 é estancada pela recuperação econômica pós-1984 até seu cume em 1989, para retornar daí por diante a uma taxa média de queda de 2,3% ao ano, num período perfeitamente coincidente com a explosão processual que analisamos até aqui.

Gráfico 5 – Evolução da proporção, na população ocupada, de trabalhadores com carteira assinada e do número de processos nas varas do trabalho: Brasil, 1976-2000

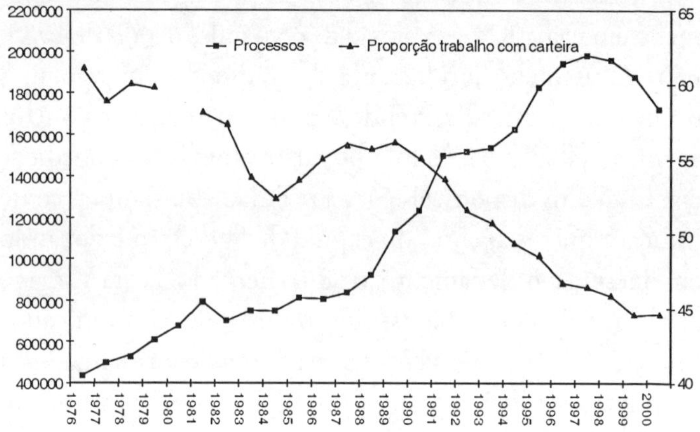

Fonte: PNAD (1976-1982); PME (1983-2000) e TST (processos).
Obs.: Em 1980 não houve PNAD e não pude ter acesso aos dados do censo relativos à taxa de formalidade em regiões metropolitanas.

Note-se que a idéia de "colocar em questão" não denota exclusivamente relação "racional" do capitalista com o direito. A queda na taxa de formalidade deve estar *também* expressando injunções puramente econômicas, como mudanças estruturais na disponibilidade e distribuição de renda, ou ainda mudanças na estrutura do mercado de trabalho e da oferta de emprego que estejam, ambas ou isoladamente, aumentando a participação daquele ambiente descrito antes como extrínseco à operação da norma trabalhista, o mundo da informalidade onde as opções são tão restritas que o direito formal do trabalho é inteiramente sem sentido. A norma não estaria sendo propriamente deslegitimada, mas simplesmente ignorada num ambiente de pobreza e exclusão social. Também nesse caso estamos diante de um fenômeno social, não jurídico.

Outro sintoma da deslegitimação da norma por parte dos empresários brasileiros é o aumento de demandas por direitos trabalhistas nas greves da década de 1990, aqui em proporção muito superior ao que se deu na década anterior. Noronha (1994, p. 343) mostra que as demandas relativas a reajustes salariais representaram, em média, mais de 74,3% do total nas greves do período 1985-1987, enquanto o não-cumprimento de leis ou acordos coletivos respondeu por não mais do que 23% das pautas. Na década de 1990 os dados disponíveis (tabela 2) mostram que as demandas por aumentos salariais são substituídas principalmente por aquelas relativas a direitos convencionais ou legais, seguidas de reivindicações quanto a condições e jornada de trabalho. Ao que tudo indica, entre os trabalhadores dispostos à ação cole-

Tabela 2 – Pautas de reivindicação nas greves da década de 1990

Motivos das greves	1993	1994	1995	1996	1997
Remuneração	61,5	76,8	49,3	40,1	32,4
Direitos	23,7	18,6	36,8	42,2	43,0
Emprego	11,6	9,7	10,2	9,8	14,4
Participação nos lucros	n/d	n/d	9,2	17,7	15,1
Condições de trabalho	11,8	8,6	9,6	9,8	11,6
Poder sindical	5,4	8,2	7,4	2,8	4,5
Protesto contra medidas do governo	6,3	2,9	4,4	0,7	3,2
Jornada de trabalho	3,4	3,3	4,5	11,5	7,6

Fonte: DIEESE.

tiva aumenta a proporção dos que percebem o trabalho como mais intenso e insalubre, e aumenta intensamente a proporção dos que consideram que direitos trabalhistas estão sendo burlados, principalmente depois de 1994.

A explicação sugerida aqui postula que os controles e limites à evasão da lei por parte dos empregadores perderam eficácia[119]. Não tenho como afirmá-lo categoricamente no que respeita ao órgão fiscal do Estado, já que os dados necessários não puderam ser coligidos para o período analisado. Mas com relação ao sindicalismo há indicações importantes. Como discutido no capítulo 1 e aprofundado no capítulo 4, a crise dos sindicatos entre nós, mormente no caso dos trabalhadores industriais e do sistema financeiro, é intensamente tributária da reforma econômica iniciada com o Plano Real. A abertura comercial e financeira expôs os mercados de capitais e de bens à pressão competitiva internacional, com impactos poderosos sobre o nível de emprego e as formas de organizar o trabalho, reduzindo o tamanho das empresas, terciarizando o setor industrial, ampliando redes de subcontratação, criando mecanismos internos de solução do conflito cotidiano de trabalho que roubam ao sindicato a lealdade dos trabalhadores etc. Cabe acrescentar que, se entre os que ainda são capazes de ação grevista a percepção de

[119] É possível, por exemplo, que parte da queda no número de processos em 2000 decorra da fiscalização do MTE, já que há indicações de que ela vem aumentando, depois de anos de relaxamento. Naquele ano foram visitadas pouco mais de 130 mil empresas, empregando um total de 4,5 milhões de trabalhadores. Em junho de 2001 o total acumulado era de 50 mil empresas, mas atingindo 6,5 milhões de trabalhadores. O MTE concentrou sua ação, neste último ano, em empresas de maior porte, com média de 130 trabalhadores por empresa, contra 32 em 2000. Dados em www.mte.gov.br, capturados em setembro de 2002.

perda de direitos é inequívoca, como mostrou a tabela anterior, por outro lado os sindicatos vêm perdendo crescente capacidade de mobilizar seus representados para tentar reaver tais direitos. Nesse aspecto específico, a redução do escopo da ação coletiva sindical, uma das medidas de seu poder de pressão no mercado de trabalho, é notória. Se tomarmos, por exemplo, a média de grevistas por greve na década de 1990, por comparação com a anterior, percebe-se (gráfico 6) que, enquanto nos anos 1980 a tendência geral é de crescimento a cada ano, a partir de 1990 a tendência é inversa e quase perfeitamente especular em relação à tendência de crescimento do número de processos[120]. Na verdade, o aumento do poder grevista no final do período coincide com a retração do número de demandas na Justiça, sugerindo uma associação estreita entre intensidade da ação coletiva e ritmo de acesso à Justiça.

Cabe um alerta: para sustentar adequadamente essa associação, será preciso, em momento posterior, aprofundar a análise sobre a natureza do poder sindical no mercado de trabalho, por meio do levantamento das jornadas perdidas em razão de greves. Esse levantamento, como se sabe, é muito difícil no Brasil em razão da precariedade da informação disponível, restrita à sistematização da cobertura das greves pela imprensa feita pelo DIEESE (ver www.dieese.org.br). Ainda assim, os dados apresentados no gráfico a seguir ilustram, de forma metodologicamente aceitável, a disjuntiva entre demandas trabalhistas e poder sindical na década de 1990.

---

120 O artifício usado para realçar a relação foi produzir linhas polinomiais de ordem 4 a partir dos dados originais que aparecem em anexo ao trabalho. A estratégia pode ser reproduzida no Microsoft Excel e tem o único propósito de realçar a tendência geral de evolução das distribuições.

Gráfico 6 – Média de grevistas por greve e processos nas varas do trabalho: Brasil, 1980-1999

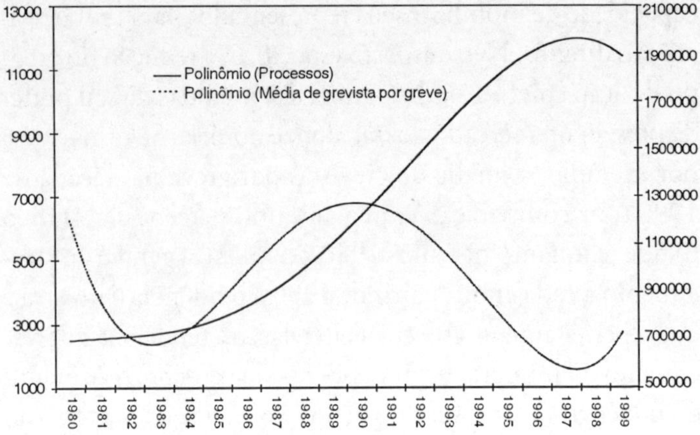

Fonte: Noronha (1994), para greves até 1991; DIEESE, para greves de 1992 a 1999 e TST.

3.5 Natureza das demandas trabalhistas: um estudo de caso

Os trabalhadores capazes de ação coletiva percebem mudanças na relação dos empresários com o direito do trabalho. Mas qual o conteúdo dessas mudanças? Elas são relevantes no período, a ponto de sermos capazes de afirmar, categoricamente, que os capitalistas estão contestando os novos direitos constitucionais e não os direitos existentes desde sempre, deslegitimando assim a ordem jurídica instituída em 1988? A pergunta faz sentido porque o aumento de demandas poderia simplesmente significar perda de poder fiscal por parte dos agentes responsáveis pela obrigação dos empresários. Os mesmos direitos estariam sendo desrespeitados em maior intensidade, levando ao aumento das demandas. Ainda que plausível, este não parece ser o caso, já que não se deve esperar que o marco da explosão das demandas recaia por mero acaso em 1988, ano dos novos direitos. A hipótese a ser perseguida aqui, então, será a de que o aumento de demandas ocorre sobretudo em relação àqueles temas que os empregadores julgam restringir sua capacidade de adaptação à nova ordem competitiva brasileira, vale dizer, as normas que, alega-se, "enrijecem" o mercado de trabalho, limitando a reestruturação produtiva[121]. Se houver uma mudança relevante nos conteúdos dos processos relacionada aos novos direitos surgidos com a Constituição de 1988, então teremos razões para afirmar, sem medo de errar, que a explosão de demandas decorre, sobretudo, da flexibilização a frio do mercado de trabalho pelos empregadores, via ilegalidade[122]. Vejamos como isso se processa, tomando o caso da cidade do Rio de Janeiro.

Tal como se deu em todo país, a cidade do Rio de Janeiro também experimentou aumento relativamente constante na judicialização das relações de trabalho. Ainda que não tenha sido possível coligir dados por período equivalente ao analisado até aqui[123], parece claro que a década de 1990 foi pródiga em produzir demandas trabalhistas em ritmo crescente. Entre 1987 e 2000, o Rio recebeu entre 12% e 16% de todas as demandas acolhidas em Juntas de Conciliação e Julgamento no Brasil, ou entre 130 mil e 255 mil processos ao ano. A diferença marcante é a queda em 1993 e o fato do refluxo no acesso à Justiça do Trabalho se ter iniciado em 1999, e não 1998. Não vou cansar o leitor com novos dados,

---

121 Ver capítulo 2 para crítica contundente desse diagnóstico.

122 Mas já vimos que a informalidade é outro lado da mesma moeda.

123 Infelizmente, não consegui dados para o Rio cobrindo todo o período. Contudo, não há razão para suspeitar que o movimento nessa cidade divirja de forma relevante do que se passou no resto do país nos últimos sessenta anos.

mas as semelhanças continuam marcantes no que respeita à relação entre proporção de trabalhadores com carteira na PEA e número de processos na Justiça do Trabalho, relação inversa e tão intensa quanto no caso brasileiro (correlação de Pearson = -0,89). É esta semelhança quanto aos dados agregados mais gerais que permite tomar o Rio como caso, senão representativo, ao menos ilustrativo do que deve estar ocorrendo na média do Brasil urbano[124].

Gráfico 7 – Processos acolhidos na varas do trabalho da cidade do Rio de Janeiro e no Brasil: 1987-2000

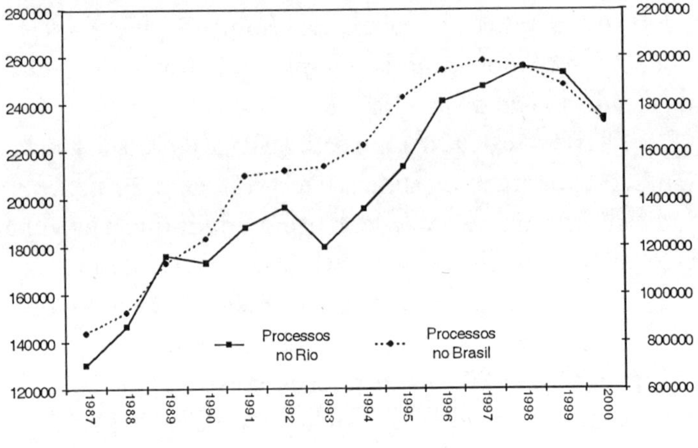

Fonte: TST.

3.5.1 Conteúdos das demandas

O gráfico 8 mostra a evolução de alguns temas selecionados encontrados em processos acolhidos por cinco varas

---

[124] É bom notar que o Rio tem indicadores médios próximos aos da nação, como a distribuição do emprego por setores econômicos, proporção de trabalhadores com carteira, distribuição de renda, dentre outros. O que é inferior no Rio é a taxa de desemprego. Ver SMTb (2000).

do trabalho na cidade do Rio de Janeiro entre 1989 e 2001[125]. Os três primeiros gráficos trazem temas em descenso no corpo de processos acolhidos, e os três seguintes os principais temas em ascensão. Os dados de origem para a produção do gráfico encontram-se em anexo ao capítulo (tabela 3). As proporções apresentadas referem-se aos processos que trazem a reclamação por comparação com o total acolhido. Assim, por exemplo, em 1989, 20% dos processos apresentavam demandas relativas a adicional noturno, montante que cai a 13% em 1990 e a 7% em 2001. Do mesmo modo, perto de 40% dos processos pediam o pagamento da multa do Fundo de Garantia por Tempo de Serviço (FGTS) no início do período, valor que salta a 85% em 2001.

Gráfico 8 – Participação de demandas trabalhistas selecionadas no total de processos acolhidos pelas varas do trabalho do Rio de Janeiro: 1989-2001

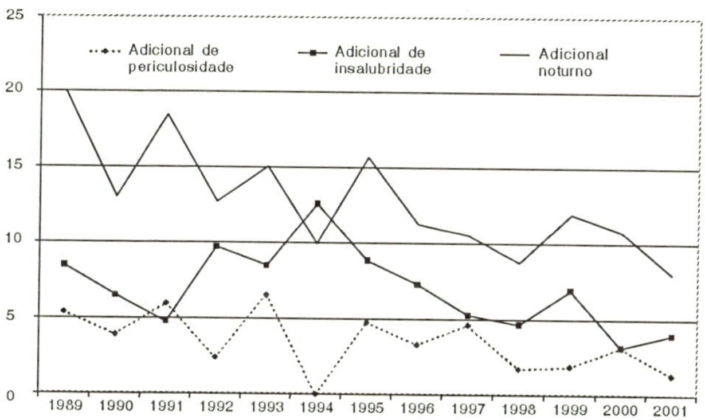

---

[125] A pesquisa foi realizada entre os meses de abril e julho de 2001 nas varas 19ª, 20ª e 69ª da Primeira Região (Rio de Janeiro), e no arquivo da Justiça do Trabalho em Niterói. É preciso dizer que a distribuição dos processos pelas varas é feita por sorteio, sendo portanto aleatório. Logo, cada vara é, em princípio, uma amostra representativa dos processos que chegam à Justiça carioca a cada ano. Nas varas colheu-se informação sobre processos entrados entre 1994 e 2001, enquanto

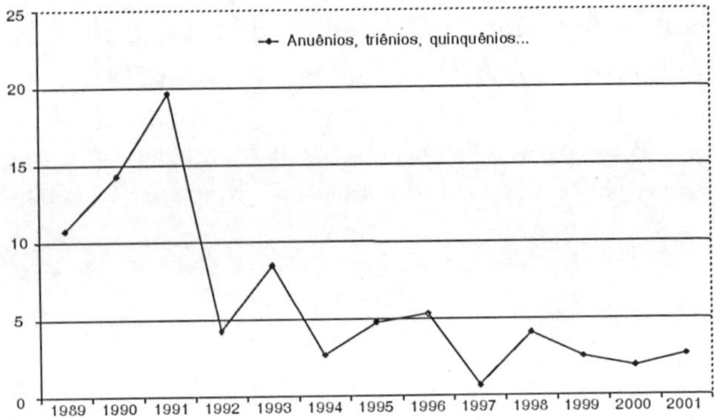

---

que os anos anteriores foram cobertos principalmente no arquivo de Niterói. Nas varas eram poucos os processos anteriores a 1994 e o recurso ao arquivo visava minimizar o risco de enviesar a amostra. Ocorre que processos sobreviventes nas varas depois de tantos anos terão, supõe-se, conteúdo mais complexo do que aqueles acolhidos recentemente, a se crer nas estatísticas oficiais de que o tempo médio de um julgamento em 2000 foi de oito meses no Rio de Janeiro (dado em www.tst.gov.br). Ainda assim é provável que tenhamos subestimado a presença de demandas relativas a verbas rescisórias nos anos de 1989 a 1992, mas o limite não pode ser sanado em Niterói, já que os processos arquivados antes de 1998 não estão ainda disponíveis.

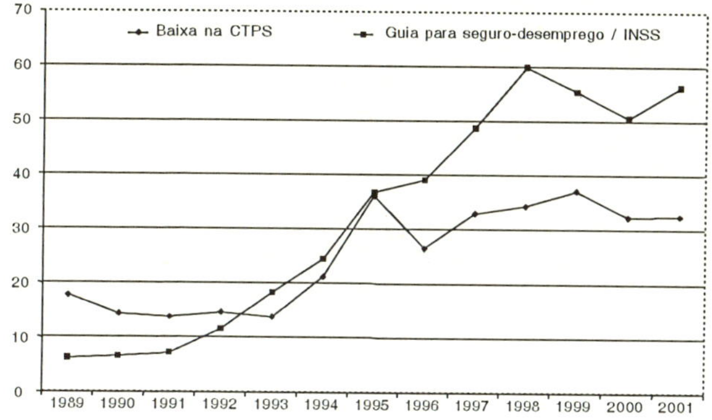
Baixa na CTPS
Guia para seguro-desemprego / INSS
0
10
20
30
40
50
60
70
1989 1990 1991 1992 1993 1994 1995 1996 1997 1998 1999 2000 2001

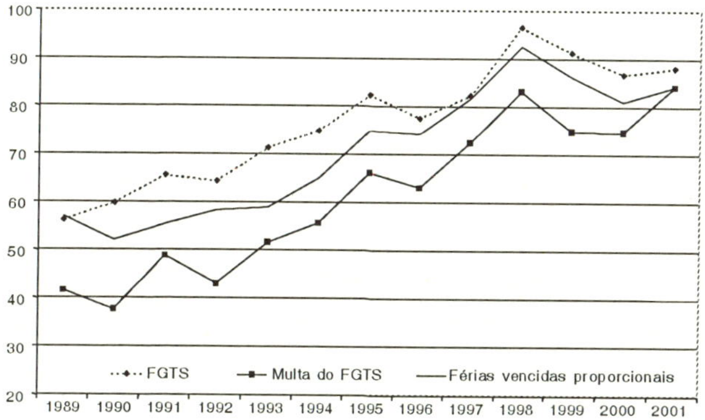
FGTS
Multa do FGTS
Férias vencidas proporcionais
20
30
40
50
60
70
80
90
100
1989 1990 1991 1992 1993 1994 1995 1996 1997 1998 1999 2000 2001

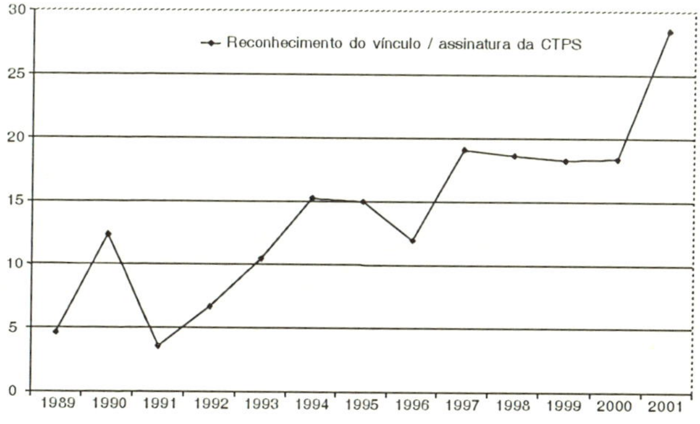
Reconhecimento do vínculo / assinatura da CTPS
0
5
10
15
20
25
30
1989 1990 1991 1992 1993 1994 1995 1996 1997 1998 1999 2000 2001

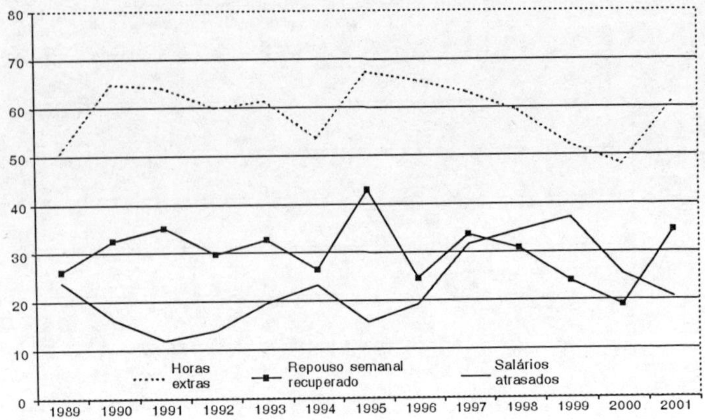

Fonte: Pesquisa de campo em varas selecionadas do trabalho.

Comparando os gráficos parece estar havendo uma migração de demandas monetárias relativas a aspectos da vigência do contrato, para demandas em torno de direitos rescisórios, monetários ou não. Em 1989 adicionais de periculosidade, de trabalho noturno e de insalubridade eram presença importante nas demandas trabalhistas, ao lado de pedidos de ressarcimento de anuênios, qüinqüênios e outras recompensas por tempo de serviço. Com exceção do adicional noturno, todas essas demandas praticamente desaparecem dos processos ao longo da década. Por outro lado, o pedido de pagamento de saldos ou parcelas atrasadas de salários atinge um pico em 1993, com quase 60% dos processos, para recuar à média de 40% daí por diante.

Todas essas demandas referem-se a aspectos do contrato de trabalho burlados *durante* sua vigência, já que, em geral, as reclamações buscam reparo retroativo, correspondente ao tempo em que as pessoas estavam empregadas. De modo diverso, crescem as demandas referentes à rescisão do vínculo empregatício, inclusive em aspectos surpreendentes como o pedido de baixa na carteira de trabalho e a emissão de guias para Previdência Social ou para o seguro-desemprego. Essas demandas saem de proporções inferiores a 20% dos processos (5% no caso das guias) para picos de 40% e 60% respectivamente no final do período. Há conexão estreita entre todos esses temas, que em geral aparecem juntos nos processos. Isso quer dizer que, ainda que não haja custo monetário relevante na emissão de guias de aposentadoria ou do seguro-desemprego, fazê-lo seria reconhecer de algum modo outros elementos do vínculo empregatício que o empregador prefere evitar, pois poderiam ser usados como prova pelos trabalhadores em recursos judiciais visando a restituição de direitos monetários. A burla de direitos rescisórios não-monetários, então, termina por configurar uma opção sistemática pela ilegalidade, pressionada pelo movimento das demandas por verbas rescisórias. Por outras palavras, é inegável a *restrição empresarial em acatar o aumento dos custos de demissão decorrentes da majoração da multa sobre o FGTS para 40%*, instituída na Constituição Federal de 1988. Isso parece estar contaminando outros aspectos da demissão que possam servir de munição para os trabalhadores na Justiça do Trabalho.

O que é importante notar, enfaticamente, é o fato dos direitos rescisórios tornarem-se praticamente universais nos processos depois de 1997 *sem prejuízo* de temas como horas extras e descanso semanal remunerado, cuja presença nas demandas oscila em torno de 60% e 30% respectivamente, em todo o período, e dos salários atrasados, que aparecem nos processos a taxas crescentes entre 1995 e 1999. A taxa de exploração da força de trabalho, expressa em extensão de jornadas de trabalho e na quebra do compromisso monetário, não muda no tempo, chegando a aumentar em alguns casos. A burla dos novos direitos rescisórios *vem somar-se* à evasão de outros direitos legais históricos, e não substituí-los.

O argumento econômico para o fenômeno já foi reproduzido antes: a legislação seria incentivo à sua própria burla porque aumenta custos de demissão e enrijece o mercado de trabalho, num momento em que os capitalistas estão tentando reestruturar seus empreendimentos para competir na nova ordem global. O que esse argumento escamoteia é o fato de que, ao evadir-se da obediência à lei, os empresários reduzem custos de demissão, apropriando-se de parcela maior da riqueza produzida à custa da sobrevivência do trabalhador durante o período de desemprego. Um pecúlio menor do que o esperado contratualmente reduzirá o tempo em que o trabalhador pode aguardar por um novo emprego, resultando em maior pressão de oferta sobre o mercado de trabalho e sobre os salários reais. A ilegalidade, então, não é outra coisa senão a versão mais crua da luta de classes: os empresários, em lugar de tentar interferir nos processos legislativos para que sejam produzidas leis que os favoreçam, preferem atuar a frio no mercado de trabalho, recusando-se a acatar a

Gráfico 9 – Relação entre ramos de origem dos processos e dos demitidos na economia formal do Rio: 1989-1999

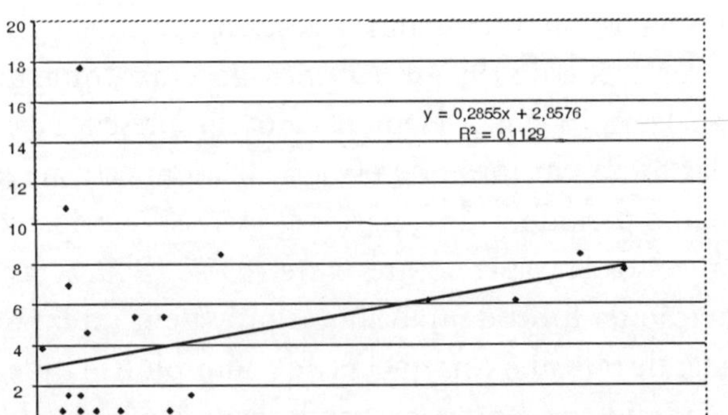

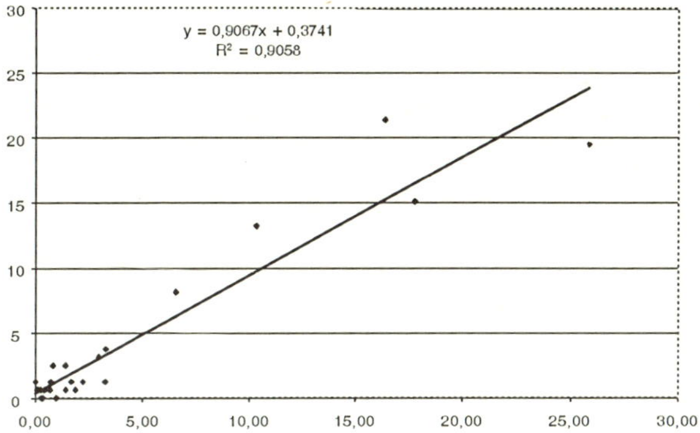

Fonte: Pesquisa de campo (ramos dos processos) e RAIS (ramos dos demitidos).

Constituição Federal em momento bastante desfavorável para os trabalhadores, assolados por altas taxas de desemprego e pela informalização crescente do mercado de trabalho.

Nestas condições, a Justiça do Trabalho se está tornando o lugar de guarida contra parte dos males da perda do emprego, ao operar como meio de acesso a um pecúlio assegurado em lei (mas negado pelos empregadores), pecúlio que funciona, em geral, como garantia de sobrevivência por mais tempo no desemprego. Esse argumento é ilustrado de forma contundente pelo gráfico 9. Do lado esquerdo temos a relação entre ramo de origem dos demandantes na Justiça e ramo dos demitidos no setor formal carioca no ano de 1989. Do lado direito a mesma relação é ilustrada para 1999. As duas distribuições são relativamente independentes no início do período: o ramo dos demitidos não contribui em nada para explicar o ramo dos demandantes. Já em 1999 a relação é linear e intensa, com um R^2 de 0,91. Isso quer dizer que saber o ramo de origem dos demitidos no setor formal torna-se um caminho seguro para a previsão do ramo dos demandantes na Justiça. Dez anos antes esta relação era inexistente, o que sugere que o recurso judiciário era comum também entre pessoas *empregadas*, e não apenas entre as que perdem emprego, maioria esmagadora nos recursos ao final desse período. A Justiça do Trabalho torna-se, em 1999, lugar de garantia de direitos *rescisórios*, enquanto dez anos antes acolhia também demandas relativas a direitos contratuais e legais burlados *durante* a vigência dos contratos.

3.6 Conclusão

O Brasil é um caso de modelo legislado de relações de trabalho. A legislação produzida no Parlamento ou no Executivo Federal responde por boa parte da regulação do mercado de trabalho e também das relações institucionais de classe. Mesmo o corporativismo varguista teve seu formato geral definido em lei, e não em negociações livres entre entidades de capital e trabalho intermediadas pelo Estado, como no caso do neocorporativismo sueco ou alemão, por exemplo (Lembruch, 1984). O fato de os direitos trabalhistas serem legalmente garantidos nos leva a esperar, naturalmente, que parte da solução dos conflitos do cotidiano do trabalho aporte regularmente na Justiça. Não há nada de incomum nisso: porque o modelo é legislado, as relações de classe são, desde logo, juridificadas.

Supondo possível uma taxa média constante de evasão da lei por parte dos empresários, tributária, por exemplo, dos ventos incertos da economia, das falências ou concordatas, de dificuldades financeiras decorrentes de mudanças nos padrões de consumo etc., isto é, supondo constantes razões objetivas e irrecorríveis a obrigar os capitalistas à ilegalidade, o crescimento do acesso à Justiça do Trabalho poderia ser explicado como um fenômeno estritamente jurídico. O aumento natural da população empregada no setor formal, por definição titular do direito do trabalho, explicaria o aumento das demandas trabalhistas, se este se desse ao mesmo ritmo daquele. Entre 1941 e 1961 isso pode ter ocorrido no Brasil, já que o acréscimo médio de 7 mil processos ao ano é quase perfeitamente linear. Tratar-se-ia, pelo arrazoado, de mais trabalhadores titulares dos mesmos direitos, demandando à Justiça em razão de quebra de contrato por razões objetivas incontornáveis.

A dificuldade com esse argumento está em que injunções econômicas jamais são constantes. A acumulação de capital dá-se por ciclos de expansão e crise e ambos têm efeitos sobre o nível de emprego, principalmente o emprego formal. Se estivéssemos diante de um crescimento vegetativo do número de processos, inteiramente dependente da existência de trabalhadores formais, os ciclos deveriam expressar-se em movimentos de expansão e queda de demandas, o que não ocorre. Muitos dos picos ascendentes e descendentes são coincidentes, ao contrário, com momentos políticos muito bem delimitados: 1946, ano da efervescência sindical pós-Estado Novo; 1953, ano da ebulição do segundo período Vargas; 1973, fundo do poço da repressão do regime militar; 1978-81, nascimento e consolidação do "Novo Sindicalismo". Nenhum desses picos políticos coincide com ciclos econômicos e se o faz, é para negá-los: o "milagre econômico" dos militares coincide com queda de processos, a depressão de 1981 coincide com crescimento etc.

É claro que é sempre maior o número de trabalhadores formais na economia, que se urbaniza e moderniza no período em discussão a um ritmo acelerado. O aumento na quantia de processos depende *também* do crescimento do número de titulares de direitos. Mas o que se quis mostrar aqui foi que novos titulares de direitos não têm, necessariamente, que fazê-los valer na Justiça, mesmo se o modelo é legislado.

Movimento sindical forte pode obrigar os capitalistas a obedecer à lei sem recurso judicial. O órgão fiscal do Estado (no caso, o Ministério do Trabalho) pode garantir a lei via repressão à (e punição da) ilegalidade. A Justiça do Trabalho acolheria apenas conflitos de direito decorrentes de "força maior", como falências ou concordatas.

Mas o que se viu foi a explosão de recursos judiciais na década de 1990, numa intensidade inaudita para os padrões anteriores. Tudo sugere que o direito do trabalho tornou-se peça de contestação por parte dos capitalistas, que passaram a deslegitimar a ordem legal. Segundo uma leitura corrente, esta teria enrijecido o mercado de trabalho, dificultando a reestruturação competitiva das empresas nacionais num momento de intensa abertura econômica. Parece-me, contudo, mais adequado encarar o fenômeno como reflexo da luta pela distribuição dos custos do ajuste dos parques produtivo, de serviços e de distribuição de mercadorias. O enfraquecimento do poder sindical, fruto dessa reestruturação mesma, e o afrouxamento da ação fiscal do órgão responsável por isso, vêm favorecendo a transferência de parte substancial desses custos aos trabalhadores, minando as oportunidades de sua reprodução no desemprego, o que os obriga a pressionar o mercado de trabalho, com reflexos sobre os salários reais e suas oportunidades de vida.

Essa nova configuração das relações de classe no Brasil conferiu à Justiça do Trabalho, na década de 1990, um lugar central. Se aquelas relações sempre foram juridificadas, a novidade nesses anos foi sua crescente judicialização: capital e trabalho defrontaram-se não mais (ou não primordialmente) por meio de mecanismos de representação coletiva, como sindicatos, comissões de empresa ou centrais sindicais, mas, cada vez mais, pela mediação de advogados e juízes do trabalho, intérpretes do direito. O direito do trabalho, pois, é constitutivo do que são as classes sociais, de seu lugar no mercado de trabalho e das relações possíveis entre elas. Em face disso, inquirir sobre a natureza e o funcionamento da Justiça do Trabalho (dinâmica processual, atuação de advogados e juízes, jurisprudência consolidada, eficácia jurídica etc.) é tarefa obrigatória na análise das relações de classe entre nós, assim como o é a investigação sobre os mecanismos de produção das leis trabalhistas. Infelizmente, os dois temas são inteiramente negligenciados pela sociologia do trabalho no Brasil.

Anexo

DEMANDAS TRABALHISTAS NAS VARAS DO TRABALHO DO RIO DE JANEIRO: 1989-2001

Tabela 3 – Conteúdo de demandas entradas nas varas do trabalho na cidade do Rio de Janeiro, 1989-2001 (% sobre nº de demandas)

Conteúdo das demandas	**1989**	**1990**	**1991**	**1992**	**1993**
Horas extras	8,34	10,27	9,95	9,63	8,63
Repouso semanal remunerado	4,3	5,13	5,44	4,77	4,59
Fixação de jornada em turno	0	0	0	0	0
Outros dir. jornada de trabalho	0	0	0	0	0
Total jornada de trabalho	**12,64**	**15,4**	**15,39**	**14,4**	**13,22**
Reconhecimento do vínculo/ assinatura da CTPS	0,76	1,95	0,55	1,07	1,47
Reconhecimento da função efetivamente exercida	2,15	1,75	1,01	0,29	0,92
Anulação da demissão ou dispensa	0,63	0,72	0,37	0,29	0,46
Outros tipos de reconhecimentos de vínculo	0	0	0	0	0
Total reconhecimento de vínculo	**3,54**	**4,42**	**1,93**	**1,65**	**2,85**
Baixa na carteira de trabalho e Previdência Social	2,91	2,26	2,12	2,33	1,93
Guia para seguro-desemprego ou para o INSS	1,01	1,03	1,11	1,85	2,57
Correção da data de admissão ou demissão	1,77	1,75	1,57	1,36	1,65
Devolução de carteira de trabalho	0,25	0	0	0,1	0,18
Devolução de comprovantes de salário/outros	0,38	0,1	0,09	0,19	0,37
Outros direitos rescisórios não-monetários	0	0	0	0	0
Total direitos rescisórios não-monetários	**6,32**	**5,14**	**4,89**	**5,83**	**6,7**
Pagamento/reconhecimento do FGTS	9,23	9,45	10,14	10,31	10,01
Multa do FGTS	6,83	5,95	7,56	6,91	7,25
Aviso prévio	8,34	7,08	6,91	8,37	7,44
Décimo terceiro proporcional ou outra forma	7,59	6,67	8,02	7,88	7,9
Férias vencidas proporcionais	9,36	8,21	8,57	9,34	8,26
Multa do artigo 477 e outros	1,52	4,11	4,42	7	6,15

1994	1995	1996	1997	1998	1999	2000	2001	Total
7,39	8,58	8,61	7,61	6,46	6,01	6,12	7,14	7,9
3,65	5,46	3,22	4,04	3,35	2,75	2,42	4,03	4,01
0	0	0	0	0	0	0,08	0	0,01
0	0	0	0,08	0	0	0	0	0,01
11,04	**14,04**	**11,83**	**11,73**	**9,81**	**8,76**	**8,62**	**11,17**	**11,93**
2,1	1,91	1,57	2,3	2,03	2,1	2,34	3,34	1,87
0,64	0,61	0,26	0,16	0	0,14	0	0,39	0,56
0,09	0,17	0,78	0,32	0,19	0,07	0,24	0,31	0,34
0	0	0	0	0,06	0	0	0,08	0,01
2,83	**2,69**	**2,61**	**2,78**	**2,28**	**2,31**	**2,58**	**4,12**	**2,78**
2,92	4,59	3,48	3,96	3,73	4,27	4,11	3,8	3,35
3,38	4,68	5,13	5,86	6,52	6,37	6,45	6,59	4,35
0,73	0,87	1,22	1,27	1,46	1,3	1,69	0,62	1,31
0	0,26	0,61	0,08	0	0,07	0	0,08	0,12
0,09	0	0	0,08	0,13	0	0	0,08	0,11
0	0	0	0	0	0,07	0,08	0	0,01
7,12	**10,4**	**10,44**	**11,25**	**11,84**	**12,08**	**12,33**	**11,17**	**9,25**
10,31	10,49	10,17	9,9	10,51	10,5	11,04	10,32	10,23
7,66	8,41	8,26	8,72	9,05	8,62	9,51	9,85	8,18
8,58	8,75	8,52	8,4	8,99	9,56	8,78	9,39	8,47
9,31	7,89	8,61	8	9,18	8,91	8,22	9	8,32
8,94	9,53	9,74	9,83	10,06	9,92	10,31	9,85	9,44
7,21	6,93	7,3	7,92	8,04	8,62	9,27	8,92	7

Conteúdo das demandas	**1989**	**1990**	**1991**	**1992**	**1993**
Indenizações compensatórias ou multas extra legais	0,76	0,31	0,83	0,49	0,64
Devolução de descontos indevidos	1,9	2,05	2,4	2,24	2,2
Outras verbas rescisórias	0,13	0,1	0,09	0	0
Total verbas rescisórias	**45,66**	**43,93**	**48,94**	**52,54**	**49,85**
Pagamento de salários atrasados	3,92	2,57	1,84	2,24	2,75
Pagamento de saldos ou parcelas atrasadas de salários	8,22	8,01	8,48	9,05	8,17
Reconhecimento ou pagamento de comissões por venda	1,01	1,13	0,92	0,1	0,73
Apresentação de controle de freqüência/cartão de ponto	0,25	0	0,09	0,19	0,09
Outros tipos de salário atrasado	0	0	0	0	0
Total salários atrasados	**13,4**	**11,71**	**11,33**	**11,58**	**11,74**
Adicional de periculosidade	0,88	0,62	0,92	0,39	0,92
Adicional de insalubridade	1,39	1,03	0,74	1,56	1,19
Adicional noturno	3,29	2,05	2,86	2,04	2,11
Auxílio doença	0	0	0	0	0
Indenização ou seguro acidente de trabalho	0	0	0	0	0
Pagamento de horas de repouso refeição	1,39	0,51	0,28	0,29	0,73
Indenização por danos morais ou perdas e danos	0,63	0,51	0,83	0,78	0,46
Outros relativos a condição de trabalho	0	0	0,09	0	0
Total condições de trabalho	**7,58**	**4,72**	**5,72**	**5,06**	**5,41**
Indenização ou reconhecimento de licença maternidade	0	0,41	0	0	0
Salário-família	0,25	0,31	0,46	0,58	0,73
Anuênios, triênios, qüinqüênios, ou adicional por tempo de serviço	1,77	2,26	3,04	0,68	1,19
Vale-transporte	1,26	1,54	1,66	0,68	2,02
Adicional de produtividade	0,63	1,54	0,83	0,49	0,46
Recolhimento ou depósito de INSS, PIS, IR	1,64	1,95	1,47	1,95	1,56

1994	1995	1996	1997	1998	1999	2000	2001	Total
1,19	0,61	1,3	1,19	0,25	0,29	0,08	0,39	0,62
1,92	1,13	1,65	1,19	0,7	0,43	0,89	0,85	1,42
0	0,09	0	0,4	0	0	0,08	0	0,07
55,12	**53,83**	**55,55**	**55,55**	**56,78**	**56,85**	**58,18**	**58,57**	**53,75**
3,19	1,99	2,52	3,8	3,73	4,27	3,22	2,4	3
6,3	4,59	5,65	4,52	5,19	5,29	4,43	4,42	6,14
0,55	0,78	0,61	0,48	0,51	0,22	0,4	0,16	0,56
0,09	0,09	0	0,24	0,13	0,29	0,16	0,31	0,15
0,09	0	0	0	0	0	0	0	0,01
10,22	**7,45**	**8,78**	**9,04**	**9,56**	**10,07**	**8,21**	**7,29**	**9,86**
0	0,61	0,43	0,55	0,19	0,22	0,4	0,16	0,46
1,73	1,13	0,96	0,63	0,51	0,8	0,4	0,47	0,92
1,37	1,99	1,48	1,27	0,95	1,38	1,37	0,93	1,69
0	0	0	0	0	0	0,24	0	0,02
0	0	0	0	0	0	0,08	0	0,01
0,64	0	0	0,08	0	0	0	0	0,25
1,19	0,69	0,96	0,24	0,76	0,72	0,81	1,32	0,77
0	0	0	0,08	0	0	0	0	0,01
4,93	**4,42**	**3,83**	**2,85**	**2,41**	**3,12**	**3,3**	**2,88**	**4,13**
0,18	0	0,17	0	0,06	0	0,16	0,08	0,08
0,91	0,52	0,61	0,48	0,51	0,36	0,24	0,39	0,49
0,36	0,61	0,7	0,08	0,44	0,29	0,24	0,31	0,84
2,19	1,39	1,48	2,22	2,34	2,03	1,77	1,01	1,7
0,18	0,43	0,52	0,16	0	0	0	0	0,36
2,55	0,78	0,87	0,71	2,28	1,59	1,37	1,47	1,55

Conteúdo das demandas	1989	1990	1991	1992	1993
Participação nos lucros	0,25	0,21	0,28	0,29	0,37
Outros direitos trabalhistas burlados durante a vigência do	0,13	0,31	0,18	0	0,09
Total direitos trabalhistas	**5,93**	**8,53**	**7,92**	**4,67**	**6,42**
Assistência médica ou devolução de descontos por assistência	0,25	0	0,28	0	0,28
Vale-refeição/auxílio-alimentação	1,26	2,77	1,29	1,17	1,29
Gratificação natalina	1,14	1,13	0,74	1,36	0,83
Creche	0	0,1	0	0	0,18
Gratificação por função/prêmio assiduidade/promoções/outros	1,14	1,54	0,92	1,56	0,73
Auxílio educação/aluguel	0,13	0	0,09	0	0
Outros direitos contratuais	0	0	0	0	0
Total direitos contratuais	**3,92**	**5,54**	**3,32**	**4,09**	**3,31**
Outros	1,01	0,62	0,55	0,19	0,46
Total de casos	**130**	**154**	**168**	**165**	**153**
%	6,5	7,7	8,4	8,2	7,6

Fonte: Pesquisa de campo.

Tabela 4 – Conteúdo de demandas entradas nas varas do trabalho na cidade do Rio de Janeiro, 1989-2001 (% sobre nº de processos)

Conteúdo dos processos	1989	1990	1991	1992	1993
Horas extras	50,77	64,94	64,29	60	61,44
Repouso semanal remunerado	26,15	32,47	35,12	29,7	32,68
Fixação de jornada em turno	0	0	0	0	0
Outros dir. jornada de trabalho	0	0	0	0	0
Baixa na carteira de trabalho e Previdência Social	17,69	14,29	13,69	14,55	13,73
Guia para seguro-desemprego ou para o INSS	6,15	6,49	7,14	11,52	18,3
Correção da data de admissão ou demissão	10,77	11,04	10,12	8,48	11,76
Devolução de carteira de trabalho	1,54	0	0	0,61	1,31

1994	1995	1996	1997	1998	1999	2000	2001	Total
0	0,09	0,09	0,16	0,06	0,07	0	0,08	0,14
0	0,35	0	0,16	0	0	0	0	0,09
6,37	**4,17**	**4,44**	**3,97**	**5,69**	**4,34**	**3,78**	**3,34**	**5,25**
0	0,17	0	0	0	0,14	0,16	0	0,09
1	1,04	1,04	1,51	1,01	1,16	0,81	0,23	1,16
0,36	0,95	0,78	0,95	0,63	1,01	1,77	0,78	0,95
0	0	0	0	0	0	0	0	0,02
0,73	0,26	0,35	0,08	0	0	0	0	0,49
0	0	0	0	0	0	0	0	0,01
0	0,17	0,17	0,16	0	0	0	0	0,04
2,09	**2,59**	**2,34**	**2,7**	**1,64**	**2,31**	**2,74**	**1,01**	**2,76**
0,27	0,43	0,17	0,16	0	0,14	0,24	0,47	0,33
151	**147**	**151**	**152**	**172**	**159**	**158**	**151**	**2011**
7,5	7,3	7,5	7,6	8,6	7,9	7,9	7,5	100,00

1994	1995	1996	1997	1998	1999	2000	2001	Total
53,64	67,35	65,56	63,16	59,3	52,2	48,1	60,93	59,42
26,49	42,86	24,5	33,55	30,81	23,9	18,99	34,44	30,13
0	0	0	0	0	0	0,63	0	0,05
0	0	0	0,66	0	0	0	0	0,05
21,19	36,05	26,49	32,89	34,3	37,11	32,28	32,45	25,16
24,5	36,73	39,07	48,68	59,88	55,35	50,63	56,29	32,67
5,3	6,8	9,27	10,53	13,37	11,32	13,29	5,3	9,85
0	2,04	4,64	0,66	0	0,63	0	0,66	0,9

Conteúdo dos processos	1989	1990	1991	1992	1993
Devolução de comprovantes de salário/outros	2,31	0,65	0,6	1,21	2,61
Outros direitos rescisórios não-monetários	0	0	0	0	0
Reconhecimento do vínculo assinatura da CTPS	4,62	12,34	3,57	6,67	10,46
Reconhecimento da função efetivamente exercida	13,08	11,04	6,55	1,82	6,54
Anulação nulidade da demissão ou dispensa	3,85	4,55	2,38	1,82	3,27
Outros tipos de reconhecimentos de vínculo	0	0	0	0	0
Pagamento reconhecimento do FGTS	56,15	59,74	65,48	64,24	71,24
Multa do FGTS	41,54	37,66	48,81	43,03	51,63
Aviso prévio	50,77	44,81	44,64	52,12	52,94
Décimo terceiro proporcional ou outra forma	46,15	42,21	51,79	49,09	56,21
Férias vencidas proporcionais	56,92	51,95	55,36	58,18	58,82
Multa do artigo 477 e outros	9,23	25,97	28,57	43,64	43,79
Indenizações compensatórias ou multas extra legais	4,62	1,95	5,36	3,03	4,58
Devolução de descontos indevidos	11,54	12,99	15,48	13,94	15,69
Outras verbas rescisórias	0,77	0,65	0,6	0	0
Pagamento de salários atrasados	23,85	16,23	11,9	13,94	19,61
Pagamento de saldos ou parcelas atrasadas de salários	50	50,65	54,76	56,36	58,17
Reconhecimento ou pagamento de comissões por venda	6,15	7,14	5,95	0,61	5,23
Apresentação de controle de freqüência/cartão de ponto	1,54	0	0,6	1,21	0,65
Outros tipos de salário atrasado	0	0	0	0	0
Adicional de periculosidade	5,38	3,9	5,95	2,42	6,54
Adicional de insalubridade	8,46	6,49	4,76	9,7	8,5
Adicional noturno	20	12,99	18,45	12,73	15,03

1994	1995	1996	1997	1998	1999	2000	2001	Total
0,66	0	0	0,66	1,16	0	0	0,66	0,8
0	0	0	0	0	0,63	0,63	0	0,1
15,23	14,97	11,92	19,08	18,6	18,24	18,35	28,48	14,07
4,64	4,76	1,99	1,32	0	1,26	0	3,31	4,18
0,66	1,36	5,96	2,63	1,74	0,63	1,9	2,65	2,54
0	0	0	0	0,58	0	0	0,66	0,1
74,83	82,31	77,48	82,24	96,51	91,19	86,71	88,08	76,93
55,63	65,99	62,91	72,37	83,14	74,84	74,68	84,11	61,51
62,25	68,71	64,9	69,74	82,56	83,02	68,99	80,13	63,65
67,55	61,9	65,56	66,45	84,3	77,36	64,56	76,82	62,56
64,9	74,83	74,17	81,58	92,44	86,16	81,01	84,11	71,01
52,32	54,42	55,63	65,79	73,84	74,84	72,78	76,16	52,61
8,61	4,76	9,93	9,87	2,33	2,52	0,63	3,31	4,67
13,91	8,84	12,58	9,87	6,4	3,77	6,96	7,28	10,69
0	0,68	0	3,29	0	0	0,63	0	0,5
23,18	15,65	19,21	31,58	34,3	37,11	25,32	20,53	22,53
45,7	36,05	43,05	37,5	47,67	45,91	34,81	37,75	46,15
3,97	6,12	4,64	3,95	4,65	1,89	3,16	1,32	4,18
0,66	0,68	0	1,97	1,16	2,52	1,27	2,65	1,14
0,66	0	0	0	0	0	0	0	0,05
0	4,76	3,31	4,61	1,74	1,89	3,16	1,32	3,43
12,58	8,84	7,28	5,26	4,65	6,92	3,16	3,97	6,91
9,93	15,65	11,26	10,53	8,72	11,95	10,76	7,95	12,68

Conteúdo dos processos	1989	1990	1991	1992	1993
Auxílio-doença	0	0	0	0	0
Indenização ou seguro acidente de trabalho	0	0	0	0	0
Pagamento de horas de repouso/refeição	8,46	3,25	1,79	1,82	5,23
Indenização por danos morais ou perdas e danos	3,85	3,25	5,36	4,85	3,27
Outros relativos à condição de trabalho	0	0	0,6	0	0
Indenização ou reconhecimento de licença-maternidade	0	2,6	0	0	0
Salário-família	1,54	1,95	2,98	3,64	5,23
Anuênios, triênios, qüinqüênios ou adicional por tempo de serviço	10,77	14,29	19,64	4,24	8,5
Vale-transporte	7,69	9,74	10,71	4,24	14,38
Adicional de produtividade	3,85	9,74	5,36	3,03	3,27
Recolhimento ou depósito de INSS, PIS, IR	10	12,34	9,52	12,12	11,11
Participação nos lucros	1,54	1,3	1,79	1,82	2,61
Gratificação por função/prêmio assiduidade/promoções/outros	6,92	9,74	5,95	9,7	5,23
Outros direitos trabalhistas burlados durante a vigência	0,77	1,95	1,19	0	0,65
Assistência médica ou devolução de descontos por assistência	1,54	0	1,79	0	1,96
Vale-refeição/auxílio -alimentação	7,69	17,53	8,33	7,27	9,15
Gratificação natalina	6,92	7,14	4,76	8,48	5,88
Creche	0	0,65	0	0	1,31
Auxílio-educação/aluguel	0,77	0	0,6	0	0
Outros direitos contratuais	0	0	0	0	0
Outros	6,15	3,9	3,57	1,21	3,27

Fonte: Pesquisa de campo.

1994	1995	1996	1997	1998	1999	2000	2001	Total
0	0	0	0	0	0	1,9	0	0,15
0	0	0	0	0	0	0,63	0	0,05
4,64	0	0	0,66	0	0	0	0	1,89
8,61	5,44	7,28	1,97	6,98	6,29	6,33	11,26	5,77
0	0	0	0,66	0	0	0	0	0,1
1,32	0	1,32	0	0,58	0	1,27	0,66	0,6
6,62	4,08	4,64	3,95	4,65	3,14	1,9	3,31	3,68
2,65	4,76	5,3	0,66	4,07	2,52	1,9	2,65	6,32
15,89	10,88	11,26	18,42	21,51	17,61	13,92	8,61	12,78
1,32	3,4	3,97	1,32	0	0	0	0	2,69
18,54	6,12	6,62	5,92	20,93	13,84	10,76	12,58	11,69
0	0,68	0,66	1,32	0,58	0,63	0	0,66	1,04
5,3	2,04	2,65	0,66	0	0	0	0	3,68
0	2,72	0	1,32	0	0	0	0	0,65
0	1,36	0	0	0	1,26	1,27	0	0,7
7,28	8,16	7,95	12,5	9,3	10,06	6,33	1,99	8,75
2,65	7,48	5,96	7,89	5,81	8,81	13,92	6,62	7,11
0	0	0	0	0	0	0	0	0,15
0	0	0	0	0	0	0	0	0,1
0	1,36	1,32	1,32	0	0	0	0	0,3
1,99	3,4	1,32	1,32	0	1,26	1,9	3,97	2,49

Tabela 5 – Média de grevistas por greve e processos nas varas do trabalho: Brasil, 1980-1999

Ano	Média de grevistas por greve	Processos
1980	5633	678370
1981	4153	729167
1982	3324	702719
1983	2226	750697
1984	2141	784561
1985	6573	813412
1986	3680	807845
1987	3925	837714
1988	3846	922879
1989	4661	1131556
1990	8611	1233410
1991	11938	1496829
1992	4600	1517916
1993	5507	1535601
1994	2665	1624654
1995	2157	1826372
1996	2222	1941070
1997	1284	1981562
1998	2709	1958594
1999	2567	1877022

Fonte: Noronha (1994), para greves até 1991; DIEESE, para greves entre 1992 e 1999; TST para os processos.

4

A FILIAÇÃO SINDICAL NO BRASIL

4.1 Apresentação

As reformas liberais da década de 1990, como sugerido no capítulo 1, tiveram efeitos decisivos sobre as bases de sustentação do sindicalismo brasileiro[126]. As mudanças na configuração do mercado de trabalho têm três faces salientes: (i) a redução da taxa de formalização, ou melhor, da proporção de assalariados com carteira na população ocupada, assalariados que são a clientela tradicional dos sindicatos; (ii) um deslocamento sem precedentes do emprego da indústria para o comércio e os serviços; (iii) e o aumento do desemprego estrutural. A redução na formalidade foi analisada no capítulo anterior, em sua relação com o aumento da judicialização das relações de classe no país. Neste capítulo

126 Uma versão anterior e levemente modificada deste capítulo apareceu pela primeira vez em *Dados, Revista de Ciências Sociais,* Rio de Janeiro, IUPERJ, n. 1, 2001, v. 44, p. 15-52. Agradeço os comentários de Wanderley Guilherme dos Santos à versão anterior do capítulo, bem como aos colegas da Labor Session da Latin American Studies Association (LASA), onde versão um pouco modificada dos argumentos foi apresentada no encontro de 2001.

ocupo-me dos efeitos das mudanças na estrutura da distribuição do emprego sobre a filiação sindical na década de 1990. Formulando sistematicamente a pergunta que orientará a análise: se, como veremos, a densidade sindical pode ser tomada (com reservas importantes) como medida da força dos sindicatos em sociedade, quanto de sua variação pode ser atribuído ao que na introdução denominei "forças cegas" da "globalização", cuja face no Brasil é o Plano Real, e quanto pode ser atribuído a estratégias e práticas dos agentes de trabalho, Estado e capital?

Na tentativa de responder a esta indagação, utilizo como referência empírica a Pesquisa Nacional por Amostra de Domicílio (PNAD), o que impõe limites importantes à empreitada. Ocorre que a PNAD não mede estratégias sindicais. Ela apenas pergunta se o indivíduo é filiado ou não a sindicatos ou associações de classe. O desafio consiste em encontrar elementos na própria pesquisa que sirvam como indicadores de determinantes estruturais, e elementos que denotem, de um modo ou de outro, escolhas, intervenção intencional no ambiente. É claro que o conteúdo mesmo das escolhas, das barganhas políticas, das estratégias sindicais mais gerais e das táticas miúdas no dia a dia não pode ser esmiuçado aqui. Mas pretendo mostrar que a variação absoluta na densidade sindical é expressão sobretudo de movimentos estruturais, enquanto a variação relativa nas taxas de filiação *pode ser* indicador importante, conquanto limitado, das escolhas dos agentes. E, antecipando uma conclusão, argumentarei que as "forças cegas" determinam intensa e conspicuamente a variação absoluta na densidade sindical, mas têm papel limitado na explicação da variação relativa, sugerindo que, mesmo no ambiente hostil e inóspito da reforma econômica em curso, os sindicatos encontraram brechas importantes para afirmar sua capacidade de intervenção no ambiente. Antes de passar aos dados, é importante qualificar o interesse do estudo da densidade sindical enquanto medida do poder sindical.

4.2 Por que estudar a densidade sindical?

Há muito a variação nas taxas de filiação mobiliza analistas do sindicalismo no Brasil e no mundo[127]. Tida como medida necessária (e por vezes, suficiente) da representatividade do sindicalismo[128], a queda no número de associados vem em toda parte sendo tomada como indicador decisivo de crise, para muitos resultando no definitivo deslocamento dos sindicatos do centro da cena na ordem social contemporânea. Não são poucos os que argumentam que o trabalho organizado deve gastar todas as suas energias no esforço de aumentar o número de filiados, num reconhecimento explícito de que aí repousa sua capacidade de influência econômica e política e, portanto, seu poder[129].

A medida, porém, não deixa de apresentar suas limitações, sobretudo na comparação entre países. Em primeiro lugar, a definição mesma da taxa de filiação é coextensiva com a forma como é mensurada. Por outros termos, uma taxa é um número resultante de uma divisão, uma conta em que a delimitação do numerador e do denominador define inteiramente seu conteúdo. Entretanto, problema aparente-

---

127 Ver, por exemplo, Visser (1993 e 1994), Western (1997) e Martins Rodrigues (1999); este último apresenta vasta revisão da bibliografia pertinente.

128 Alerta importante sobre os limites da taxa de filiação como medida do poder sindical é Visser (1994b).

129 Como Masters (1997) para os Estados Unidos ou Fujimura (1997) para o Japão.

mente técnico ganha vulto conceitual na identificação tanto da população de referência (o denominador) como da população-alvo (o numerador). Na primeira, deve-se incluir toda a população do país ou apenas a população ocupada? Deve-se incluir apenas os assalariados ou todos os ocupados? Não será conveniente incluir também os trabalhadores desempregados, já que em algum momento voltarão a um emprego? Em países onde os sindicatos prestam serviços aos desempregados (como a Suécia ou a Austrália) isso faz todo sentido, mas onde os sindicatos organizam apenas os empregados (como Brasil ou Estados Unidos) tal inclusão talvez subestime a taxa de filiação. E o que fazer com os aposentados? Sindicatos com sistemas de previdência ou de saúde coletiva (como a Noruega, Israel até 1995 e, de novo, Suécia) certamente gostariam de contá-los como parte de sua *constituency*, quando nada para mensurar o grau de penetração de seus serviços junto ao público alvo. Há, pois, questões definicionais de monta que podem tornar muito problemática a comparação entre países[130].

Em segundo lugar, embora em boa parte dos casos a taxa de filiação seja uma medida da extensão da cobertura dos acordos coletivos de trabalho, em certos países isso não se dá. No Brasil, por exemplo, o trabalhador não tem que se filiar para ter direito aos benefícios da negociação coletiva. Na França (e em vários outros países de tradição legislada de relações de trabalho, como Portugal, Austrália, Argentina ou México) dá-se algo semelhante. Embora a taxa de filiação seja inferior a 9%, mais de 90% da população assalariada francesa é coberta por acordos coletivos. E ninguém negará

130 Mecanismos de controle desses problemas, recorrentes na pesquisa comparativa, são discutidos eficazmente em Przeworski e Taune (1970); Ragin (1987) e Lieberson (1985 e 1991), dentre outros.

que os sindicatos franceses têm poder social e econômico, expresso, por exemplo, na capacidade de parar o país em greves gerais[131].

Em terceiro lugar, pode-se argumentar que o poder sindical mede-se não tanto (ou nem sempre) pela capacidade de arregimentar filiados, mas sim pelo poder de iniciar ações coletivas, encerrá-las quando for o caso, ou impedir que aconteçam sem o consentimento do sindicato (Pizzorno, 1978; Tilly e Tilly, 1998, cap. 11; Cardoso, 1999b, cap. 3). Isso porque a filiação sindical não denota necessariamente disposição para a ação coletiva, que é, em última análise, a forma efetiva de exercício de poder por parte dos sindicatos. No Leste da Europa e na antiga União Soviética, a sindicalização era próxima dos 100%, porque compulsória (Thirkell, Petkov e Vickerstaff, 1998). Na China continental as taxas são superiores a 70% da força de trabalho (Ng e Warner, 1998). Em qualquer desses casos, porém, os sindicatos não atuavam ou não atuam como instituições autônomas de organização e luta pelo interesse dos representados. A filiação era ou é, mais propriamente, uma figura administrativa, não uma medida de poder ou capacidade de mobilização sindical[132].

O que está em causa aqui é a resposta à pergunta: o que a filiação sindical mede? O poder sindical frente aos patrões e ao governo? A penetração do sindicato em suas bases de apoio? A extensão dos acordos coletivos? A presença da instituição sindical em sociedade? A dificuldade em tomá-la como medida universal da representatividade e/ou impor-

---

131 Para todos esses casos, ver ILO (1997).

132 É verdade que os sindicatos, como correia de transmissão do partido no modelo leninista clássico, tinham, sim, poder sobre os filiados, num sentido preciso: de impedir a emergência de oposição ao regime.

tância dos sindicatos está em que ela mede coisas diferentes em cada país. E está em que, em cada nação, a escolha tanto do denominador quanto do numerador não é trivial.

4.2.1 O que a filiação mede?

No Brasil não é diferente. Como mencionado, entre nós os trabalhadores não necessitam se filiar a sindicatos para ter acesso aos resultados da negociação coletiva. O sindicato único na base territorial é seu representante compulsório. É verdade que apenas os filiados votam em eleições sindicais, de sorte que a filiação não se relaciona apenas com aspectos alheios à representação de interesses propriamente dita: ela tanto abre as portas dos serviços assistenciais prestados pelos sindicatos[133] como habilita os trabalhadores a eleger seus representantes. Pois é justamente esta combinação que faz a especificidade do sindicalismo brasileiro, dando à filiação tons diversos do que se passa no mundo ocidental e dificultando a comparação.

De um lado, o sindicalismo corporativo das décadas de 1960 e 1970 tinha incentivos muito fortes para limitar o número de filiados à sua capacidade logística de prestar serviços (Boito, 1991). Impedidos de representar os trabalhadores pela repressão militar, especializaram-se em agenciar prestações sociais aos adeptos. Como pode ser facilmente demonstrado, há um limite de usuários possíveis dos serviços, dada uma estrutura definida de recursos financiada pelo imposto sindical e pela taxa de associação. A contribuição marginal de cada novo associado, a partir deste limite, está aquém da demanda potencial que ele representa. Num sin-

[133] Mas já pude demonstrar que a prestação de serviços é residual no sindicalismo brasileiro. Ver Cardoso (1999b, cap. 2).

dicato baseado na prestação de serviços (como é o caso do sindicalismo corporativo sob a ditadura), a ampliação do número de associados para além deste limite significa a redução da possibilidade de acesso àqueles mesmos serviços, para todos os associados (Cardoso, 1999b).

De outro lado, o controle do número de filiados foi mecanismo tradicionalmente utilizado por este sindicalismo para evitar a competição nas eleições sindicais e tinha, portanto, um corte nitidamente autoritário. Como a base territorial e, com ela, o número de contribuintes compulsórios não tinha (e ainda não tem) qualquer relação com a filiação, era comum que os sindicatos *desfiliassem* trabalhadores às vésperas de eleições, para evitar surpresas nas urnas[134]. Já as oposições sindicais ligadas ao "Novo Sindicalismo" tiveram como uma de suas armas mais poderosas na década de 1980 a realização de campanhas massivas de filiação, por razões perfeitamente opostas: forçar uma surpresa em eleições tradicionalmente não-competitivas. O sindicalismo corporativo controlava a filiação para não perder eleições, e o ovo sindicalismo atuava sobre as mesmas taxas para vencê-las. Em ambos os casos, mais do que medida de poder do sindicato em sociedade, a taxa de filiação era uma instrumento de ajuste interno entre as facções em luta pelo controle das instituições.

É verdade que o Novo Sindicalismo fez da filiação sindical um mecanismo poderoso de afirmação de seu poder na transição do autoritarismo no Brasil. Categorias como bancários de São Paulo, metalúrgicos do ABC, professores

---

[134] Como é o caso do Sindicato dos Metalúrgicos de São Paulo, que utilizou esta tática até muito recentemente. Ver Nogueira (1990) e Cardoso (1999b). É bom lembrar que tratou-se de expediente comum nos inícios do sindicalismo em várias partes do mundo, utilizado sobretudo contra a militância comunista (Hyman, 1999a).

da rede estadual paulista, petroleiros em nível nacional, chegaram a taxas de filiação comparáveis aos países nórdicos, superiores a 70%[135]. Claramente, não se está diante de associativismo relacionado apenas com a prestação de serviços, algo estruturalmente impensável em categorias profissionais com 200 ou 300 mil trabalhadores na base. A filiação, neste caso, deve ser tomada como medida da penetração dos sindicatos em suas hostes de apoio, bem como de seu poder de pressão sobre os patrões e o governo.

Ainda assim, pesquisa abrangente realizada como um suplemento da Pesquisa Mensal de Emprego de abril de 1996 para as seis regiões metropolitanas cobertas pelo IBGE[136], revelou que, dentre os trabalhadores com 18 anos ou mais que eram filiados a sindicatos ou associações profissionais, apenas 28% tinham participado de assembléias sindicais nos últimos 12 meses (a pergunta não foi feita aos não-associados). Além disso, a sindicalização não ajudava a prever a participação em atividades políticas mais gerais (tabela 6): entre os filiados as taxas eram apenas ligeiramente superiores às dos não-sindicalizados em questões como listas ou abaixo-assinados, manifestações de protesto, reuniões de grupos locais ou mesmo greves. Nesse último caso, apenas 6,6% dos associados participaram de greves no ano anterior, contra 1,3% dos não-associados. Ademais, nada mais do que 2,4% dos filiados apontaram os sindicatos como fonte de informação na decisão do voto. É fato que os adeptos tendem a reconhecer nos sindicatos e associações profissionais entidades representativas de seus interesses numa proporção maior do que os não-sindicalizados. Mesmo assim, apenas 21% daqueles apontaram suas entidades de classe como as

---

135 Fonte: PNAD, 1988.

136 São Paulo, Rio de Janeiro, Porto Alegre, Belo Horizonte, Recife e Salvador.

que melhor defendem seus interesses, enquanto o estranhamento em relação à política é majoritário, com quase 43% dos filiados afirmando não se sentir representados por qualquer das organizações mencionadas na pesquisa.

Nesse quadro, se a filiação sindical pode, em certos casos, representar a disposição organizativa de determinados sindicatos, por outro lado parece claro tratar-se de medida muito aproximada, por vezes inadequada, do grau de proximidade dos sindicatos com seus representados e, por extensão, de sua representatividade. Como argumento em outro trabalho, concluindo a partir de dados mais restritos do que os que acabo de apresentar, colhidos junto a quatro categorias de trabalhadores na Grande São Paulo, "os sindicatos no Brasil, porque não necessitam filiar adeptos para representá-los, estabelecem diversos mecanismos de vinculação com os que representam, mecanismos nem sempre relacionados com a formalização de tal vinculação. Tais mecanismos estão diretamente relacionados com a ação coletiva, seja ela uma greve ou simplesmente uma relação identitária de representação por identificação", e a filiação sindical contribui muito pouco para elucidá-los (Cardoso, 1999b, p. 104).

Tabela 6 – Participação política, informação e opinião sobre representação de interesses, segundo a sindicalização em seis regiões metropolitanas: população de 18 anos ou mais

Participou de atividades políticas?	Associado a sindicato ou associação profissional		Total
	Não	Sim	
Listas ou abaixo-assinados	10,6	14,7	11,4
Manif. de protesto	1,4	4,4	2
Trabalho voluntário	3,2	5,8	3,7
Reun. de grupos locais	4,0	6,3	4,4
Greves	1,3	6,6	2,3
Nenhum	79,5	62,4	76,2

Quem consulta para decidir o voto	Associado a sindicato ou associação profissional		Total
	Não	Sim	
Amigos ou parentes	16,7	14,1	16,2
Chefe ou patrão	0,3	0,4	0,4
Igreja ou culto	2,0	1,3	1,9
Jornais ou revistas	12,8	22,0	14,6
Rádio	7,7	6,7	7,5
Sindic. ou associações	0,5	2,4	0,9
Televisão	33,9	33,4	33,8
Nenhuma	26,0	19,9	24,8
Quem representa melhor os interesses?	**Não**	**Sim**	**Total**
Associações profissionais	3,2	8,9	4,3
Igrejas ou cultos	12,0	7,5	11,2
Os juízes	4,2	4,5	4,3
Políticos	5,2	5,3	5,2
O presidente	5,4	3,6	5
Os sindicatos	6,1	21,3	8,9
Associações de bairro	7,2	6,5	7,1
Nenhum deles	56,6	42,5	54
TOTAL	51376	11337	62713

Fonte: PME/IBGE, Suplemento Educação e Trabalho de abril de 1996.

No que se segue, pois, o leitor deve ter em mente que os movimentos nas taxas de filiação, bem como seus determinantes, são indicadores apenas aproximados do que se passa com a representatividade e o poder do sindicalismo no Brasil. O exercício não é de modo algum diletante, porém, já que, em certas categorias profissionais mais mobilizadas, a taxa de filiação denota, sim, o poder sindical, ainda que não de forma unívoca. Acresce que esta é a medida mais comum desse poder no mundo, o que permite comparações mais abrangentes. E, como diz Martins Rodrigues (1999), não se pode conceber um sindicalismo que, para aumentar sua força, trabalhe advertidamente para desfiliar adeptos.

4.3 O movimento geral

Iniciemos a investigação com um olhar panorâmico sobre o que se passa com a densidade sindical no Brasil, apenas para afirmar uma surpresa inicial: ela vem apresentando espantosa estabilidade desde sua primeira medição junto aos trabalhadores de toda a nação, realizada pela PNAD em 1988. Então, quase 22% da população adulta ocupada em posições assalariadas (doravante, população ocupada assalariada, POA) declarou-se filiada a sindicatos ou associações profissionais[137]. Esta proporção aumentou um pouco em 1992 e vem caindo sistematicamente a cada ano, mas a taxas muito pequenas que, ao final (1998), acumulam-se em uma perda de apenas 1,85 pontos percentuais em dez anos. Se analisarmos a filiação dos assalariados com carteira, a queda é ainda menor, 0,26 pontos percentuais em dez anos, passando de 28,8 para 28,51%. O movimento de queda a partir de 1992 é, inclusive, revertido em 1998, com ganho de quase 1 ponto percentual em relação ao ano anterior. É o que nos informa a tabela 7.

A queda na participação relativa dos sindicalizados no total da população assalariada *decorre sobretudo da estabili-*

[137] Para efeitos da análise apresentada aqui, a PO assalariada compõe-se dos empregados com e sem carteira, empregados domésticos de qualquer tipo, trabalhadores rurais e funcionários públicos. Exclui, pois, militares (proibidos de se sindicalizar), por conta própria, empregadores e trabalhadores para o próprio consumo ou uso, além dos trabalhadores sem remuneração. Excluí os menores de 18 anos porque a pergunta sobre filiação sindical na PNAD só se aplica a pessoas de 18 anos ou mais.

dade no número absoluto de filiados, bem marcada depois de 1992. Isto quer dizer que o movimento sindical brasileiro não conseguiu aumentar a massa de associados junto a uma população trabalhadora que cresceu mais de 12% no período. Contudo, ocorreu algo bem diverso no que respeita à taxa de filiação *dos assalariados com carteira assinada*, a rigor e legalmente, a clientela dos sindicatos no país (juntamente com os funcionários públicos). Por comparação com 1988, havia menos 713 mil trabalhadores com carteira associados em 1998, e a queda proporcional só não foi maior do que

Tabela 7 – Evolução da taxa de filiação sindical da população ocupada assalariada de 18 anos ou mais, e dos assalariados com carteira de 18 anos ou mais: Brasil, 1988-1998

Categorias	1988	1992	1993	1995
POA adulta	34.279.202	34.777.618	35.695.613	37.060.634
Total de filiados	7.520.857	7.836.934	7.932.061	8.019.842
Taxa filiação (%)	**21,94**	**22,53**	**22,22**	**21,64**
POA/Total da PO	64,04	56,61	57,19	56,28
Total ass. com carteira	21.607.963	19.332.874	19.333.602	19.791.525
Total de filiados com carteira	6.216.980	5.990.541	5.862.114	5.799.449
Taxa filiação ass. carteira	**28,77**	**30,99**	**30,32**	**29,30**

Categorias	1996	1997	1998
POA adulta	37.738.808	38.261.082	38.587.504
Total de filiados	7.934.704	7.931.065	7.751.583
Taxa filiação (%)	**21,03**	**20,73**	**20,09**
POA/Total da PO	58,01	57,01	56,91
Total ass. c com carteira	20.013.704	20.359.528	19.305.730
Total de filiados com carteira	5.676.840	5.619.940	5.503.259
Taxa filiação ass. carteira	**28,36**	**27,60**	**28,51**

Fonte: PNAD/IBGE.

entre os membros da POA porque o emprego com carteira também caiu intensamente. A (diminuta) queda na filiação neste estrato específico, portanto, decorre de que a perda de filiados foi um pouco maior do que a destruição de postos formais de trabalho na economia brasileira.

O que representa esta variação em termos internacionais? A tabela 8 traz dados para 44 países de vários continentes, ordenados de modo decrescente segundo a taxa de crescimento na filiação sindical entre 1985 e 1995[138]. Dividamos estes países segundo aqueles que pelo menos mantiveram a filiação (13 deles), compondo assim um grupo de movimentos sindicais mais ou menos *bem-sucedidos* na nova ordem econômica mundial, o grupo I. Denominemos aqueles com variação negativa de até 20% na taxa de sindicalização como *sobreviventes*, apesar dos percalços, juntando-os no grupo II. Que aqueles cuja densidade sindical caiu entre 20% e 40% constituam um grupo no qual o sindicalismo encontra-se *em dificuldades*, o grupo III. E que aqueles com perda superior a 40% em sua densidade (grupo VI) sejam denominados países com movimento sindical em *crise profunda*. Nesta classificação algo arbitrária mas de modo algum sem sentido, o Brasil aparece na órbita do sindicalismo *sobrevivente* e, se considerarmos a população assalariada com car-

---

[138] Os dados apresentados na tabela podem ser encontrados no anexo estatístico de ILO (1997, p. 237-40). Impus algumas restrições às informações prestadas ali. Em primeiro lugar, retive apenas os casos em que havia informação para um intervalo de pelo menos oito anos, evitando assim que variações superiores ou inferiores tornassem problemática a comparação com o Brasil, cujos dados cobrem dez anos. Em segundo lugar, e também em benefício da comparação, mantive apenas os países para os quais havia informação para a população assalariada. Estas restrições reduziram o número de casos de 68 para 44.

teira, muito próximo do grupo dos bem-sucedidos. Cabem alguns comentários sobre esta classificação.

Tabela 8 – Variação percentual na taxa de filiação sindical dos trabalhadores assalariados em alguns países selecionados

País	Anos	Taxa no início	Variação % (a)
GRUPO I			
África do Sul	85-95	17,7	130,8
Filipinas	85-95	20,7	84,9
Espanha	85-94	11,5	62,1
Turquia	87-95	21	60,5
Malta	85-94	47,9	35,8
Hong Kong	85-94	16,8	33,7
Finlândia	85-95	68,3	16,1
Suécia	85-94	83,8	8,7
Groenlândia	85-94	78,3	6,3
Noruega	85-95	55,7	3,6
Coréia	85-95	12,4	2,4
Dinamarca	85-94	78,3	2,3
Canadá	85-93	36,7	1,8
GRUPO II			
Bélgica	85-95	52,0	-0,2
Brasil (b)	88-98	28,8	-0,9
Tailândia	85-95	4,3	-2,5
Itália	85-94	47,6	-7,4
Brasil (c)	88-98	21,9	-8,4
Egito	85-95	42,7	-9,1
Holanda	85-95	28,7	-11
Bielorrúsia	85-95	100	-12
Irlanda	85-93	56	-12,6
Japão	85-95	28,8	-16,7
Alemanha (d)	85-93	35,3	-17,4
Singapura	84-95	19,4	-18,1
Luxemburgo	87-95	53	-18,1
Áustria	85-95	51	-19,2

País	Anos	Taxa no início	Variação
GRUPO III			
EUA	85-95	18	-21,1
Suíça	85-94	28,8	-21,7
Taiwan	87-95	42,9	-22,8
Hungria	85-95	80,4	-25,3
Reino Unido	85-95	45	-27,7
Austrália	85-95	50	-29,6
Cuba	85-95	100	-29,8
Azerbaidjão	85-95	96,3	-33,7
Grécia	85-95	36,7	-33,8
França	85-95	14,5	-37,2
GRUPO IV			
Polônia	89-95	58,8	-42,5
Argentina	86-95	67,4	-42,6
Venezuela	88-95	29,8	-42,6
Costa Rica	85-95	29,1	-43
Portugal	86-95	51,4	-50,2
Nova Zelândia	86-95	54,1	-55,1
Estônia	85-95	82,5	-56,3
Israel	85-95	100	-77

(a) Variação = ((taxa início/taxa fim) -1)*100;

(b) Brasil: assalariados com carteira;

(c) Brasil: todos os assalariados;

(d) Apenas a antiga Alemanha Ocidental. Os dados para a Alemanha Oriental restringem-se ao período 1991-1993.

Obs.: Dados para a população assalariada de cada país.

Fonte: ILO (1997) e PNAD/IBGE.

Primeiro, é interessante notar que, com exceção do grupo IV, não há nítida correlação entre intensidade da mudança na densidade sindical e taxa de filiação na origem. A tabela deixa claro que movimentos sindicais "fortes" e "fracos" perderam ou ganharam adeptos no período em todos os grupos. Esse achado contraria a conclusão de Martins Rodrigues (1999), para quem a queda na filiação foi maior entre movimentos sindicais com baixa filiação e, portanto, fracos na origem, e menor onde o sindicalismo era mais forte (força medida pela taxa de filiação, nos dois casos). No grupo I, de sindicalismo bem-sucedido, 6 países tinham densidade baixa[139], 2 tinham densidade média e outros 5, densidade alta. No grupo II temos 6 de baixa densidade, 3 de média e 5 de alta. E no grupo III, dos países com movimento sindical em sérias dificuldades, são 3 de baixa, 3 de média e 4 de alta. Se há uma correlação, pois, é inversa à encontrada por Martins Rodrigues (e sugerida também por Western, 1997, p. 21 e ss.): somando-se os grupos III e IV, dos 18 países em dificuldades ou em crise profunda, 10 tinham alta densidade na origem[140].

Em segundo lugar, em vários países do quadro analisado aqui, boa parte da dificuldade do sindicalismo manter sua taxa de filiação é atribuída a deslocamentos de população entre setores produtivos, ao aumento do desemprego, à fragmentação da produção e a mudanças na composição da PEA por gênero. Segundo análises correntes, a filiação sindical não caiu (ou mesmo cresceu) apenas nos países que: (i) conseguiram compensar a redução da participação da indústria (e, em muitos casos, da agricultura) no emprego total e o conseqüente aumento do emprego no setor terciário, isto

139 Na classificação de Martins Rodrigues, baixa densidade varia de zero a menos de 30%; média, de 30% a menos de 50%; e alta, de 50% ou mais.

140 Na verdade, a relação entre número de filiados antes e evolução da taxa de filiação no tempo é inversa ao que encontrou Martins Rodrigues (1999). A correlação simples (Pearson) é de -0,40. É certo que Martins Rodrigues analisou a evolução nas taxas até 1989 e restringiu-se aos países mais ricos, o que torna os dados menos comparáveis. O que importa aqui é chamar a atenção para o fato de que, ao ampliar-se o rol de países analisados, a direção da correlação entre taxa no início e destino do sindicalismo inverte-se.

é, movimentos sindicais que lograram aumentar ou manter a taxa de filiação de segmentos terciários em crescimento; (ii) tiveram êxito na adesão de trabalhadores das pequenas e médias empresas nascentes em decorrência das terceirizações; (iii) conseguiram atrair novos adeptos entre a população feminina, cuja participação na PEA cresceu universalmente; (iv) e lograram filiar jovens entrantes no mercado de trabalho[141].

Pode-se argumentar que a nova configuração do mercado de trabalho é *efeito* de determinantes mais gerais, e uma análise comparada da variação nas taxas de filiação teria que dar conta destes últimos, isto é, dos movimentos econômicos e culturais que produzem mudanças estruturais e nas disposições dos agentes, resultando na perda de espaço para os sindicatos em sociedade. Não é interesse imediato deste trabalho mapeá-las, mas vale a pena chamar a atenção para alguns casos salientes, que permitem pôr o Brasil em perspectiva. Veremos que a queda na densidade sindical, conquanto seja a tendência geral em todos os continentes do globo, parece ter determinantes específicos em cada país.

No grupo IV, de pior desempenho, Israel aparece como o caso de maior perda de adeptos, 77%. A imagem de catástrofe esconde o fato de que a filiação antes universal a Histadrut, única central sindical do país e com mais de 80 anos de existência, decorria de que, por lei, cabia a ela a administração dos planos públicos de saúde. Isso mudaria exatamente em 1995, com a instituição da Lei Nacional de Seguro Saúde, que transferiu ao Estado este serviço. Desde então, a Nova

141 Para uma análise global, ver ILO (1997), onde esses pontos são salientados. Ver também Hyman (1999b) e Waddington, Hoffmann e Lind (1999). No caso do terceiro mundo, análise compreensiva sobre o papel dos sindicatos no desenvolvimento que, ao mesmo tempo, chama a atenção para as injunções globais a limitar a ação sindical, pode ser encontrada em Thomas (1999).

Histadrut ganha feição exclusivamente *sindical* e é isso que explica a queda vertiginosa de sua afiliação (Nathanson et alii, 1999). Neste caso, a queda explica-se sobretudo pela mudança no ambiente institucional de regulação dos sindicatos, e a alta densidade na origem era menos sinônimo de força do que de provisões legais que tornavam a filiação virtualmente compulsória.

A Argentina é um caso em que parte relevante da explicação repousará, ao contrário, na enorme crise do sindicalismo peronista desatada pelo próprio Partido Justicialista (McGuire, 1997). Uma crise genuinamente sindical, ou afeita ao padrão de relação entre sindicatos e política naquele país, associada à redução substancial do peso da indústria na economia argentina. Algo semelhante parece ter ocorrido na Polônia, onde grande parte da queda tem relação com a apatia dos trabalhadores diante do "fracasso" do governo da solidariedade, isto é, de sua opção pelo neoliberalismo e dos altos custos sociais daí decorrentes (Thirkel et alii, 1998).

Quanto ao extremo superior do grupo I, dos países de sindicalismo bem-sucedido, cabe notar que África do Sul, Filipinas e Espanha partiram de taxas muito baixas de filiação, o que tende, em termos puramente matemáticos, a inflar o impacto relativo de acréscimos em pontos percentuais. Por exemplo, o aumento de 62% na Espanha resulta, em 1995, numa taxa de filiação ainda baixa, de 18,6% dos assalariados. Ainda assim, o crescimento coincide com o acesso dos socialistas ao poder e com mudanças na legislação sindical que, a um só tempo, ampliaram a liberdade sindical e o poder destas entidades frente às comissões de fábrica criadas durante o regime de Franco. Além disso, as duas maiores centrais sindicais do país, UGT e CCOO[142], concorrentes

[142] Confederación Sindical de Comisiones Obreras (CCOO); Confede-

até pelo menos 1986, unem forças contra políticas de emprego do governo e promovem várias greves gerais bem-sucedidas (Ojeda-Avilés, 2000). A África do Sul (assim como as Filipinas) também viveu processo de democratização, com liberalização muito intensa da ação sindical, movimento que teve papel central na transição e que ganhou grande legitimidade junto à população (Seidman, 1994; Adler e Webster, 1995; Bezuidenhout, 2000). Em quaisquer destes casos, o crescimento não tem caráter "administrativo" ou legal. É crescimento genuíno de movimentos sindicais antes débeis (medindo-se pela taxa de filiação).

Tomando o grupo do Brasil, a variação por país obedece a razões também diversas. No Japão a perda de adeptos é sistemática desde o primeiro choque do petróleo, sugerindo mudanças estruturais com impacto lento mas permanente sobre as bases de sustentação dos sindicatos. Tal impacto parece estar relacionado: (i) com mudanças na composição do emprego (terciarização, crescimento do emprego feminino e em tempo parcial); (ii) com a acentuada queda na sindicalização nos serviços e no setor financeiro; e (iii) com a incapacidade dos sindicatos organizar novos estabelecimentos, sobretudo as pequenas e médias empresas (Fujimura, 1997; Tsuru e Rebitzer, 1995). Na Holanda, grande parte da variação negativa parece decorrer da crise do sindicalismo industrial (Visser, 1993), o que, por seu lado, tem relação com a redefinição do lugar do país na divisão internacional do trabalho e do peso da indústria na economia. Além disso, nesse país o desemprego parece afetar mais intensamente o sindicalismo do que nas demais nações européias (Waddington, Hoffmann e Lind, 1999).

---

ración Sindical Unión General de Trabajadores (UGT).

Neste mesmo grupo, a antiga Alemanha Ocidental[143], que vinha de taxas médias de sindicalização na década de 1980, é caso em que a queda tem sobretudo a ver com a fusão entre partes ocidental e oriental do país, que resultou: (i) em crescimento do desemprego na porção ocidental nos setores de atuação da Deutscher Gewerkschaftsbund (DGB), como os trabalhadores industriais (Martins Rodrigues, 1999); (ii) em desafios renovados para a unidade do movimento operário, decorrentes da dificuldade dos sindicatos unificarem os salários de leste e oeste e da alta conflitividade daí resultante, incomum no sindicalismo alemão do pós-guerra (Lane, 1994); e (iii) em retrocessos na regulação do mercado de trabalho, com a introdução de medidas de flexibilização dos contratos de corte neoliberal, com efeitos devastadores sobre a segurança no emprego, tradição alemã e base sólida do poder sindical naquele país (Fricke e Fricke, 1998).

Esse breve apanhado serve a um único propósito: chamar a atenção para o fato de que, ainda que o movimento geral de declínio na filiação seja indicador de injunções de caráter relativamente universal, em cada nação a literatura tende a identificar determinantes relacionados com as trajetórias específicas de seu sindicalismo. Preferências mais ou menos normativas por um tipo ou outro de explicação tendem a levar os autores a privilegiar, ou processos relativamente incontroláveis decorrentes das reformas econômicas em curso, ou as estratégias e práticas dos sindicatos e seus parceiros e adversários. A conclusão, informada pela sociologia comparada, é inescapável: se as vagas cegas das reformas econômicas pressionam a todos; e se certos movimen-

---

143 Como mencionado, os dados para a Alemanha Oriental restringem-se ao período 1991-1993 e não foram considerados aqui.

tos sindicais resistem-nas, conseguindo crescer (e muito em alguns casos), então as mudanças estruturais, de cunho relativamente universal, não podem explicar univocamente o declínio. A literatura internacional, pois, dá razão à abordagem proposta aqui, de que aspectos relativos ao ambiente onde se negociam práticas e estratégias sindicais têm papel central na explicação da dinâmica de crescimento ou queda na filiação, ao lado das determinações de caráter estrutural.

Como essas injunções se atualizam na cena sindical brasileira? Entre nós, a comparação da variação na densidade sindical da POA e dos assalariados com carteira está sugerindo que a perda de adeptos, além de pequena, não é unívoca. Deve-se esperar diferenças de comportamento por setor econômico, por características demográficas e região do país. Cumpre, então, responder à pergunta: na busca dos determinantes da variação na filiação sindical no Brasil, há espaço para escolhas ou, ao contrário, as análises correntes têm razão ao apontar causas estruturais como mais importantes?

4.4 As forças cegas: variação absoluta no total de filiados

Analistas do movimento sindical e dirigentes de entidades representativas dos trabalhadores certamente lerão com desconfiança os dados apresentados antes para o Brasil. A população assalariada viu a filiação *crescer* cerca de 230 mil pessoas entre 1988 e 1998, enquanto a queda na densidade sindical não foi tão intensa assim, na comparação com outros países. Tomando-se o número global de filiados e a taxa de filiação, o investigador mais açodado dirá, com toda segurança, que os sindicatos no país estão muito bem, obrigado. Isso é desconcertante, já que poucas coisas são tão unânimes quanto o diagnóstico de que o sindicalismo brasileiro está em crise. Crise de adeptos, crise financeira, crise de projeto e crise de legitimidade. Por que os dados agregados não a revelam? Estão errados os dados? Ou será que sindicalistas e estudiosos estão exagerando nas tintas, pintando um quadro mais negro do que deveriam?

As estatísticas prestam-se a jogos perigosos, por vezes. Elas revelam muito, mas também podem esconder, sob grandes números, movimentos mais finos e em direções contrárias que se anulam no agregado. É o que parece estar acontecendo aqui. Se descermos um pouco mais aos detalhes da distribuição da filiação segundo, por exemplo, os setores econômicos, as coisas ganham outra face: a estabilidade na taxa global de filiação *esconde* grande diversidade num nível mais desagregado. Esconde, também, a crise profunda vivida por sindicatos antes pilares do movimento sindical consolidado na década de 1980.

Assim, dividindo-se a população assalariada de 18 anos ou mais por 25 setores econômicos segundo a classificação do IBGE, tal como no gráfico 10, vê-se que 16 segmentos apresentaram queda no número de filiados entre 1988 e 1998, contra 9 onde houve crescimento. Quedas muito acentuadas, iguais ou superiores a 100 mil pessoas, ocorreram no grupo que agrega agropecuária e extração vegetal e animal, nas instituições de crédito e seguros, e na indústria metalúrgica. Em segundo lugar em termos de queda aparecem as indústrias têxtil e extrativa mineral, com perto de 70 mil perdas. Entre as maiores variações *positivas* estão os serviços de ensino (mais de 400 mil), de alojamento e médicos (mais de 200 mil cada um) e administração pública. Na verdade, e com poucas exceções, a categoria "outros" divide a distribuição de forma interessante: abaixo dela estão os ramos "perdedores" e quase todos são setores industriais. Acima dela estão os setores "ganhadores" e apenas um deles não é de serviços ou comércio. Como se vê, ocorreu um grande deslocamento de filiados da agricultura e da indústria para os setores do terciário. Ao que tudo indica, a transição na filiação acompanha a transição recente do mercado de trabalho no Brasil, fruto da reforma econômica de corte neoliberal que redundou, dentre outras coisas, na destruição de mais de 2 milhões de empregos na produção. Em outras palavras, onde houve crescimento no emprego, ali também o número de filiados cresceu. E onde houve queda no emprego, o mesmo se deu com o número absoluto de adeptos aos sindicatos. Acompanhando tendência internacional, pois, a queda na taxa de filiação só não foi mais intensa porque o sindicalismo brasileiro conseguiu compensar parte substancial da perda de filiados na indústria e na agricultura com novos adeptos nos segmentos emergentes do mercado de trabalho.

Gráfico 10 – Variação no número absoluto de filiados segundo setores econômicos: Brasil, 1988-1998, população assalariada de 18 anos ou mais

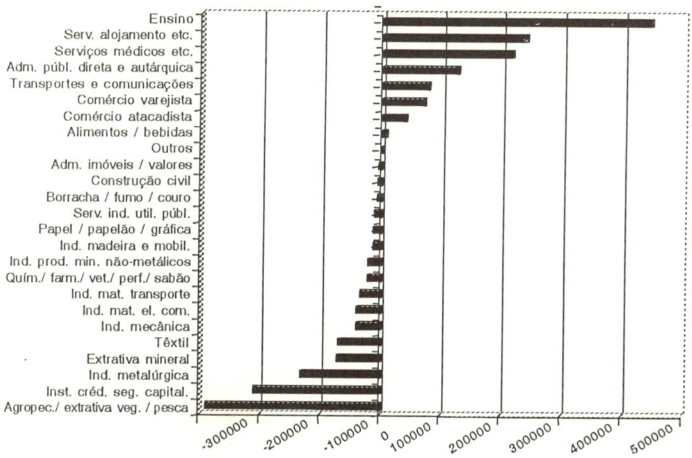

Fonte: PNAD (1988 e 1998).

Se desagregarmos ainda mais a população assalariada, desta vez por 156 setores econômicos, segundo a classificação do IBGE para 1988 e tornada compatível com 1998[144], temos uma regressão relacionando as duas variáveis (variação absoluta do emprego assalariado adulto e variação absoluta da filiação da POA adulta) numa equação de terceiro grau, que gera um R^2 de 0,81. Isto é, em mais de 80% das vezes as duas coisas variam na mesma direção. Esta relação

Gráfico 11 – Relação entre emprego assalariado total e número de filiados segundo 158 setores econômicos: Brasil, 1988-1998

Fonte: PNAD.

[144] A variável v504, que na PNAD de 1988 indica o ramo de atividade principal dos ocupados, tem 163 categorias, das quais excluí, nesta análise, as três Forças Armadas e as atividades mal definidas (códigos 901 e 902). Excluí também o código 463, referente a casas lotéricas, porque o desenho amostral para 1988 captou apenas um indivíduo assalariado neste setor, o que enviesou a expansão dos dados. E excluí, por fim, o código 578, para serviços técnicos e profissionais, porque na amostra de 1998 não havia nenhum assalariado adulto neste ramo e, na de 1988, apenas dois, o que também enviesou os resultados.

pode ser visualizada no gráfico 11[145]. Note-se que, como tendência geral, a queda num indicador está relacionada com a queda em outro e vice versa na grande maioria dos casos e é possível dizer, sem qualquer sombra de dúvidas, que a causa da queda ou do aumento *absoluto* no número de filiados por setor é a queda ou aumento no emprego assalariado setorial. A questão de fundo passa a ser, então, a de encontrar os determinantes da variação no nível de emprego por setor.

Deixando de lado a variação na filiação dos empregados na agropecuária e extração vegetal, que não vão ser analisados aqui, sugeri que a devastação no emprego industrial e no número de filiados neste segmento da economia decorreu do ajuste neoliberal em curso no país, o Plano Real. De fato, ainda que a indústria venha demitindo desde o início da década de 1990, há um nítido corte em 1996 na taxa de redução na filiação ali, por comparação com 1988. Em 1992, por exemplo, eram 47 mil filiados a menos em toda indústria (incluindo extrativa mineral, construção civil e serviços industriais de utilidade pública). Tomando-se apenas a indústria de transformação, a queda em 1992 tinha sido de 45 mil filiados (relativamente a 1988). Em 1993 os valores eram de menos 99 mil e 79 mil, respectivamente. Em 1995, 98 mil e 47 mil. Mas em 1996 perderam-se 350 mil filiados na indústria em geral e 211 mil na de transformação, cifras que sobem a 506 mil e 414 mil em 1998, sempre em relação a 1988. Note-se que se está falando da perda de 1/5 do total de pouco mais de 2.100 mil filiados existentes na indústria de transformação dez anos antes.

---

145 A linha de tendência do gráfico tem a seguinte equação: $Y = 2{,}329E - 12\ x^3 + 6{,}84E - 08\ x^2 + 0{,}178\ x - 4341{,}61$, onde Y é a variação absoluta no emprego entre 1988 e 1998 e X é a variação absoluta na densidade sindical.

São cifras astronômicas, que dão sentido à impressão geral de que os sindicatos industriais vivem momento de crise sem precedentes. Há mais, porém. Refiro-me à destruição de nada mais, nada menos, que 1,7 milhão dos pouco mais de 8 milhões de empregos com carteira assinada na indústria em geral existentes em 1988[146]. Os trabalhadores com carteira são a clientela tradicional dos sindicatos, aqueles de quem as entidades podem descontar, compulsoriamente, o imposto sindical. Parte substancial da crise do sindicalismo industrial decorreria, então, tanto da redução de postos de trabalho como da perda de qualidade do emprego sobrevivente, cada vez mais informal. A base de arrecadação voluntária e compulsória dos sindicatos foi enormemente reduzida na indústria, e sem dinheiro não há sindicalismo forte.

Se estes dados são contundentes, há coisas, porém, sobre as quais eles se calam. Em 1988 a taxa de filiação em toda a indústria de transformação era de 30%. Havia, portanto, uma grande margem de crescimento para os sindicatos entre os 5 milhões de trabalhadores ausentes de suas entidades de classe. A queda no número de trabalhadores formais poderia ser inteiramente compensada (ou mesmo suplantada) com o aumento na taxa de filiação dos trabalhadores "sobreviventes", isto é, com a incorporação de novas clientelas. Mas em 1998, a densidade sindical na indústria tinha caído para 27%, revelando uma incapacidade do movimento operário fazer frente aos desafios da hora e crescer entre novos contingentes. Por outras palavras, a variação absoluta no emprego, sobretudo no emprego formal, explica *a perda* de adeptos, mas não explica a *ausência de crescimento* entre

[146] Lembrar que estou falando, sempre, de emprego assalariado de pessoas de 18 anos ou mais de idade.

novas clientelas. Esta terá a ver sobretudo com estratégias sindicais, com mudanças no perfil da força de trabalho, com a reestruturação produtiva e com o desemprego, dentre outros determinantes. Volto a isso na seção seguinte.

A variação absoluta negativa no setor industrial é sem dúvida avassaladora, mas o Plano Real afetou, também muito fortemente, os sindicatos de bancários, que perderam mais de 200 mil filiados (180 mil dos quais depois de 1994) e 500 mil empregos com carteira assinada. Ou seja, estes sindicatos viram sua base de arrecadação cair a quase a metade, tendo em conta os 1,1 mil postos formais existentes em 1988. Em termos relativos, pois, a devastação foi mais intensa nos bancos do que na indústria, e tem relação direta com a reestruturação do sistema financeiro no país, que combinou pelo menos quatro movimentos salientes: a privatização e/ou liquidação de bancos estaduais; a conseqüente redução da oferta de bancos de varejo, que empregavam mais; a internacionalização, com conseqüente concentração econômica no sistema como um todo; e a informatização do atendimento ao cliente, cada vez menos dependente da agência (Jinkings, 2000). E é bom lembrar que a margem de crescimento da filiação era bem menor neste setor de serviços do que no de produção: à diferença da indústria, nos bancos e instituições de crédito a densidade sindical era de quase 50% em 1988, chegando a perto de 60% no caso das caixas econômicas. Mesmo se crescessem entre novas clientelas, incorporando todos os novos empregados no setor, ainda assim os sindicatos de bancários teriam menos filiados em 1998 do que em 1988.

Em suma, a diminuta variação na *taxa* de filiação sindical da POA no país, de 1,9 pontos percentuais no período, esconde uma perda substancial de adeptos em toda a indústria e na indústria de transformação em particular, sobretudo naqueles segmentos mais expostos à abertura comercial: metalúrgica, mecânica (que inclui bens de capital), material elétrico, material de transportes (especialmente autopeças) e têxtil. E esconde, também, a crise no sindicalismo bancário. Nestes dois casos, a queda em números absolutos tem diretamente a ver com o ajuste econômico, ou pelo menos com dois de seus pilares mais salientes: a abertura comercial com valorização cambial, que obrigou as empresas a uma profunda reestruturação produtiva centrada sobretudo na destruição de postos de trabalho; e a abertura do sistema financeiro, que concentrou e informatizou os serviços bancários.

Se isso parece inequívoco, nem tudo o que se passa nas hostes do sindicalismo é reflexo das reformas macroeconômicas em curso. Se tomarmos outro pilar do Plano Real, a reforma do Estado com mola mestra nas privatizações, as correlações não são tão claras. No caso da indústria extrativa mineral por exemplo, dos 170 mil empregos perdidos (acompanhados de 73,4 mil filiados a menos e de queda de 10 pontos percentuais na taxa de adesão), 134 mil já tinham desaparecido em 1993, com destaque para os Estados de Minas Gerais, Mato Grosso e Mato Grosso do Sul, segundo a mesma fonte do gráfico. A perda de empregos aqui, portanto, é anterior à privatização da siderurgia e da Vale do Rio Doce. Boa parte deles, aliás (24 mil), desapareceram no segmento de produção de petróleo e gás natural, isto é, no âmbito da Petrobras e suas empreiteiras. No segmento de distribuição de energia elétrica (subsumido nos serviços industriais de utilidade pública), a venda das empresas estatais não parece ter tido efeito independente sobre a densidade sindical. Trinta mil dos mais de 63 mil empregos perdidos nesse setor o tinham sido já em 1993. E a taxa de filiação não apresenta queda sistemática no tempo. Ao contrário, ela sobe de 52% para 59% entre 1996 e 1998, ainda assim permanecendo abaixo dos 68% de 1988. No caso dos serviços de distribuição de gás, privatizados em vários Estados da Federação, a taxa de adesão também cresceu, de 15% em 1988 para 57% em 1998. Dá-se o mesmo nos segmentos de água e esgoto e na coleta de lixo.

Em suma, a imagem de crise profunda do sindicalismo brasileiro, que a taxa agregada de filiação deixa de expressar adequadamente, decorre de que os segmentos mais afetados pela reforma econômica neoliberal em curso são também os sustentáculos mais salientes do sindicalismo militante da década de 1980, vale dizer, os trabalhadores industriais e os bancários. Categorias cujos sindicatos têm, ainda, grande presença no debate nacional (principalmente os metalúrgicos em seus vários subsetores) e que influenciam decisivamente os destinos das duas centrais sindicais mais importantes do país, a CUT e Força Sindical. Categorias, enfim, com poder de formar opinião e de eclipsar o sucesso dos sindicatos de funcionários públicos, profissionais de ensino ou dos trabalhadores em hotelaria. A crise do sindicalismo brasileiro, conquanto exista, não é universal.

4.5 A agência: variação relativa na densidade sindical

Se a tendência geral de covariância entre emprego e número de filiados é inequívoca, por outro lado o gráfico 11 analisado antes permite perceber que há casos em que a filiação cai mais do que o emprego, enquanto em outros setores o número de filiados cresce mais do que o de empregados assalariados. Isso tem impactos diferenciados na variação *na taxa* setorial de filiação entre as duas pontas do período analisado aqui. Tudo sugere uma maior independência entre as mudanças na densidade sindical e a variação no emprego. Comparando-se grosseiramente o gráfico 12 ao gráfico 10, fica claro que não há correlação estreita entre a variação *na taxa* de filiação e no *número* de filiados. Em 5 dos 25 setores a correlação inexiste. Em dez ela é inversa, anulando parte da coincidência entre os outros dez setores. No agregado, a correlação simples (R de Pearson) é de 0,22, muito inferior aos 0,90 da correlação entre número de empregos e número de filiados.

Gráfico 12 – Variação na filiação sindical (em pontos percentuais) segundo setores econômicos: população ocupada assalariada, Brasil, 1988-1998

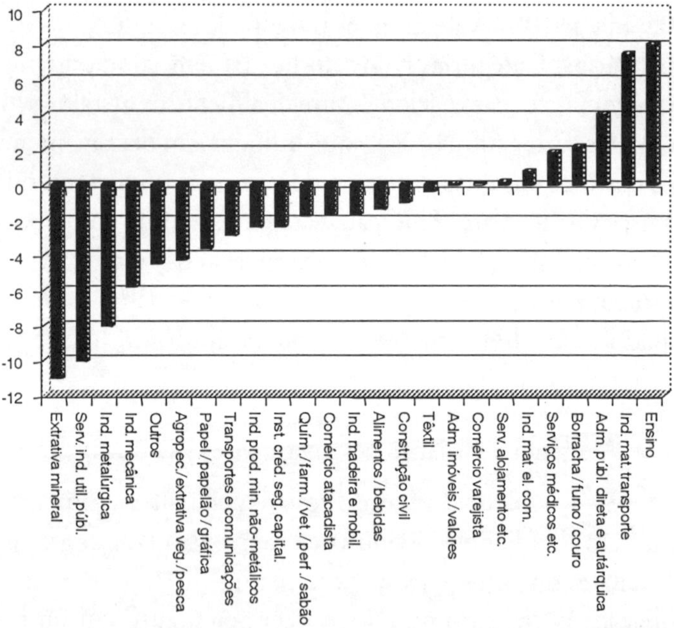

Fonte: PNAD (1988 e 1998).

Assim como no caso da variação absoluta, nove segmentos econômicos viram crescer sua taxa de filiação, com destaque para os serviços de ensino e para a indústria de material de transportes, com perto de 8 pontos percentuais de aumento na densidade. Em terceiro lugar aparece a administração pública, com crescimento de 4 pontos percentuais. As maiores quedas dentre os 16 setores que perderam densidade ocorreram na indústria extrativa mineral, nos serviços industriais de utilidade pública e na indústria metalúrgica, todos com declínio de mais de 8 pontos percentuais. Para que não reste dúvidas: nesses setores, a perda de adeptos ocorreu em ritmo mais intenso do que a perda de empregos, que por seu lado já se mostrara muito alta. Isso quer dizer que os sindicatos, aqui, não apenas foram incapazes de impedir o desemprego, como ainda perderam adeptos entre os empregados sobreviventes.

Cabe chamar a atenção, uma vez mais, para os serviços de ensino (público e privado), que viram o emprego crescer em mais de 750 mil postos de trabalho, trazendo consigo um aumento de 8 pontos percentuais na densidade sindical. Isto é, o sindicalismo no setor foi extremamente eficaz na filiação de novos adeptos num momento de expansão de sua base, algo que ocorreria também, mas em menor medida, na administração pública direta e autárquica (mais 51 mil empregos entre 1988 e 1998 e 4 pontos na densidade) e nos serviços médicos, veterinários, de enfermagem etc. (mais 718 mil empregos e 2 pontos na densidade). Como mencionado antes e em consonância com a experiência internacional, a sobrevivência do movimento sindical, medida em termos da taxa de adesão, foi possível justamente devido à capacidade dos sindicatos de segmentos emergentes ou em expansão no mercado de trabalho incorporarem em suas hostes novos contingentes de trabalhadores. No setor de serviços aconteceu exatamente isso.

Destoando um pouco desse grupo de serviços, alguns setores industriais apresentaram *queda* absoluta na filiação, mas a proporção de filiados sobre o total aumentou. É o caso da indústria de material de transportes, que, a despeito de ter perdido perto de 180 mil empregos e 35 mil filiados, viu a densidade sindical subir quase 8 pontos percentuais. A perda de adeptos foi menor do que a perda de empregos ali, algo que ocorreu também nas indústrias de borracha (menos 56 mil empregos e 7 mil filiados, mas com ganho de 2 pontos percentuais na densidade sindical) e de material elétrico e de comunicação (perda de 135 mil empregos e 41 mil filiados, mas ganho de quase 1 ponto percentual na taxa de filiação).

O gráfico deixa claro que não há uma nítida divisão entre ganhadores e perdedores de densidade. Entre os bem-sucedidos há setores industriais e dos serviços, e entre os mal-sucedidos também. Entretanto, se excluirmos a agricultura, *os maiores perdedores são os segmentos produtivos urbanos.* Note-se que as quedas mais destacadas ocorreram, de novo, na indústria extrativa mineral e nos serviços industriais de utilidade pública que, como vimos antes, começam a perder adeptos *antes* da reforma econômica em curso. Entretanto, se esta perda absoluta não parece estar associada às privatizações, a perda relativa, principalmente no segmento de geração e distribuição de energia elétrica (que mais gera empregos entre as indústrias de utilidade pública), ocorre depois de 1995, sugerindo que as demissões pós-Real atingiram mais intensamente os estratos sindicalizados.

No que tange aos setores industriais perdedores, e ao contrário do que se passou com a variação absoluta, a queda relativa no montante de filiados a sindicatos não pode ser atribuída diretamente ao programa neoliberal de ajuste econômico. Não há qualquer padrão consistente quando se analisam os setores de forma mais desagregada. Por exemplo, nas indústrias de papel, papelão e gráfica, a maior perda relativa ocorre em 1997, e não em 1998, ao passo que em 1996 e 1995 a densidade *era maior* do que no início do período, 1988. Na indústria de borracha, a taxa varia negativamente em 1996 e 1997, mas positivamente em 1995 e 1998, sempre em relação a 1988. As indústrias metalúrgicas têm sua queda acentuada depois de 1996, mas numa dinâmica de perda de densidade que vinha de 1992. Nas indústrias mecânicas a variação é negativa em 1996, positiva em 1997 e negativa novamente em 1998. Já nas indústrias de calçados e de couro/pele os efeitos da abertura comercial sobre as taxas de filiação parecem mais salientes: a variação negativa dá-se destacada e consistentemente, depois de 1996. Em outras palavras, a explicação da variação na densidade sindical está exigindo outros elementos, para além da exposição da economia à competição externa, que obrigou as empresas a intensa reestruturação produtiva. Isso destruiu postos de trabalho, mas muitos sindicatos conseguiram manter ou mesmo ampliar a taxa de filiação. Por quê?

Como vimos antes, a literatura internacional sugere que a sobrevivência dos sindicatos está estreitamente relacionada com sua capacidade de acompanhar as transições estruturais nos mercados de trabalho, atraindo adeptos entre os novos entrantes nos velhos e novos segmentos da economia. A feminização da força de trabalho, a mudança nos padrões qualificacionais gerais (força de trabalho mais escolarizada), a terciarização da economia e a redução do tamanho das empresas, a reestruturação produtiva na indústria, ao lado do desafio de filiar jovens trabalhadores, são aspectos centrais à sobrevivência do sindicalismo. Aspectos atinentes a estratégias e práticas sindicais não apenas defensivas diante de "forças cegas", mas ofensivas em ambientes hostis ou em transição. Apresentando relação, portanto, com opções, escolhas, negociações, deliberações, enfim, com a capacidade de indivíduos e coletividades atuarem sobre o ambiente que coabitam e produzirem efeitos em direções diversas daqueles resultantes de forças alheias ao seu controle direto. A variação na densidade sindical, ao apontar para outros determinantes do que apenas a variação no emprego, será tomada aqui como medida de tais estratégias, num sentido preciso: como indicação de se os sindicatos têm ou não margem de manobra para contra-arrestar o poder destrutivo das mudanças estruturais em curso.

Iniciemos pela transição demográfica no mercado de trabalho. O gráfico 13 traz a variação, em pontos percentuais, na composição da POA e dos filiados a sindicatos segundo idade entre 1988 e 1998. O primeiro aspecto a se salientar é o envelhecimento da POA em dez anos: há um nítido deslocamento das faixas etárias mais jovens (18 a 34 anos), que perdem mais de 11 pontos percentuais em participação relativa, para aquelas acima de 34 anos, com destaque para o grupo entre 50 e 59 anos, que rouba, sozinho, 5,8 pontos percentuais[147]. Em segundo lugar, os sindicalizados também migraram neste passo, mas num movimento menos intenso: 9,2 pontos percentuais de migração das faixas menores para as maiores, com concentração no destino na faixa de 40 a 49 anos. Ainda assim a associação entre os dois percursos é evidente, com correlação de Pearson de mais de 0,71: enquan-

[147] É bom lembrar que as variações na participação relativa de cada estrato anulam-se: tudo o que os estratos em queda perdem é "abocanhado" pelos estratos que crescem. Por isso é possível falar em "deslocamento" entre os estratos.

to a POA envelhecia, os filiados a sindicatos também ficavam mais velhos, mas não exatamente na mesma proporção.

Gráfico 13 – Variação (em pontos percentuais) na composição etária da POA e na proporção de filiados segundo a idade, entre 1988 e 1998

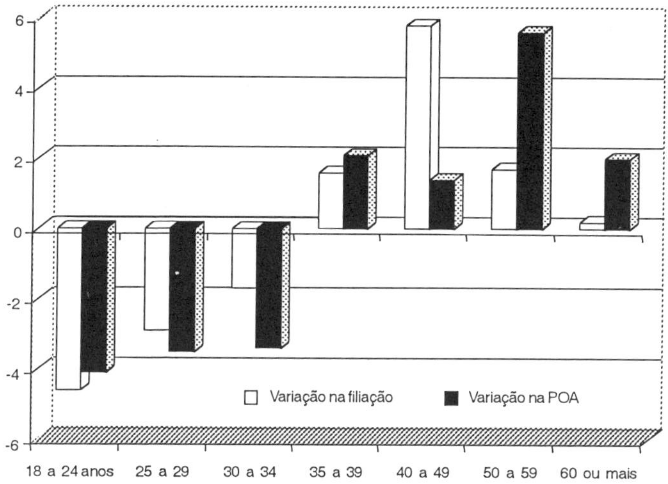

Fonte: PNAD (1988 e 1998).

No caso da escolaridade (gráfico 14) a associação já não é tão evidente. Assistiu-se a um deslocamento de empregos (num total de menos de 6 pontos percentuais) das faixas muito baixas de escolaridade, menores do que 4 anos de estudo, para faixas intermediárias, principalmente o primeiro grau completo. Houve inclusive queda no estrato mais alto, de 12 anos ou mais de estudo. Já entre os filiados a sindicatos, o deslocamento dos estratos inferiores atingiu também o ginásio incompleto, num total de 12 pontos percentuais de migração para as faixas superiores, com destaque para colegial incompleto e superior, que ficaram com 11 destes pontos. Por outros termos, a POA teve sua escolaridade melhorada, mas o maior ganho de adeptos a sindicatos deu-se ou no estrato de anos de estudo *que perdeu participação relativa*, ou no que cresceu muito pouco, caso da universidade e do colegial, respectivamente. Isso tem estreita conexão com a expansão da sindicalização nos serviços de ensino, nos serviços médicos, na administração pública e na indústria automobilística, todos eles setores que, como é sabido, contratam trabalhadores de maior escolaridade.

Gráfico 14 – Variação (em pontos percentuais) na composição da POA e na proporção de filiados segundo anos de estudo, entre 1988 e 1998

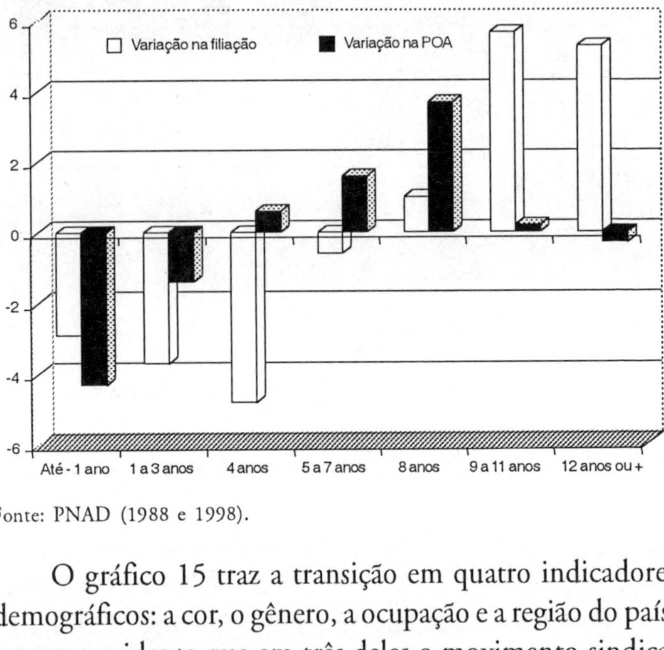

Fonte: PNAD (1988 e 1998).

O gráfico 15 traz a transição em quatro indicadores demográficos: a cor, o gênero, a ocupação e a região do país, e parece evidente que em três deles o movimento sindical brasileiro conseguiu adaptar-se às mudanças no perfil da força de trabalho ocupada. Em primeiro lugar, a filiação cresceu bastante entre as mulheres: enquanto sua participação na POA aumentava pouco mais de 5 pontos percentuais, entre os filiados elas ganharam 9 pontos, taxas, obviamente, idênticas às perdas relativas entre os homens. Em segundo lugar, algo semelhante passou-se com as ocupações de produção: a perda de 2,2 pontos percentuais na POA foi suplantada com quase 5 pontos pela variação na densidade sindical, ao passo em que nas ocupações novas ou antigas, mas em qualquer caso emergentes no mercado de trabalho, os sindicatos conseguiram arregimentar relativamente mais pessoas do que o crescimento na POA. Em terceiro lugar, os brancos perderam participação relativa para os não brancos, dando-se o mesmo com a filiação, se bem que as variações tenham sido muito diminutas. A única exceção foi o crescimento da proporção de associados que estavam no Sudeste, região que perdeu emprego assalariado para as demais.

Estes dados sugerem capacidade de adaptação dos sindicatos à transição demográfica no mercado de trabalho assalariado. De um modo geral, o sindicalismo no Brasil conseguiu atrair adeptos entre contingentes emergentes neste mercado, com destaque para as mulheres e os trabalhadores não-operários. Cabe ressaltar que, mesmo que tenha sido

Gráfico 15 – Variação na distribuição da POA e dos filiados segundo indicadores selecionados: Brasil, 1988-1998

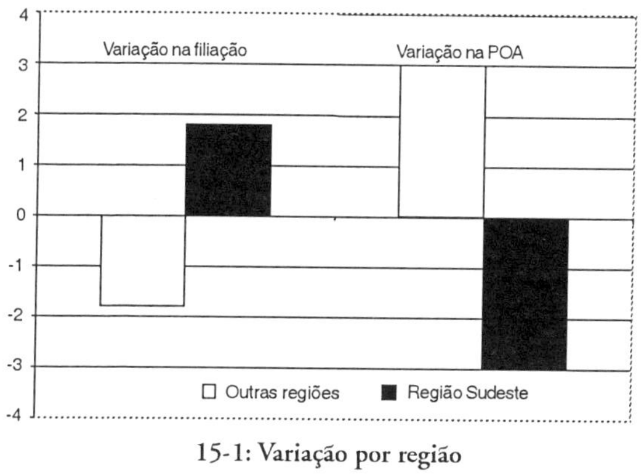

15-1: Variação por região

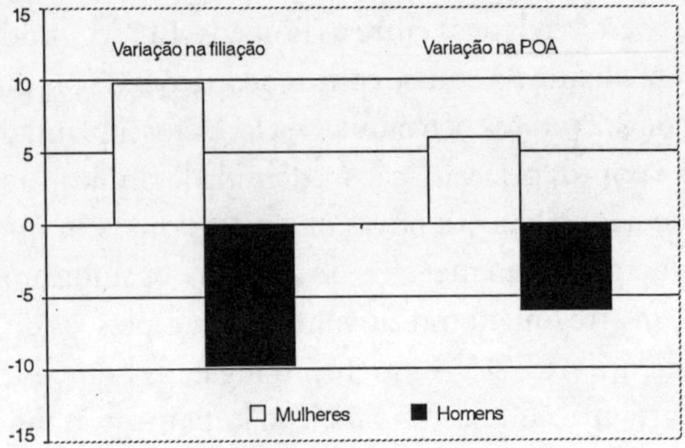

15-2: Variação por gênero

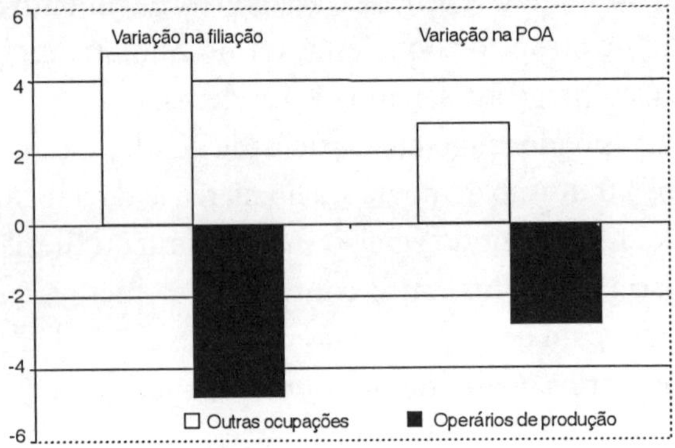

15-3: Variação por ocupação

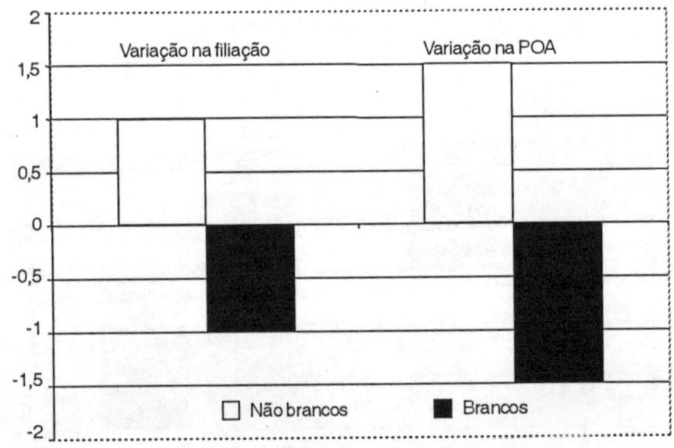

15-4: Variação por cor

Fonte: PNAD (1988 e 1998).

incapaz de atrair jovens, isso não teve efeito sobre a taxa de sindicalização, uma vez que os jovens perderam participação relativa em dez anos na POA, e intensamente: perto de 8 pontos percentuais se considerarmos os trabalhadores até 29 anos, quase a mesma proporção entre os filiados a sindicatos.

4.6 Conclusão

Neste capítulo pudemos averiguar, com dados agregados sobre a variação na filiação sindical, se os sindicatos tiveram ou não margem de manobra na década neoliberal, isto é, se puderam ou não resistir às pressões globais por liberalização dos mercados de trabalho e redução de seu poder na representação de interesses dos trabalhadores, o que denominei, aqui, de "forças cegas" da globalização. Os dados disponíveis se mostraram apenas parcialmente adequados à inquirição. Ficou demonstrado, de forma inequívoca, que a perda de adeptos explica-se quase inteiramente pela perda de emprego assalariado nos setores econômicos, com destaque para a indústria de transformação e os serviços de crédito (em especial os bancos). Nessas condições, a crise na filiação sindical absoluta foi, principalmente, reflexo da crise no emprego assalariado no país, tendo estreita conexão com o programa de ajuste pelo mercado encetado pelo governo Fernando Henrique Cardoso.

Ao mesmo tempo, todo o sindicalismo, malgrado a crise na indústria e nos bancos, mostrou-se bastante eficiente na atração de novos adeptos entre estratos populacionais em expansão no mercado de trabalho, como as mulheres e os trabalhadores de maior escolaridade. É isso que explica a relativa estabilidade na taxa de filiação em dez anos. A capacidade de adaptação do movimento sindical pode estar sugerindo a existência de espaços de atuação às lideranças no sentido de delimitar estratégias de consolidação de poder relativamente independentes das injunções estruturais.

Na verdade, a primeira hipótese orientadora da investigação, que postula submissão total ou importante do sindicalismo a forças cegas, exige uma correlação estreita entre, de um lado, as mudanças estruturais, como redução do assalariamento por setor econômico, reestruturação produtiva etc., tudo como resultado do Plano Real e, de outro lado, o movimento *das taxas* de sindicalização. Essa relação não existe, nem mesmo quando analisamos a indústria em separado. Os dados não foram apresentados antes, mas indicador importante de reestruturação produtiva é a variação no emprego na produção na indústria. A PNAD permite uma aproximação a esse movimento, através do agrupamento de códigos ocupacionais. Pois a correlação (Pearson) entre variação no emprego formal na produção e densidade sindical entre 1988 e 1998 é de 0,063, ou virtualmente nula. Por outras palavras, não parece haver efeito agregado mensurável das mudanças recentes no mercado de trabalho industrial sobre a densidade sindical ali. Tudo sugere *não haver* submissão *total* a esses movimentos estruturais, neste caso específico.

Se isso é verdade, por outro lado os dados disponíveis mostram, agora sim de forma cabal, que a perda relativa de adeptos ocorreu justamente entre os segmentos da força de trabalho que estiveram mais fortemente submetidos às vagas neoliberais e à competição entre os próprios assalariados, isto é, aqueles de menor escolaridade, maioria na população que vive do trabalho. Ali onde a competição no mercado de trabalho é menor, onde a qualificação diferencial permite ao indivíduo maior poder de barganha, ou seja, nos estratos superiores de escolaridade, os sindicatos cresceram. A que devemos atribuir esse resultado: a uma estratégia sindical específica, voltada deliberadamente para segmentos menos sujeitos à competição; ou à adaptação pragmática à nova realidade do mercado de trabalho, que experimentou vertiginoso crescimento nos segmentos dos serviços onde a escolaridade é uma barreira de entrada (como os serviços médicos, o ensino e mesmo o serviço público mais graduado) e, portanto, submissão às ditas "forças cegas"? Resposta categórica é impossível aqui, mas hipótese bastante plausível parece ser que os sindicatos de categorias já previamente fortes em organização, como as mencionadas, valeram-se do maior poder de barganha de seus representados para ganhar novos adeptos, sem que isso tenha relação direta com a perda de outras categorias, isto é, sem que o movimento sindical tenha *coordenado* essa migração de um grupo de categorias profissionais a outro. Se cabe uma aposta, na década neoliberal o comportamento sindical foi muito mais adaptativo do que ativo, e esse é mais um sintoma de sua crise de representatividade.

Não posso deixar de mencionar uma outra hipótese explicativa para ao menos parte do crescimento junto aos novos segmentos de trabalhadores, que supõe tenha ele caráter unicamente vegetativo. Nesse caso, é como se houvesse uma propensão média à sindicalização por parte de uma proporção relativamente constante da massa assalariada, de tal modo que, não importem as mudanças na composição da POA, uma taxa sempre estável (ou quase) procurará os sindicatos, digamos, para ter acesso aos serviços assistenciais. Como veremos no capítulo seguinte, o acesso aos serviços é o principal motivo declarado pelos trabalhadores para a filiação a sindicatos. Isso estaria explicando, por exemplo, o aumento da taxa de filiação entre a população mais velha, carente de serviços públicos adequados. Nesse caso, a adaptação dos sindicatos aos movimentos da POA teria pouca relação com estratégias e práticas das lideranças, e mais com um certo *ethos* do salariato no país, que garante aos sindicatos uma fatia estável das preferências dos trabalhadores, ainda que em nada relacionada com a participação política, a constituição de solidariedade de classe ou a disposição para a ação coletiva.

Seja como for, espero ter demonstrado que o ajuste neoliberal da década de 90 está *na raiz* da crise do sindicalismo industrial e bancário, por duas razões centrais: primeiro, porque reduziu sua base social e, com ela, parte substancial dos recursos das instituições de representação. Ainda que alguns segmentos da indústria tenham aumentado as taxas de filiação, como o de material de transportes ou o de borracha, isso ocorreu concomitante à perda de milhares de empregos formais e, portanto, de base de arrecadação. Em segundo lugar, porque aumentou a competição no mercado de trabalho, ao gerar altas taxas de desemprego nestes setores específicos. Esse último aspecto pode estar ajudando a explicar por que a maioria dos sindicatos industriais não conseguiu crescer entre os empregados que sobreviveram à reestruturação. Outro tanto da explicação caberá, supõe-se, aos programas de qualidade, que competem com os sindicatos pela lealdade dos trabalhadores. Mas isso também requer especificações, já que a indústria automobilística, talvez a mais reestruturada de todas, apresenta crescimento substancial de densidade antes já bastante alta, como vimos no capítulo 1.

Constatei, finalmente, um crescimento vertiginoso da densidade sindical entre profissionais de ensino e entre funcionários públicos em geral, além de profissionais de saúde. Esses setores são estratégicos na estrutura da CUT, por exemplo, e talvez não seja coincidência a eleição de uma liderança do professorado paulista para a direção da central em 2001.

A CUT parece ter chancelado, no nível da representação, as mudanças estruturais no mercado de trabalho e, uma vez mais, talvez estejamos falando de forças cegas, de uma acomodação também da CUT ao fato de que a indústria deixou de ser o terreno mais propício à fertilização da ação coletiva sindical.

O fato dos sindicatos terem acompanhado as transformações no mercado de trabalho, abandonando as categorias mais frágeis em favor daquelas com maior poder de barganha, deve estar se refletindo em seu papel de avalista da segurança socioeconômica de seus associados. As mudanças estruturais apontadas resultaram em precarização global do emprego no país, com aumento nas taxas de desemprego, de informalidade e de rotatividade. Nesse cenário, torna-se crucial investigar em que medida a representatividade mesma da instituição sindical foi afetada. Isso será feito no próximo capítulo, onde analiso um *survey* junto à população de três regiões metropolitanas brasileiras, que mensura justamente a insegurança socioeconômica em sua relação com a filiação sindical. Trata-se, portanto, de um passo além em relação à discussão precedente, rumo a um melhor dimensionamento dos impactos da década neoliberal sobre o sindicalismo no Brasil.

5

OS SINDICATOS E A INSEGURANÇA SOCIOECONÔMICA

5.1 Apresentação

No capítulo 1, ao analisar o caso do sindicalismo metalúrgico paulista, vimos que as mudanças estruturais nas bases de sustentação dos sindicatos no Brasil tiveram reflexos importantes em sua capacidade propriamente representativa, isto é, em seu poder de, no mínimo, manter conquistas passadas, bem como de negociar acordos coletivos para além do que prevê a legislação. Dois dos sindicatos brasileiros mais importantes, o dos metalúrgicos de São Paulo e seu congênere no ABC paulista, viram-se diante da contingência de negociar a perda de direitos trabalhistas em troca de redução menos intensa no nível de emprego. E vimos também, no capítulo 3, que a Justiça do Trabalho adquiriu centralidade crescente nas relações de classe entre nós, apontando para um cenário muito mais sombrio do que o encontrado naquelas duas categorias de vanguarda de nosso sindicalismo. Sem poder para firmar acordos, sob pressão do terror de mercado, que ameaça com desemprego, transferência de empresas para outros Estados, abandono do país etc. e sem contar com a fiscalização estatal, restrita a aspectos de saúde e segurança no trabalho, mas cega em relação aos direitos propriamente trabalhistas, aos sindicatos restou o recurso judicial para garantir os novos direitos constitucionais. Nas cortes, as negociações quase sempre penalizam a parte mais fraca, premida pela necessidade. A presteza com que as decisões judiciais se vêm processando (média de oito meses) denota justamente isso: disposição dos trabalhadores de acatar perdas de direitos rescisórios para que os acordos se efetivem rapidamente. Ou seja, ao lado das perdas relativas às negociações coletivas, temos ainda a perda de direitos trabalhistas nas negociações nas cortes do trabalho. E vimos também, no capítulo anterior, que o sindicalismo arregimenta suas hostes, cada vez mais, em categorias com maior poder de barganha no mercado de trabalho, abandonando aquelas com fragilidades estruturais pronunciadas, justamente as que mais precisam da segurança que a representação sindical deveria, potencialmente, afiançar. Os sindicatos, na década de 1990, perderam poder de assegurar *segurança socioeconômica* a seus representados. Aspecto tratado de forma alusiva ao longo do livro, neste capítulo a atenção lhe é exclusiva.

O problema da insegurança socioeconômica das populações que vivem do trabalho não é novo nas ciências sociais[148]. Na verdade, está na origem de construções teóricas tão díspares

[148] Há pouco mais de três anos a Organização Internacional do Trabalho (OIT), por meio de seu InFocus Programme on Socio-Economic Security coordenado pelo economista Guy Standing, vem financiando uma série de *surveys* em diversos países do mundo, visando a mensuração do que Standing (1999) denominou de insegurança generalizada decorrente da flexibilização global dos padrões de uso do trabalho. As pesquisas ganharam o nome de People's Security Surveys (PSS), e o Brasil tomou parte na empreitada em 2001, sob coordenação de Lena Lavinas (OIT), Maria Celi Scalon (IUPERJ) e Lauro

quanto as de Marx e Weber. Contemporaneamente, o tema adquiriu novos conteúdos no debate político ou acadêmico, e tornou-se objeto central da sociologia e da economia do trabalho[149]. Em poucas palavras, por insegurança socioeconômica entende-se a perda de garantias formais ou consuetudinárias de manutenção de padrões de vida, ou mesmo de expectativas quanto ao futuro, decorrentes da crescente fragilidade dos vínculos que conectam, de um lado, indivíduos e famílias e, de outro, as fontes de obtenção de meios de vida. As causas, já largamente discutidas nos capítulos anteriores, encontram seu pano de fundo na nova ordem competitiva mundial, que redefiniu o padrão de subordinação da periferia do sistema, transformada em objeto de ganância e lucro fácil para capitais voláteis e sem rosto.

Entre nós, a insegurança socioeconômica, em suas múltiplas faces, vem ganhando estatuto de constitutivo estrutural da condição de vida das classes que vivem do trabalho. Enumero algumas de suas dimensões mais importantes, tendo em vista o interesse deste capítulo:

1. Insegurança quanto ao emprego ou à ocupação, expressa na redução do ritmo de crescimento da economia mundial e dos países periféricos em particular, incapazes de gerar empregos suficientes seja para novos entrantes no mer-

---

Ramos (IPEA). Este capítulo é um subproduto desse enorme e louvável esforço de se produzir dados, comparáveis internacionalmente, sobre a deterioração das condições de vida e trabalho nos mais diversos continentes, na nova e insegura ordem global. Agradeço os comentários de um consultor *ad hoc* da OIT a versão ampliada e em inglês do trabalho, e a Guy Standing por permitir usar os dados para esta publicação. Versão modificada apareceu pela primeira vez em Ramalho e Santana (2003).

149 No Brasil, ver, por exemplo, Mattoso (1995). Texto instigante para a América Latina é De La Garza (1997).

cado de trabalho, seja para os redundantes dos processos de reestruturação[150]; no risco de falência dos empreendimentos em razão dos novos padrões de concorrência; nas conseqüências de fusões e aquisições que resultam em reestruturação produtiva; na reestruturação pura e simples que exija a renovação de pessoal etc.;

2. Insegurança quanto ao salário e a renda, em razão do aumento da proporção variável e desregulada dos salários (por meio de expedientes tais como ganhos de produtividade, participação nos lucros, ganhos por desempenho, por participação nos mecanismos de controle de qualidade etc.), que não constitui a parte do soldo que serve de base, por exemplo, à contribuição previdenciária; em razão, também, da redução dos salários reais fruto do aumento do desemprego e da concorrência entre os trabalhadores; em razão, ainda, da redução da oferta de empregos formais, aumento do trabalho não-remunerado e, até mesmo, escravo;

3. Insegurança quanto às condições de trabalho, devido à intensificação do ritmo de trabalho, do trabalho por estresse característico dos novos ambientes reestruturados pela filosofia da qualidade total; devido, também, à precarização do trabalho resultante da subcontratação em cascata nas cadeias de produção;

4. Insegurança quanto à representação de interesses, à causa da debilitação dos sindicatos como intermediários da contratação coletiva, da redução de sua capacidade de intervenção nos mecanismos decisórios no aparelho de Estado, da redução de seu poder de mobilização e de ação coletiva;

---

150 Sobre os limites mundiais à geração de emprego na nova ordem global, ver Pochmann (2001). Singer (2000) é leitura obrigatória, por colocar em perspectiva histórica a revolução tecnológica em curso.

5. Insegurança quanto aos prospectos para a vida no futuro, fruto, dentre outras coisas, da crise dos Estados de bem-estar, de seus sistemas previdenciários e serviços sociais básicos, sobretudo nos países periféricos, submetidos a receituário liberal de redução do papel do Estado na regulação das relações de classe[151].

O conceito de insegurança socioeconômica, então, recobre as diferentes configurações da correlação entre estas várias dimensões, e é este o objeto da análise que se segue. Nela pretendo inquirir sobre o grau de segurança ou insegurança socioeconômica no Brasil, tomando como ponto nodal a relação dos trabalhadores com os sindicatos, tal como medida pela filiação sindical. A pergunta a se responder é simples: pertencer a um sindicato tem alguma influência na percepção dos trabalhadores a respeito de sua segurança socioeconômica, e no acesso efetivo a medidas materiais dessa segurança? A hipótese geral sustenta que, uma vez que os filiados a sindicatos só podem sê-lo se forem trabalhadores do setor formal da economia, então é possível esperar que a filiação sindical seja indicador importante de acesso a medidas de segurança econômica, tais como melhores salários, melhores condições de trabalho, empregos mais estáveis e com mais direitos trabalhistas. Entretanto, como a filiação sindical não necessariamente indica disposição para a ação política, ela não deve ter efeito relevante sobre a percepção dos trabalhadores quanto à representatividade dos sindicatos e, com ela, quanto à segurança de representação de interesses.

---

151 Para um tratamento sociológico rigoroso, tomando o caso francês como paradigmático, ver Castel (1998). Boyer (1995) é um exemplo expoente desse tipo de explicação entre os regulacionistas.

Inicio por qualificar, de outro ângulo tendo em vista o que já se discutiu no capítulo anterior, a relevância de uma análise filtrada pela filiação sindical, e sigo com a análise do *survey*. A conclusão é um passo além, que aprofunda a interpretação sobre a crise atual do sindicalismo no Brasil, tendo em conta os achados empíricos.

5.2 Uma vez mais, a filiação sindical

Voltemos à Pesquisa Mensal de Emprego (PME) de 1996 e seu suplemento especial sobre associativismo e participação política. Dentre várias dimensões afeitas à relação entre trabalhadores e sindicatos, havia uma questão sobre as razões para a filiação. A distribuição de freqüências dessa pergunta foi a seguinte:[152]

Tabela 9 – Razões para a filiação a sindicatos em seis regiões metropolitanas: 1996

Razões para a filiação	Proporção
Assistência médica	56,6
Assistência jurídica	58,8
Atividade esportiva/laser	20,7
Participação política	17,1
N	13.714

Fonte: PME (1996).

Nota: Soma ultrapassa 100% por ser resposta múltipla.

A pergunta é, obviamente, inadequada, já que enviesada para o assistencialismo: as alternativas para esta dimensão são nomeadas uma a uma, mas "participação política" é apre-

[152] É bom assinalar que, com o banco original de dados em mãos, criei novas variáveis de modo a tornar a pergunta adequada à análise de respostas múltiplas, já que os trabalhadores podiam assinalar mais de uma alternativa. Alguém que tenha respondido que se filiou ao sindicato para ter acesso a serviços, tendo assinalado também "participação

sentada de forma vaga e ambígua. A pergunta não mede a disposição para a ação coletiva ou o grau de afinidade ideológica entre o trabalhador e o sindicato, aspectos centrais de uma plausível dimensão de participação política afeita à ação sindical e seu poder de pressão em sociedade. Também deixa de arrolar aspectos da ação política mais geral, como a possibilidade de acesso a centros de poder no interior dos partidos políticos, a constituição de mecanismos de pressão sobre o sistema decisório no aparelho de Estado etc. Além disso, entre os que declararam ter se filiado para "participação política", não se pode separar, empiricamente, os que encaram as greves ou a participação na vida associativa como política, e se filiaram por isso, daqueles que vêem nos sindicatos canais de vocalização de projetos de poder ou de organização da sociedade política mais geral, sendo este último o sentido presumivelmente denotado por "participação política" na pergunta da PME.

Nem por isso a questão é inútil à análise, ou melhor, sua utilidade reside precisamente em sua limitação: supondo que o trabalhador tenha levado a sério a sugestão da pergunta, a proporção dos que disseram ter se filiado para participar da política indica, precisamente, a taxa de percepção, entre os trabalhadores, de que os sindicatos no Brasil são também canais para esse tipo de participação na vida pública, e não meramente instituições de prestação de serviços. E essa proporção era de pouco mais de um em cada seis trabalhadores sindicalizados em 1996, ou 17%[153]. Por outras

---

política", foi contado nas duas alternativas, razão pela qual a soma excede os 100%.

153 Cabe notar, anedoticamente, que tal proporção é espantosamente estável. Em 1988 a Pesquisa Nacional por Amostra de Domicílios (PNAD), em seu suplemento especial sobre participação política e

palavras, *os trabalhadores não se filiam a sindicatos para atuar na política*, ainda que, *uma vez filiados*, possam tomar parte na vida associativa e até mesmo atuar politicamente por meio dos sindicatos.

Esta constatação apenas confirma achados anteriores, também baseados em pesquisa amostral[154]. Seu interesse num capítulo sobre segurança socioeconômica reside precisamente nos limites da filiação como medida de representatividade dos sindicatos, ou mesmo como indicador da disposição para ação coletiva por parte dos trabalhadores. Estes podem perfeitamente achar que o sindicato de sua categoria representa seus interesses, sem por isso propender a se filiar ou a agir coletivamente. Como já se sugeriu em capítulo anterior, uma vez que os sindicatos representam os trabalhadores independentemente deles serem ou não filiados, a filiação deve, logicamente, indicar outra coisa além da representatividade. Por outras palavras, a filiação sindical *não* deve ser indicador relevante do fato dos sindicatos serem ou não instituições de galvanização e promoção de identidades sociais ou políticas. Isso é muito diferente de dizer que os sindicatos não são instituições desse tipo. Estou apenas afirmando que, se o são, a filiação não é medida nem necessária nem suficiente do fenômeno.

Nessas condições, tomando-se por referência o que já se sabe a respeito da relação entre filiação sindical e representatividade dos sindicatos no Brasil, ainda que estes possam, em tese, funcionar como filtros institucionais para a consti-

---

social, encontrou a cifra de 16% nesse quesito em particular, com a mesma formulação (ruim) para a pergunta. Os valores são, pois, tecnicamente idênticos.

154 Por exemplo, Cardoso (1999b, cap. 2), além do capítulo 4 do presente livro.

tuição de interesses individuais e coletivos e como centros para a construção e reprodução de identidades coletivas, funções que não estarão em questão aqui, a *hipótese nula* da análise será a de que a pertença a sindicatos *não* tem qualquer impacto significativo na segurança socioeconômica, nem tampouco na de representação de interesses no país. Vejamos o que o *survey* da OIT tem a dizer sobre isso.

5.3 O *survey* de segurança socioeconômica da OIT

O People's Security Survey (daqui por diante PSS) da OIT foi aplicado no Brasil em fevereiro de 2001, em amostras representativas de três regiões metropolitanas: Rio de Janeiro (1.200 casos), São Paulo (2 mil casos) e Recife (800 casos). O *survey* tinha a seguinte pergunta, formulada para a força de trabalho assalariada total: "Há algum sindicato ou representação de funcionários no seu local de trabalho?" Aos trabalhadores que respondessem "sim" perguntava-se se eles eram ou não filiados e esse sindicato ou associação[155]. Essa formulação introduz alguns limites à análise, já que sabemos que, no Brasil, os sindicatos não têm que existir no local de trabalho para representar os trabalhadores. Eles os representam compulsoriamente, seja por categoria profissional, seja por ramo da economia, *no âmbito municipal*. A representação por local de trabalho é a exceção, e sua ausência

---

[155] Excluí da análise os trabalhadores por conta própria, para os quais a pergunta sobre filiação sindical também foi formulada. Para eles, porém, perguntava-se se eram associados a um sindicato ou associação que representasse seus interesses. Esta formulação diverge sobremaneira daquela dos assalariados, e os resultados não são estritamente comparáveis. Logo, a inclusão desse contingente introduziria problemas metodológicos importantes, impossíveis de contornar nos limites desse capítulo. Ver mais sobre isso no texto que se segue.

não significa que os trabalhadores não sejam representados ou que não possam se filiar a sindicatos. A pergunta correta deveria ter sido: você é filiado a algum sindicato ou associação de empregados? Esse é o formato utilizado, por exemplo, pelo IBGE no caso da PNAD.

Suspeito que essa formulação resultou na subestimação da taxa "real" de filiação da população assalariada, porque filtrou aqueles que, sendo filiados a um sindicato municipal, levaram a sério a pergunta[156]. De qualquer modo, estas duas considerações não eclipsam a importância e a relevância do *survey*. Elas descrevem não mais do que limites a se ter em conta na análise dos dados e na construção das conclusões. Mostrarei que a hipótese nula pode ser testada com confiabilidade e validade.

5.3.1 *Explicando a filiação a sindicatos*

Devo acrescentar ainda um último esclarecimento. A seguir estarei analisando as distribuições de freqüência para o *total de 1.403 trabalhadores assalariados na amostra de 4 mil casos*, e não apenas os 727 que responderam "sim" à pergunta sobre se havia ou não sindicato no local de trabalho. Essa decisão torna os dados do PSS equivalentes aos padrões da OIT no que respeita à densidade sindical "ajustada", utilizada nas comparações internacionais (ILO, 1997), e que deve tomar por referência os assalariados como um todo.

---

156 De acordo com um suplemento especial da Pesquisa Mensal de Emprego (PME) de abril de 1996, a densidade sindical dos trabalhadores assalariados nas mesmas três regiões metropolitanas era de 33%, contra os 26,7% encontrados pelo PSS. Desagregada por cada região, a diferença é a seguinte:

	Recife	Rio de Janeiro	São Paulo	Total
PSS	34,10%	24,70%	26,50%	26,70%
PME	38,30%	29,20%	33,60%	33,00%

A propensão à filiação sindical entre os assalariados é, como assinalado em nota, de 26,7% para as três regiões metropolitanas (376 em 1.403 pessoas), com a máxima de 34% em Recife e a mínima de 25% no Rio de Janeiro. A taxa em São Paulo equivale à média. A adesão a sindicatos não é igualmente provável para estratos diferentes dos assalariados. Se pudesse resumir os achados, eu diria que os sindicatos são escolhidos por trabalhadores melhor qualificados (tal como medido pela escolaridade), trabalhando em firmas (ou órgãos governamentais) com cem ou mais empregados, com cem meses ou mais de emprego em média, que nunca perderam o emprego e que nunca mudaram de trabalho. Sua idade média é de 36 anos, contra 33 anos dos não-filiados. Se o trabalhador é um funcionário público estatutário, as chances de ser filiado são de 46%, enquanto entre os trabalhadores formais (com carteira assinada) elas são de 33%. Para os assalariados sem carteira, a probabilidade é de meros 2,5%. O setor industrial tem taxa de filiação mais elevada do que os de comércio e serviços, mas trabalhar na administração pública aumenta a probabilidade de filiação para 52%. Os homens são um pouco mais inclinados a se filiar do que as mulheres (30% a 23% respectivamente), mas ser negro ou branco, católico ou professar outra religião não afeta em nada as chances de filiação. Ter tido pelo menos uma experiência de desemprego reduz dramaticamente as chances de se filiar (13%, contra 32% dos que nunca perderam o emprego), assim como ter mudado de emprego nos últimos 12 meses. Em suma, filiar-se a sindicatos é mais provável entre trabalhadores em posições de mercado melhores e mais estáveis[157]. A tabela 10 resume os achados.

---

[157] Estes resultados não surpreendem. As tendências gerais confirmam

Argumentei no capítulo anterior que o sindicalismo no Brasil adaptou-se às mudanças estruturais no mercado de trabalho, especialmente o movimento do emprego da indústria para os serviços. Administração pública, serviços médicos e educacionais são os maiores repositórios dos novos empregos *e também* dos novos filiados a sindicatos. Isso ajudou a manter as taxas de filiação sindical em níveis estáveis na década de 1990. Isso explica por que a sindicalização é mais provável entre trabalhadores mais estáveis e escolarizados: estas são as características, também, daqueles setores econômicos em particular.

Esse perfil panorâmico explica apenas parte da variância da filiação sindical[158], embora ajude a desenhar um quadro do trabalhador assalariado médio que se filia a sindicatos nas três regiões metropolitanas. Mas a intenção aqui foi puramente descritiva. O teste da hipótese nula (segundo a qual a filiação sindical *não* tem impacto sobre a segurança socioeconômica) pede uma inversão do vetor causal, tornando a filiação uma variável independente. Pertencer a sindicatos faz alguma diferença? A pertença garante condições de trabalho diferentes e melhores? Assegura salários melhores, mais acesso a direitos trabalhistas, julgamentos mais estáveis relativamente ao futuro em termos de padrões de vida e segurança na velhice? Os sindicalizados se sentem representados por seus sindicatos? É o que cabe investigar agora.

---

surveys anteriores. Ver Cardoso e Comin (1997); Rodrigues (1997); Cardoso (1999b, cap. 2) e o capítulo 4 deste livro.

158 Uma regressão logística de todas estas variáveis, mais tempo de emprego e renda, contra a probabilidade de ser filiado, gera um modelo com (falso) R^2 de apenas 0,32. Ver apêndice para detalhes.

Tabela 10 – Probabilidades de filiação a sindicatos, segundo características selecionadas dos trabalhadores

Variáveis	Categorias	% filiados
Idade	15 a 18 anos	8,78
	19 a 24	16,83
	25 a 30	27,48
	31 a 35	33,86
	36 a 40	33,59
	41 a 50	30,29
	51 ou mais	27,86
Gênero	Feminino	23,19
	Masculino	29,6
Escolaridade	Nenhum	18,97
	Primeiro grau incompleto	17,32
	Primeiro grau completo	20,79
	Colegial incompleto	22,15
	Colegial completo	32,32
	Superior incompleto	30,03
	Superior completo	45,74
	Pós-graduação	44,17
Idade média	Filiados	36
	Não-filiados	33
Raça	Não brancos	24,73
	Brancos	28,41
Religião	Católicos	25,67
	Outros	28,68
Setor de atividade	Indústria	31,73
	Comércio	15,19
	Constr. Civil	22,56
	Serviços	20,2
	Administração pública	52,15
	Serv. util. pública	42,18
	Transportes	43,67
	Outros	22,02
N		**1,403**

Variáveis	Categorias	% filiados
Posição na ocupação	Assal. com carteira Ass. sem carteira Servidor público	32,63 2,45 45,98
Tamanho da firma	1-5 6-10 11-25 26-50 51-100 100 ou mais	6,37 16,19 22,48 29,69 35,89 42,19
Renda real média por hora	Filiados Não-filiados	5,75 3,47
Já ficou desempregado antes?	Sim Não	13,03 32,14
Mudou de emprego nos últimos 12 meses?	Não Sim	31,45 14,84
N		1.403

Fonte: PSS.

Como já se disse, a segurança (ou insegurança) socioeconômica é multidimensional. Pode ser investigada em relação às condições de trabalho, às chances de renda, à estabilidade das biografias, aos prospectos quanto ao futuro etc. A intenção daqui por diante é seguir a passo, avaliando cada um dos temas de relevo que, de algum modo, podem sofrer os efeitos da relação entre o trabalhador e seu sindicato. É ao que me dedico daqui por diante.

5.3.2 Segurança no trabalho e no emprego

O primeiro tema a ser abordado é a segurança nos locais de trabalho, tal como medida pela periculosidade das tarefas e do ambiente geral de trabalho. Pode-se dizer que a exposição a condições arriscadas de emprego é apenas levemente mais provável entre filiados do que entre não-filiados. A proporção de associados que considera seu ambiente de trabalho *inseguro* é um pouco maior do que a dos demais trabalhadores, mas em qualquer caso a segurança é a norma, reconhecida por mais de 70% dos assalariados. A exposição a *risco diário no trabalho*[159] também é mais provável entre os filiados, que, ademais, reportam um pouco mais intensamente a ocorrência de carga extra de trabalho[160]. As pequenas diferenças podem estar relacionadas com o fato de que a filiação é algo enviesada em favor da indústria e dos serviços públicos (penso, sobretudo, em funcionários públicos da saúde), em que as condições de trabalho costumam ser mais perigosas do que no caso dos serviços ou do comércio.

Se isto é verdade, por outro lado ser filiado é um importante indicador da existência de departamentos de segurança nos locais de trabalho, como brigadas de incêndio e comissões internas para a prevenção de acidentes (CIPAs). Ao menos em tese, os filiados encontram, em proporção um pouco maior do que os demais, condições de canalizar suas queixas relativas a más condições de trabalho. E é bom lembrar que as CIPAs são obrigatórias em empresas com mais de cem

---

159 Estes riscos incluem exposição a: 1. substâncias químicas; 2. máquinas perigosas; 3. radiação; 4. calor, barulho e vibrações; 5. esforço repetido; 6. outros. O índice somando estas medidas varia de 0 a 6 (nenhum risco sendo 0 e todos os riscos listados sendo 6), e o teste de aditividade (Alpha de Crombach) é de 0,67, o que *não* torna a escala confiável. Seu propósito na análise, pois, é puramente descritivo.

160 A carga de trabalho é medida pela necessidade freqüente de: 1. desempenhar tarefas pesadas; 2. levar trabalho para casa; 3. horas extras; 4. trabalho em turnos alternados; 5. trabalho no fim de semana; e 6. abrir mão de férias. O Alpha é de 0,71, o que também não garante confiabilidade à escala. Aqui também ela é puramente descritiva.

trabalhadores. Como a maioria dos filiados (56%) encontra-se em firmas desse porte ou maiores, os achados não surpreendem. A tabela 11 resume as dimensões relevantes.

Outra dimensão importante da segurança relativa ao trabalho tem a ver com a segurança *no emprego*, ou a estabilidade do vínculo empregatício, além das atitudes correlatas relativas às condições atuais e perspectivas da ocupação. Se a pessoa é filiada a um sindicato, ela terá, com toda probabilidade (94%), um contrato por tempo indeterminado, e não terá experimentado o desemprego em qualquer momento de sua biografia (86%). As probabilidades para os não-membros são de 67% nos dois casos. Esta é uma diferença substancial que reflete, provavelmente, o caráter formal dos empregos dos filiados.

E de fato, nada menos do que 98% dos filiados (do setor público ou privado) têm carteira assinada ou são estatutários, contra 66% dos não-filiados. Isso significa que os últimos têm 34% de chances de trabalhar *sem carteira assinada*. E os contratos com carteira, é bom notar, tendem a ser formalmente permanentes. Apenas muito recentemente (Lei 9.601/1998) a legislação trabalhista instituiu a possibilidade de contratos de assalariamento temporário (ver Ramos, 1999). Ainda assim, na maioria dos casos nos quais esse tipo de contrato é permitido, a opção requer aprovação sindical, o que a tem condenado a uma posição marginal no mercado formal de trabalho no país. Como vimos no capítulo 3, os empregadores preferem evadir-se da lei e contratar informalmente[161].

---

[161] Para se ter uma idéia, em dezembro de 2001 menos de 1% dos contratos formais de trabalho existentes eram por tempo determinado ou temporários, segundo a RAIS/MTE. Ter um contrato permanente no Brasil não significa, necessariamente, ter um emprego estável. Quer

Tabela 11 – Dimensões da segurança nos locais de trabalho, segundo a filiação sindical dos trabalhadores assalariados

Variáveis	Categorias	Não-filiados	Filiados
Índice de exposição a condições arriscadas de trabalho	Nenhuma	56,95	43,11
	1	18,85	28,6
	2	14,48	15,91
	3	5,50	6,19
	4	3,09	2,80
	5	1,08	2,83
	Muito alta	0,05	0,57
Local de trabalho tem departamento de seguranças?	Sim	43,58	68,48
	Não	51,13	26,93
	Não sabe	2,98	2,80
	N.A.	2,30	1,80
Local de trabalho é seguro?	Muito seguro	12,66	17,01
	Seguro	55,24	48,80
	Mais ou menos	18,83	15,81
	Inseguro	10,94	15,18
	Muito inseguro	2,12	3,20
	Não sabe	0,11	0,00
	N.A.	0,11	0,00
Índice de execução de trabalho extra	Nunca acontece	27,92	22,44
	1	22,78	25,10
	2	21,79	21,74
	3	17,29	19,91
	4	8,81	9,05
	5	1,22	1,76
	Muito freqüente	0,21	0
N		**1.028**	**376**

Fonte: PSS – Brasil.

---

simplesmente dizer que o trabalhador só pode ser despedido por "justa causa" (absenteísmo, alcoolismo, indisciplina etc.). Se não for assim, as firmas terão que pagar uma multa que, hoje, corresponde a 50% do FGTS, além dos direitos trabalhistas proporcionais ao tempo de emprego, como férias e décimo terceiro salário.

Ser sindicalizado, pois, é uma indicação forte e estatisticamente significativa de contratos de trabalho permanentes (em termos formais) e mais estáveis, por oposição a não ser filiado. Isto é diferente de dizer, é claro, que os sindicatos "causam" segurança no emprego. Por ora, estou apenas dizendo que as duas dimensões estão fortemente *correlacionadas*. Volto a isso em seguida.

Embora a filiação sindical de fato discrimine a segurança no trabalho (em suas duas dimensões, de segurança no emprego e segurança quanto a condições de trabalho), ela não resulta em *atitudes* significativamente divergentes quanto aos prospectos e recompensas do emprego atual. Os sindicalizados estão apenas um pouco mais seguros de que manterão o emprego nos próximos 12 meses, mas ambos, sindicalizados e não, são em sua maioria otimistas quanto a isso. O otimismo contrasta com o pessimismo, também indiferenciado segundo a filiação, relativo a outros temas importantes, como as chances de promoção nos próximos dois anos: entre os filiados é de 62% a proporção de pessimistas, contra 69% dos não-filiados (ver a mesma tabela 12). E no que concerne à satisfação no trabalho, as diferenças na distribuição do índice não são estatisticamente relevantes a não ser nas pontas da distribuição: a proporção de filiados totalmente insatisfeitos é menor, e maior a de totalmente satisfeitos[162]. E todos os assalariados consideram difícil conseguir um em-

[162] A variável em questão é um índice das seguintes dimensões de satisfação no trabalho: 1. quanto ao salário; 2. benefícios subsidiários; 3. tipo de tarefa desempenhada; 4. grau de autonomia para desempenhá-la; 5. oportunidade de aprimorar a qualificação; 6. oportunidade de promoção; 7. ambiente de trabalho. A escala, pois, varia de 0 a 7 e o Alpha de Crombach é de 0,88, alto o suficiente para conferir-lhe confiabilidade.

prego equivalente ou melhor do que o atual, além de serem pessimistas quanto à evolução dos salários reais nos últimos dois anos. Aqui, a maioria dos trabalhadores percebe seus salários como estando estacionários ou menores (66% se somarmos as duas categorias tanto para filiados quanto para não-filiados).

O quadro parece bastante claro: os trabalhadores, filiados ou não, encaram seu emprego como assegurado nos anos por vir, estão majoritariamente satisfeitos com ele, porém olham com pessimismo as perspectivas salariais, atuais ou futuras. Isso porque não esperam ser promovidos, nem acreditam ser possível um emprego igual ou melhor do que o atual, o que os condena a ele. Em qualquer destes casos, porém, os filiados estão em posição levemente mais favorável do que os demais, principalmente por não terem vivenciado o desemprego e terem, em proporção bastante superior aos outros, contratos formais e permanentes de trabalho.

Em suma, ser sindicalizado é indicador, não muito intenso, de locais de trabalho mais arriscados. Indica, também, maior presença de canais para a vocalização de temas relativos a segurança, além de indicar empregos mais estáveis e melhor remunerados[163]. Logo, *a filiação sindical ajuda, efetivamente, a prever e discriminar a segurança no trabalho*, com vantagem efetiva para os filiados. Contudo, não ajuda em nada a discriminar *atitudes* relativas à satisfação no emprego, além de ter muito pouco impacto na compreensão das *percepções* quanto a segurança e recompensas do trabalho. Aparentemente, os trabalhadores sindicalizados sentem-se mais seguros *porque* trabalham no setor formal da econo-

---

[163] Como vimos na tabela 11, a renda real por hora trabalhada dos filiados é 66% maior do que a dos não-filiados.

mia, setor submetido a padrões razoavelmente estritos de regulação das condições de emprego, e não porque filiar-se a sindicatos garante segurança no trabalho. Se este arrazoado faz sentido, a filiação seria não mais do que um indicador secundário de um fenômeno subjacente e mais importante (trabalhar o setor formal), que estaria na verdade explicando a segurança no emprego e no trabalho.

Tabela 12 – Impactos da filiação sindical em medidas de segurança no trabalho

Medidas de seguranças no emprego	Categorias	Não-filiados	Filiados
Tem um contrato permanente	Sim	66,84	93,87
Já ficou desempregado antes	Não	66,6	86,31
Só tem a ocupação principal	Sim	92,29	90,91
Posição na ocupação	Com carteira	56,15	74,43
	Sem carteira	33,88	2,33
	Serv. público	9,97	23,24
Atitudes relativas à segurança no emprego	Categorias	Não-filiados	Filiados
Conseguirá manter o emprego nos próximos 12 meses	Sim	56,47	62,38
Há probabilidade de ser promovido nos próx. 2 anos	Sim	30,64	37,99
Difícil de encontrar o mesmo ou melhor emprego em outro lugar	Não muito	36,78	30,69
	Um pouco	13,72	12,65
	Difícil	12,08	14,61
	Muito difícil	37,42	42,04
Como está o salário comparado com 2 anos atrás	Maior	32,42	33,19
	O mesmo	40,34	37,55
	Menor	22,11	28,23
	Não sabe	1,24	0,13
	Não se aplica	3,89	0,9

Medidas de seguranças no emprego	Categorias	Não-filiados	Filiados
Índice de satisfação no trabalho	Nenhuma satisf.	9,34	5,06
	1	9,66	9,09
	2	12,02	11,38
	3	16,18	15,95
	4	16,76	15,35
	5	14,41	15,18
	6	11,82	10,99
	Total satisfação	9,8	17,01
N		**1.028**	**376**

Fonte: PSS – Brasil.

Dizendo de outra maneira: o emprego formal se estaria configurando como uma síndrome de condições e situações que favoreceriam a emergência, naqueles que o detêm, de sentimentos mais estáveis em relação ao vínculo empregatício, e horizontes mais largos permitidos pela permanência nele, além de julgamentos bastante realistas a respeito das chances de encontrar emprego em outro lugar[164]. A filiação sindical seria apenas um dos elementos dessa síndrome, de tal sorte que, em lugar de indicar segurança no emprego, seria, na verdade, uma conseqüência desta mesma segurança. Essa é uma hipótese importante para a dinâmica da representação sindical no Brasil, e pode ser testada de forma robusta com os dados disponíveis.

[164] Como se sabe, o tempo de permanência no mesmo emprego é um dos determinantes mais poderosos das chances de retorno a outro emprego, caso o trabalhador seja demitido. Ver Granovetter (1974) e Cardoso (2000).

Tabela 13 – Regressão logística multivariada contra a probabilidade de um trabalhador assalariado ter um contrato permanente de trabalho (parâmetros significativos enfatizados)

Variáveis	Significância (%)	Efeito líquido
Anos de escolaridade	0,5812	4,39
Log da renda horária	**0,0154**	**53,14**
Região metropolitana (Recife)	0,2769	
Rio de Janeiro	0,1712	-35,88
São Paulo	0,2378	-23,66
Nunca ficou desempregado	**0,0076**	**80,54**
Ramo (indústria)	0,2373	
Comércio	0,4152	31,44
Construção	0,0222	-74,33
Serviços	0,8271	7,23
Adm. pública	0,8117	-14,21
Serviços de utilidade pública	0,6418	28,77
Transportes	0,4122	71,23
Outros	0,8757	-9,26
Posição na ocupação (com carteira)	**0,0000**	
Sem carteira	0,0000	-97,4
Servidor público	0,0204	-71,38
Tamanho da firma	0,327	6,29
Idade	0,874	0,16
Gênero (masculino)	**0,0361**	**-36,78**
Raça (brancos)	0,7284	-6,72
Filiado	**0,0126**	**109,03**
Constante	0,087	

Adequação do modelo = 89,3% (R^2 de Nagelkerke = 0,61).

Nota: o efeito líquido dos parâmetros é conseguido pelo antilog do valor de B menos 1, multiplicado por 100. Pode ser lido como a mudança percentual na chance de ter um contrato permanente, resultante da mudança de uma unidade (se contínua) ou da condição (se *dummy*, por exemplo, ser homem por oposição a ser mulher) na variável independente.

Tome-se, por exemplo, a probabilidade de ter um contrato permanente de trabalho, uma das distinções mais decisivas introduzidas pela filiação sindical. Uma regressão logística multivariada contra a probabilidade mencionada revelará um impacto relevante da filiação, mesmo quando controlamos por região metropolitana, por tipo de contrato (com ou sem carteira), por setor econômico, tamanho da firma, experiência de desemprego, sexo, idade, raça e escolaridade dos trabalhadores (ver tabela 13). O modelo é robusto com 20 graus de liberdade, com um R^2 de Nagelkerke de 0,64, e um R^2 de Cox & Snell de 0,43[165], e não deve deixar dúvidas: a filiação sindical ajuda efetivamente a prever a segurança no emprego e no trabalho, influenciando positivamente a posição dos trabalhadores. Nesse ponto específico, a hipótese nula parece estar, desde logo, rejeitada: se o trabalhador é sindicalizado, a chance de que tenha um contrato permanente é 109% maior do que se ele não for sindicalizado, controlando-se por tudo o mais de relevância. Se isso é verdade, a filiação parece não ter nada a dizer sobre as percepções desses temas entre esses mesmos trabalhadores. Outras medidas importantes serão testadas a seguir.

5.3.3 Acesso a direitos trabalhistas e bem-estar

Uma das dimensões mais importantes da segurança no emprego é a possibilidade de acesso sustentado a benefícios

---

[165] Estas medidas são computadas automaticamente pela regressão logística do PSS, pacote estatístico usado aqui. Uma medida alternativa, talvez mais eficaz, é o R^2 de Estrella (Estrella, 1998), que nesse caso equivale a 0,53. Esse R^2 é dado por $[1 - ((\log L_u - k / \log L_c)^{-(2/n)\log Lc})]$ onde L_u = verossimilhança do modelo sem variáveis independentes; L_c = verossimilhança do modelo com as variáveis independentes; e k são os graus de liberdade do modelo.

legais ou contratuais. Já vimos que nosso modelo de relações de trabalho é legislado, e não contratual. Temos dois códigos principais de regulação daquelas relações: a Constituição Federal e a Consolidação das Leis do Trabalho (CLT). A regulação do trabalho infantil, a proteção da mulher gestante, a duração dos contratos de trabalho, jornada semanal de trabalho, trabalho em turnos e noturno, pagamento de horas extras, alguns critérios de demissão, compensação para demissão sem justa causa, estes são todos direitos constitucionais, que vinculam formalmente todo trabalhador com carteira assinada. Os servidores públicos federais têm um código próprio (o chamado "regime jurídico único"), e os estaduais outro, e os municipais outro ainda. Por fim, a CLT é, tradicionalmente, o código do trabalho para o setor privado, mas é crescente o número de servidores públicos regidos por ele[166].

A CLT regula a segurança nos locais de trabalho, define o que é um trabalho inseguro, estabelece critérios para demissão e compensação para cortes sem justa causa, define o que é justa causa, define o que é um salário e qual a proporção máxima aceitável de benefícios não salariais, assevera que, para uma mesma função executada por indivíduos diferentes, deve-se pagar o mesmo salário, garante que os salários nominais não podem ser reduzidos sem redução de jornada de trabalho, regula os direitos dos trabalhadores obrigados a serviço militar ou outros serviços públicos compulsórios, dentre outras centenas de provisos legais relevantes.

Vimos acima que a filiação sindical está quase exclusivamente distribuída entre trabalhadores com carteira e servidores públicos. Na medida em que o modelo de relações de

---

166 Não por acaso, o título de um dos trabalhos mais recentes do historiador John French é *Afogados em leis: a CLT e a cultura política dos trabalhadores brasileiros*. Ver French (2001).

trabalho é legislado, a maioria dos benefícios listados no questionário do PSS é garantida estatutariamente para os trabalhadores daqueles setores[167]. Logo, é de se esperar que os sindicalizados apresentem uma taxa consistentemente maior de acesso a esses benefícios legais e estatutários, e isto à causa exclusiva da natureza do modelo. De mesmo modo, dado que os empregadores estão deslegitimando a legislação de forma crescente, aspecto largamente analisado no capítulo 3, devemos esperar também que, mesmo entre os assalariados com carteira, alguns desses benefícios não tenham vigência real, ainda que formalmente garantidos. Os dados disponíveis confirmam intensamente as duas expectativas.

A tabela 14 mostra a distribuição de um índice de acesso a benefícios legais e contratuais segundo a filiação sindical, construído a partir de 12 entre 14 categorias da pergunta específica no questionário do PSS (ver nota 167). Entre os sindicalizados, 50% têm acesso a dez benefícios ou mais, enquanto entre os não-filiados o valor mediano é sete. A proporção de sindicalizados com esse nível de acesso é de apenas 23%. Ou seja, a filiação é *de fato* um forte indicador de acesso a benefícios legais e contratuais. Ao mesmo tempo, se tomarmos apenas aqueles benefícios garantidos por lei[168], não mais

---

[167] A pergunta específica nesse caso é: na sua ocupação, principal você tem direito aos seguintes benefícios? a) licença-saúde paga; b) licença-maternidade paga; c) indenização em caso de demissão; d) férias pagas; e) décimo terceiro salário; f) aposentadoria; g) acesso a seguro-desemprego; h) auxílio creche/escola; i) plano de saúde; j) salário-família; k) alimentação, vale-refeição; l) transporte, vale-transporte; m) pró-labore; n) outros. Na construção do índice de acesso discutido em seguida, descartei a alternativa "pró-labore", exclusiva para empregadores, e "outros", por causa de sua indeterminação. O índice é muito robusto, com um Alpha de Crombach de 0,9048.

[168] Estes são os benefícios de A a G, além do J descritos na nota anterior.

do que 42% dos membros de sindicatos têm acesso a todos os oito. Acesso a pelo menos sete direitos legais aumenta a proporção para 62%, ainda bastante distante do acesso universal, esperado se a lei fosse imperativa. Por outros termos, ainda que garantidos por lei, muitos membros de sindicatos, do setor público ou privado, ainda se encontram sem acesso a alguns desses direitos. Esta é uma indicação de que os empregadores estão efetivamente deslegitimando a regulação do mercado de trabalho para assalariados com carteira, aproximando-os do mercado informal de trabalho.

Tabela 14 – Índice de acesso a benefícios legais e contratuais segundo a filiação sindical

Índice de acesso a direitos	Não-filiados	Filiados
Sem direitos	13,92	0,7
1	5,4	0,6
2	4,12	0,0
3	4,1	0,73
4	3,45	1,73
5	4,82	1,76
6	6,36	6,49
7	8,58	10,89
8	12,6	11,32
9	11,45	14,51
10	10,14	17,61
11	8,26	17,51
Todos os direitos	6,8	16,15
N	1.014	386

Fonte: PSS *survey*.

Todos os outros são igualmente benefícios legais, mas sua aplicação é restrita, por exemplo, segundo o tamanho das empresas (como creche, vale-transporte etc.).

Levando o argumento um pouco mais longe, adiantei na seção anterior que talvez a filiação sindical esteja indicando segurança de direitos simplesmente porque os sindicatos filiam trabalhadores do setor formal, o que por si só habilita a benefícios legais. Aqui, como antes, as probabilidades de sindicalização e de acesso a direitos seriam apenas indicadores de um terceiro fenômeno subjacente: a probabilidade de pertencer ou não ao setor formal. Para testar esta hipótese, que é apenas outra dimensão do mesmo problema discutido na seção precedente, construí a regressão múltipla apresentada na tabela 15, em que a variável dependente é o índice de acesso a direitos trabalhistas[169].

Como esperado, ter um contrato permanente tem o maior e mais consistente efeito sobre o índice de acesso a direitos (comparem-se os valores padronizados de B e a estatística F). A tabela não mostra, mas essa variável, sozinha, tem impacto positivo médio de 3,1 pontos na média de acesso a direitos. Ser um trabalhador com carteira apresenta o segundo maior impacto, implicando num aumento médio de 2,44 pontos na escala de acesso a direitos. O tamanho da firma é também muito importante, vindo em terceiro lugar[170]. Em quarto lugar em importância aparece, precisamente, a filiação sindical, seguida da escolaridade e do tempo de emprego em meses. Nada mais se provou rele-

---

[169] O modelo é bastante robusto, com R^2 de 0,61 e o teste de Durbin-Watson para os resíduos de exatos 2 pontos. Não há autocorrelação ou colinearidade (conforme a coluna VIF). As estatísticas são BLUE, ou seja, Best Linear Unbiased Estimates, ou os melhores estimadores lineares não enviesados.

[170] O tamanho da empresa é medido como segue: 1. 1 a 5 empregados; 2. 6 a 10; 3. 11 a 25; 4. 26 a 50; 5. 51 a 100; 6. mais de 100. Logo, o parâmetro na regressão significa a mudança média na média de acesso a direitos, quando passamos de uma categoria de tamanho a outra.

vante na explicação do acesso a direitos trabalhistas, e os seis estimadores mencionados são todos significativos pelo menos no nível 0,03.

Tabela 15 – Regressão múltipla contra o índice de acesso a direitos legais e contratuais

Var. independentes	B padronizado	T	Signif. de T	VIF
(Constante)		1,409	0,159	
Escolaridade	**0,066**	**2,836**	**0,005**	**1,646**
Log da renda real por hora trabalhada	0,028	1,142	0,254	1,903
Morar em São Paulo	-0,002	-0,129	0,898	1,113
Já ficou desempregado antes?	0,020	1,010	0,313	1,240
Trab. na indústria	-0,011	-0,581	0,562	1,155
Assal. com carteira	**0,333**	**14,629**	**0,000**	**1,598**
Filiado a sindicatos	**0,066**	**3,333**	**0,001**	**1,208**
Tamanho da empresa	**0,246**	**11,403**	**0,000**	**1,436**
Idade	0,000	0,007	0,994	1,595
Gênero (masculino)	-0,019	-0,989	0,323	1,162
Raça (branco)	-0,020	-1,090	0,276	1,086
Tem contrato permanente	**0,354**	**15,018**	**0,000**	**1,708**
Tempo de emprego em meses	**0,052**	**2,206**	**0,028**	**1,724**

Estatísticas do modelo:
R^2 ajustado: 0,61
Graus de liberdade: 12
Durbin-Watson: 2.008
F do modelo: 154.186
Sig: 0,000

Dizendo de outro modo: mesmo quando controlamos pelos indicadores relevantes de pertença ao setor formal, tais como tamanho da firma, ter um contrato permanente ou ter carteira assinada, *ainda assim o efeito da filiação sindical é significativo em termos estatísticos.* Contudo, e esse aspecto deve ser salientado, o impacto na média de acesso é de apenas 0,54 pontos, controlando-se por tudo mais[171]. A filiação sindical é, indubitavelmente, parte da síndrome que configura as relações formais de trabalho no Brasil, mas seu efeito *independente* no acesso cumulativo a direitos trabalhistas é residual. Retenhamos esse achado, por ora.

No que diz respeito às medidas de bem-estar no futuro, as principais dimensões cobertas pelo questionário do PSS referem-se às perspectivas percebidas quanto à qualidade de vida após os sessenta anos e quanto às chances de aposentadoria regular ou adequada. A tabela 16 mostra pequena influência da filiação sindical nas atitudes dos trabalhadores, mas as diferenças, quando existem, vão na direção esperada. Filiados e não-filiados são igualmente pessimistas com respeito ao acesso aos serviços de saúde no futuro, mas isso decorre, provavelmente, de um diagnóstico semelhante e bastante realista sobre os prospectos para o sistema nacional de saúde, que vem experimentando contínua deterioração pelo menos nos últimos vinte anos. Os membros de sindicatos são um pouco mais otimistas quanto às chances de acesso a bom padrão de vida e a rendas na velhice (poupança, investimentos), mas sentem-se definitivamente mais confiantes em que se aposentarão bem (45%, contra 32% dos não-membros). Aposentadoria e a pensão correlata são parte dos direitos constitucionais dos trabalhadores, e é mais provável que trabalhadores formais preencham os requisitos legais para habilitar-se ao direito[172] do que os trabalhadores informais. Uma vez mais, pertencer ou não ao setor formal estará, provavelmente, explicando uma parte substancial das diferenças entre sindicalizados e não-sindicalizados. De qualquer modo,

[171] O parâmetro é significativo no nível 0,001.

[172] Que hoje implica 35 anos de trabalho e 30 de contribuição à Previdência Social.

a filiação é um indicador de que os trabalhadores julgam mais favoravelmente suas chances quanto ao futuro, ainda que os assalariados, em sua maioria, sejam predominantemente pessimistas.

Tabela 16 – Prospectos para a vida aos sessenta anos segundo a filiação sindical

Relação com sindicatos		Não-filiado	Filiado
Terá acesso a serviços de saúde aos 60	Sim (%)	22,65	19,87
Terá acesso a rendas aos 60	Sim (%)	27,31	23,67
Terá acesso a padrão adequado de vida	Sim (%)	38,52	31,89
Considera altas as chances de aposentar-se bem	Sim (%)	31,89	44,84
Total		1.028	376

Fonte: PSS – Brasil.

Em suma, os trabalhadores assalariados *formais* das três regiões metropolitanas pesquisadas têm acesso a direitos trabalhistas regulares, e os filiados a sindicatos, mesmo quando controlamos pela formalidade, estão levemente em melhores condições do que os outros. Mas a variável decisiva, aqui, é pertencer ou não ao setor formal da economia. Para que se tenha uma idéia, se somarmos funcionários públicos e trabalhadores com carteira assinada, deixando do outro lado os assalariados sem carteira, a correlação com o índice de acesso a benefícios será de 0,75, ou seja, 75% da variância do acesso a direitos podem ser explicados pela variância da taxa de formalidade. A associação é intensa e linear. Com a filiação sindical a correlação é de apenas 0,33. É a pertença ao setor formal, pois, que indica segurança de acesso a direitos, muito mais do que a filiação. Seja como for, os trabalhadores em geral sentem-se bastante inseguros quanto ao seu futuro, em vários sentidos: não vêem perspectivas de promoção ou de melhora de vida via mudança de emprego, e não se vêem em boas condições na velhice. Ao que parece, a situação atual de insegurança quanto ao acesso à renda está contaminando o julgamento sobre o futuro, e isso independentemente de se o trabalhador é ou não filiado a sindicatos, ou se é do setor formal ou não. O sentimento de insegurança, nesse pormenor, é generalizado.

5.3.4 Segurança de representação de interesses

As instituições podem ser definidas, provisionalmente, como relações sociais rotineiras, nas quais expectativas e práticas mútuas de atores políticos e sociais se baseiam num corpo comum de normas mais ou menos formalizadas, mais ou menos estáveis[173]. Uma das características centrais das instituições é a conseqüente estabilização das expectativas, quanto às ações mútuas, tanto dos membros como daqueles com os quais estes se relacionam ou negociam. Isso é assim devido à existência de procedimentos mais ou menos rotinizados, de hierarquias mais ou menos estáveis de comando e controle, de recompensas e sanções mais ou menos intensas e identificáveis para membros e agentes externos, dentre outras coisas.

Instituições representativas tais como os sindicatos (mas não os partidos políticos, é bom marcar desde logo), ademais do que se disse, centralizam o processo de constituição

---

[173] Uma definição algo equivalente pode ser encontrada em Douglas (1986).

do interesse coletivo, promovem identidades coletivas baseadas na diferenciação de interesses em relação a outros atores (em geral os empregadores, mas também o governo), e alimentam a ação coletiva como sua principal fonte de poder[174]. E, dentre outras tantas características importantes, os sindicatos ajudam a ampliar os horizontes de cálculo de seus membros quanto a possíveis ganhos materiais e simbólicos, de tal modo que a confiança sempre renovada na eficiência e na eficácia do desempenho institucional é uma parte integral do processo de identificação política entre dirigentes e membros, sendo parte, também, do sentimento que estes nutrem de "se sentirem representados" por sua instituição.

A principal conseqüência desse tipo de arrazoado é que os trabalhadores não têm que desempenhar um papel ativo na vida sindical para se sentirem representados por sua instituição. A vontade de participação manifesta pelos trabalhadores é uma medida do *poder* social dos sindicatos, mas não de sua *legitimidade* entre aqueles que representa. Em outras palavras, os trabalhadores podem identificar-se com as práticas e ideologias de seu sindicato sem, contudo, tomar parte no processo de construção ideológica ou na ação coletiva. Esse tipo de "representação por identificação" é muito importante no Brasil, porque os trabalhadores não têm que se filiar a sindicatos para que sejam representados por eles na negociação coletiva ou em qualquer outro lugar. Um sindicato existente representa os trabalhadores formais por ramo ou profissão num dado município mesmo contra a vontade deles.

Se isso faz sentido, então é de se esperar que a filiação sindical tenha impacto *positivo* sobre as atitudes dos trabalhadores relativas à representatividade e à confiabilidade dos

---

[174] Ver, entre outros, Pizzorno (1978).

sindicatos. Em outras palavras, se a filiação não tem necessariamente a ver com a possibilidade ou o fato do trabalhador ser formalmente representado, então é possível imaginar que sua adesão a um sindicato é uma medida do grau de compartilhamento dos objetivos e, possivelmente, das ideologias institucionais. Isso não é tudo, obviamente. Há que se considerar, sempre, que, no Brasil, os trabalhadores também se filiam para ter acesso aos benefícios e serviços sociais prestados pelos sindicatos. Mas o que estou levantando como hipótese é que, mesmo neste caso particular, a freqüência ao prédio do sindicato, o contato com lideranças no cotidiano da prestação de serviços e a participação na vida sindical, são todos elementos capazes de conformar, entre os trabalhadores que se filiam, atitudes e, talvez, práticas diversas daqueles que não têm esse tipo de vivência institucional[175]. O PSS traz algumas indicações a esse respeito.

Em primeiro lugar, a proporção de assalariados que concorda com a afirmação de que os sindicatos *representam adequada e eficientemente* os trabalhadores é de 55% entre os filiados, e de 49% entre os não-filiados. Uma diferença de apenas 6 pontos percentuais que, ademais, não tem significância estatística: do ponto de vista da distribuição de probabilidades, os dois valores não podem ser distinguidos[176]. O que surpreende, contudo, é que *a maioria dos membros e não-membros **não** enxergam os sindicatos como instituições*

---

175 Essa hipótese não pode ser testada pelos dados disponíveis no PSS. Mas ver Cardoso (1999b, cap. 2), para uma longa discussão do problema, baseada em um *survey* entre quatro categorias de trabalhadores de São Paulo.

176 Análise de variância para a hipótese nula de que os dois valores são iguais tem um F de 5,98, com nível de significância de 0,02, ou seja, não podemos rejeitar a hipótese da igualdade.

confiáveis, ainda que os sindicalizados sejam um pouco mais generosos: as proporções são de 59% entre os sindicalizados e 69% entre os demais dizendo que os sindicatos *não são* confiáveis. A proporção dos que os enxergam como confiáveis é de 37% e 27% respectivamente, diferença estatisticamente significativa. Os sindicatos são percebidos como eficazes na representação de interesses, mas esta percepção não é estável, já que secundada por desconfiança. Por quê?

A confiança em instituições políticas e representativas é um fenômeno multidimensional, dificilmente apreensível em pesquisas de tipo *survey*. Num nível propriamente empírico (único pertinente a esse tipo de pesquisa), alguém pode, por exemplo, confiar em seu sindicato em razão de sua eficácia representativa, mas perceber nos dirigentes atitudes egoístas (por exemplo, visando qualificar-se a cargos eletivos), ou vice-versa. A confiança na eficácia da instituição não é contaminada pela desconfiança no caráter ou nas intenções não reveladas dos representantes da instituição. Nesse mesmo diapasão, dirigentes orientados ideologicamente podem ser percebidos como não confiáveis em razão de alguma instabilidade de propósitos ou métodos, apesar da eficácia de sua ação em favor dos interesses dos representados. A intensidade da abertura ou fechamento dos processos decisórios também contribui para galvanizar ou destruir confiança, assim como para estabelecer clivagens mais ou menos onerosas no conjunto dos representados do ponto de vista da legitimação da ação representativa. A mensuração destas dimensões é possível em pesquisas quantitativas, ainda que de difícil desenho.

Num âmbito mais abstrato, cuja apreensão adequada requer outras metodologias, além de imaginação sociológica, a confiança é parte integral do processo de identificação e legitimação que dá ao sistema político e às relações sociais alguma estabilidade e previsibilidade no tempo[177]. Nesse outro nível, a confiança pode ser pensada, também, como um problema de identificação com a teia institucional democrática enquanto um sistema de referências políticas mais ou menos recíprocas, que serve de base estrutural para a ação e, também, para a construção de valores sociais e políticos. Eu suspeito que é nesse nível mais geral que poderemos encontrar a explicação para o aparente paradoxo da coexistência entre, de um lado, sensação de que a ação sindical é eficaz e, de outro, de que os sindicatos não são confiáveis.

O que parece estar ocorrendo é um julgamento terminativo e geral das instituições políticas democráticas como um todo, que está contaminando os sindicatos apesar da percepção majoritária de que eles representam os interesses dos trabalhadores. É o que sugere a tabela 17. Partidos políticos, Parlamento e sistema judicial são todos sumariamente julgados, ainda que os membros de sindicatos tendam a vê-las como instituições confiáveis numa proporção um pouco superior aos demais. Nem mesmo a mídia, o "quarto poder" da democracia, é poupada. Por outro lado, com exceção das ONGs, as outras associações da sociedade civil e as organizações religiosas escapam ao nivelamento, e aqui tam-

---

[177] A literatura sobre isso é numerosa e crescente, já que o tema voltou à moda. Os mercados, os sistemas políticos, as relações sociais, as interações no cotidiano, tudo vem sendo escrutinado sob a perspectiva da confiança. Ver Luhmann (1996, cujo original é de 1973) para uma análise sistemática e ao mesmo tempo sintética, de cunho sociológico. Esse texto é a referência de tudo o mais que vem sendo produzido no ocidente. Eisenstadt e Roniger (1984) e Seligman (1997) navegam em águas semelhantes. Uma perspectiva de escolha racional é a interessante coletânea organizada por Gambetta (1988). Misztal (1996) em seu ecletismo polifônico, consegue mapear os muitos terrenos do debate atual. E Warren (1999) traz vários artigos sobre a operação da confiança nas democracias.

bém os sindicalizados tendem a confiar em maior proporção. Parece-me que tanto os sindicatos quanto as ONGs são percebidos como parte do sistema político mais geral, ou da teia de instituições políticas democráticas, e são estas que estão sendo deslegitimadas.

Não confiar em partidos políticos, no Parlamento, na Justiça ou na imprensa quer simplesmente dizer que os trabalhadores, sejam ou não membros de sindicatos, não se sentem representados pelo sistema político. Este não é visto como caixa de ressonância de sua voz e de seu interesse. Associações e instituições da sociedade civil, por sua parte, com a possível exceção das instituições religiosas, não são substitutos adequados para a falta de confiança na política. A filiação sindical tampouco é paliativo. A insegurança na representação, pois, é a principal característica das atitudes dos respondentes e, uma vez mais, os sindicalizados estão apenas um pouco melhor do que os outros.

Tabela 17 – Proporção de filiados e não-filiados para quem as instituições são confiáveis

Instituições sociais e políticas	**Proporção que confia**	
	Não-filiados	**Filiados**
Igreja ou associações religiosas	59,30	60,49
Associações de pais	51,26	58,16
Associações de estudantes	45,61	54,59
Associações de bairro	37,71	45,17
Sindicatos	27,13	37,12
A imprensa	29,45	34,89
ONGs	24,90	32,72
Justiça	26,57	25,60
Congresso Nacional	17,58	20,77
Polícia	18,99	20,67
Partidos políticos	7,21	9,52
Outros	4,68	7,12

Fonte: PSS – Brasil.

O julgamento sumário dos sistemas político e de representação de interesses tem um importante complemento na forte e generalizada abstenção de participação em organizações sociais ou políticas. Os sindicalizados são mais participativos do que os outros, mas a diferença é de apenas 9 pontos percentuais (29% contra 20%, respectivamente). Em outras palavras, 29% dos filiados dizem participar de outras instituições sociais ou políticas, com a maioria participando de organizações religiosas. Esse é, também, o *locus* preferido dos não-filiados, mas a uma taxa inferior. A participação na vida organizacional e política é, pois, a exceção entre os trabalhadores como um todo nas três regiões metropolitanas. Isso quer dizer que o sentimento de baixa representatividade do sistema político é apenas parcialmente compensado por laços sociais rotinizados, quer dizer, por instituições que de um modo ou de outro lidam com os interesses e necessidades cotidianas. A segurança na representação de interesses é, pois, fraca tanto no nível político mais geral, como no nível social e local.

Em suma, a filiação sindical não discrimina consistentemente a percepção dos trabalhadores a respeito de seu acesso real ou desejado a mecanismos de representação de interesses, sejam eles relacionados com o cotidiano de trabalho, ou com o cotidiano da vida na cidade, ou ainda com o mundo da política mais geral. Os sindicalizados são um pouco mais positivos do que os não-membros, mas a *malaise* política parece ser o conceito que melhor encasula o que se passa nas três regiões metropolitanas analisadas. Neste ponto específico, a análise não permite rejeitar a hipótese nula de que a sindicalização *não* indica maior segurança de representação. Nada parece sugerir que a participação dos filiados na vida associativa está moldando suas atitudes e expectativas quanto ao sistema político e, mesmo, à representação sindical.

Tabela 18 – Participação em instituições políticas e sociais segundo a filiação sindical

Organizações de que participa	Não-filiados	Filiados
Nenhuma	80,26	71,11
Associações religiosas	10,42	14,78
Outras	1,75	7,92
Associações de bairro	2,91	5,46
Associações filantrópicas	1,67	3,86
Associações de pais	2,4	3,83
Partidos políticos	1,78	2,8
Associações de estudantes	2,99	2,5
Associações ecológicas	0,55	2,23
ONGs	0,54	1,9
N	1.028	376

Fonte: PSS *survey* – Brasil.

Estes achados são confirmados ainda por outro indicador de importância: a percepção dos assalariados a respeito de temas como desigualdade de oportunidades, justiça distributiva e possibilidade de solução dos problemas do país. Essa percepção é, rigorosamente, a mesma entre filiados e não-filiados. Os dois grupos encaram como baixa ou muito baixa a igualdade de oportunidades entre nós (mais de 60% dos entrevistados), o que tem como contrapartida noções muito fortes de justiça distributiva. Nesse aspecto, somando-se os que responderam que, no que diz respeito ao acesso à renda, deveria haver um limite superior e um limite inferior, e os que gostariam que todos tivessem o mesmo rendimento, temos quase 65% dos entrevistados. Trata-se de pessoas que por razões correlatas condenam as diferenças de renda, mas uma distinção relevante se impõe: de um lado, os que aceitam limites estão afirmando algo como "a cada um segundo suas necessidades", estas reconhecidas, ao menos em tese, como potencialmente diferentes; e de outro lado, temos o grupo radicalmente igualitarista que, diga-se de passagem, é majoritário entre filiados e não-filiados (ver tabela 19).

Estas atitudes são secundadas por outras medidas de justiça distributiva, relacionadas de algum modo com a idéia de renda mínima. Em primeiro lugar, perguntados se o governo deveria recompensar monetariamente as pessoas (ou suas famílias) pelo tempo que elas gastam cuidando de crianças com menos de seis anos, cuidando de idosos ou participando de trabalhos para a comunidade, a resposta afirmativa é quase unânime, igual ou superior a 80% em cada um destes casos. Em segundo lugar, pelo menos 85% dos assalariados acham que o governo deveria dar renda mínima aos pobres, à condição de manterem suas crianças na escola (40%), aceitar trabalho oferecido pelo governo (18%) ou os adultos trabalharem (15% entre não-filiados e 20% entre filiados, única diferença relevante entre as duas populações).

Tabela 19 – Atitudes relativas à justiça distributiva, segundo a filiação sindical

Variáveis e categorias	**Filiado a sindicato?**	
Efeitos da globalização nas chances de manter o emprego atual	**Não**	**Sim**
Positivo	40,70%	39,20%
Sem efeito	26,90%	22,90%
Negativo	20,20%	26,90%
Não sabe	11,50%	10,40%
N.A.	0,70%	0,50%
Igualdade de oportunidades no Brasil		
Muito baixa	39,70%	41,00%
Baixa	25,50%	21,50%
Nem baixa nem alta	21,80%	26,60%
Alta	5,60%	4,50%
Muito alta	6,60%	6,10%
Não sabe	0,60%	0,30%
N.A.	0,20%	0,00%

Variáveis e categorias	Filiado a sindicato?	
Sobre renda/salários	**Não**	**Sim**
Deveria haver um limite superior para todos	13,40%	10,40%
Deveria haver um limite inferior para todos	10,60%	11,20%
Superior e inferior	25,90%	29,10%
Nada de limites	10,40%	11,70%
Deveria haver renda igual para todos	37,70%	36,50%
Não sabe	1,50%	0,30%
N.A.	0,50%	0,80%
Governo deveria compensar quem cuida de crianças?		
Sim	80,10%	77,30%
Não	18,70%	21,60%
Não sabe	0,80%	0,80%
N.A.	0,50%	0,30%
Governo deveria compensar quem cuida dos velhos?		
Sim	86,40%	85,60%
Não	13,10%	13,60%
Não sabe	0,20%	0,30%
N.A.	0,30%	0,50%
Governo deveria compensar trabalho voluntário?		
Sim	82,10%	80,10%
Não	16,90%	19,10%
Não sabe	0,60%	0,30%
N.A.	0,40%	0,50%
Governo deveria dar renda mínima aos pobres?		
Sim	84,70%	86,20%
Não	14,50%	13,30%
Não sabe	0,70%	0,30%
N.A.	0,10%	N.A.
Deveria haver condições para receber renda mínima?		
Sim	78,90%	84,90%
Não	20,30%	14,80%
Não sabe	0,80%	0,30%
Qual condição?		
Adultos deveriam trabalhar	15,00%	19,60%
Manter crianças na escola	40,20%	42,50%
Mães cuidar das crianças	11,10%	5,80%

Variáveis e categorias	Filiado a sindicato?	
Qual condição?	Não	Sim
Trabalho comunitário	9,90%	10,20%
Trabalho oferecido pelo governo	19,10%	17,50%
Outro	4,20%	3,30%
Não sabe	0,10%	0,70%
N.A.	0,30%	0,40%

Fonte: PSS – Brasil.

Em outras palavras: se o Brasil é visto como um país injusto (em termos de igualdade de oportunidades), o Estado aparece como o principal veículo da possibilidade de mudança no quadro, via políticas redistributivas diretas do tipo "renda mínima". A filiação sindical não tem qualquer efeito sobre estas atitudes que, desse ponto de vista, vêm se somar à indiferenciação geral de opiniões relativas ao mundo da política. Se a filiação discrimina efetivamente as chances de acesso à segurança no trabalho, ela influi muito pouco na segurança de representação política, tal como medida pelo acesso à teia institucional democrática e pelas atitudes a respeito de soluções para a desigualdade e a injustiça social. Aproveitemos os achados do *survey* para dar um passo além dele, inquirindo sobre a natureza da crise do sindicalismo entre nós.

5.4 Conclusão

A retirada do Estado da regulação da sociabilidade capitalista, e a liberação das forças de mercado numa sociedade até ali fortemente dependente da ação estatal, resultou num aumento sem precedentes na sensação de insegurança socioeconômica entre os trabalhadores. Para que se tenha uma idéia, num *survey* realizado em 1986 junto a uma amostra probabilística da cidade de São Paulo, quando perguntados se estavam preocupados com possibilidade de perda de seu emprego, 52,5% dos entrevistados *disseram que não*[178]. Entre os sindicalizados essa proporção era de impressionantes 82,5%. Em 2001, no PSS para a região metropolitana de São Paulo, essas proporções eram de 31% e 44,5% respectivamente, de trabalhadores afirmando-se *seguros* quanto à manutenção de seu emprego. As perguntas não têm exatamente a mesma formulação, mas conotam pelo menos dimensão equivalente do problema, que é o julgamento de risco diante da possibilidade de desemprego. O que parece inquestionável é que a segurança no emprego tornou-se uma questão central para os trabalhadores[179].

A reestruturação econômica e a globalização são, ambos, processos "cegos", no sentido de que, para o trabalhador individual, pouco ou nada pode ser feito para domar seu movimento ou controlar suas conseqüências. Processos globais são percebidos como exigências de intervenção também global, e as pesquisas de opinião no Brasil sempre encontram que o Estado (ou o governo) é o único agente capaz de resolver problemas gerais como o desemprego, a desigualdade de renda e a pobreza. Isso contribui para explicar por que o PSS não conseguiu detectar diferenças em atitudes entre sindicalizados e não-sindicalizados no que diz respeito à maioria desses temas. O *survey* sugere que os sindicatos *não*

---

178 Pesquisa do Instituto de Estudos Econômicos, Sociais e Políticos de São Paulo (Idesp) com amostra representativa da população paulista (2.561 indivíduos), arquivada no CESOP/Unicamp. Agradeço a Rachel Meneguello a generosa cessão dos dados.

179 Em fevereiro de 1999, uma pesquisa junto a amostra probabilística da população brasileira encontrou que 35% dos entrevistados achavam que o estímulo à criação de empregos era a principal medida a ser tomada pelo governo para enfrentar a crise econômica. Ver *Folha de S.Paulo,* 17 fev. 1999, p. A5. Não por acaso, o emprego foi o tema mais importante da campanha presidencial de 2002.

são percebidos como parte central da solução para os problemas individuais e coletivos dos trabalhadores, embora a filiação sindical seja um indicador de segurança socioeconômica. Ela indica, por exemplo, segurança no emprego (os sindicalizados são consistentemente mais estáveis em seus empregos do que os demais), mas não parece relacionada com as *percepções* dos trabalhadores quanto à estrutura dos problemas sociais e econômicos, muito menos quanto à sua solução.

Nesses termos, supondo que a filiação sindical pudesse ser tomada como um indicador inequívoco de proximidade entre um trabalhador e sua instituição representativa, os sindicatos teriam perdido um de seus papéis mais importantes na sociedade brasileira, identificável na década de 1980 e igualmente no pré-64, que é o de funcionar como centro para a construção e promoção de visões de mundo, identidades sociais e ação política. Que eles indiquem segurança econômica tem muito a ver com o fato de que filiam trabalhadores do setor formal da economia. Este setor, como se sabe, é sinônimo de empregos registrados e com direitos trabalhistas. E mesmo que a sindicalização tenha um impacto independente sobre a probabilidade do trabalhador ter um contrato permanente, e também sobre a média de acesso a direitos legais e contratuais, este impacto é pequeno em termos quantitativos, se comparado com as medidas de pertença ao setor formal. Dizendo de outro modo, e em resumo: *a sindicalização não é* indicador de inclusão política, ainda que seja indicador de maior segurança econômica relacionada com o emprego e a renda. Qualquer que seja a razão para os trabalhadores procurarem os sindicatos, isso não parece ter qualquer efeito em sua visão de mundo.

O que estou sugerindo como hipótese explicativa para o fenômeno, então, é o seguinte encadeamento de idéias: a despolitização da economia, ao aumentar muito a sensação de insegurança socioeconômica, limita (embora não torne exclusivo) o âmbito da atuação sindical à salvaguarda das posições de mercado de seus representados, o que reduz o potencial expressivo, identitário ou simplesmente político da ação dos sindicatos. É bom lembrar com ênfase: os sindicatos são julgados representativos por metade dos assalariados, mas igual proporção julga-os *não confiáveis*. O PSS sugere, ademais, que não há, no sistema de representação política em geral, substituto adequado, e os trabalhadores assalariados, sejam ou não filiados a sindicatos, não se sentem representados pela institucionalidade democrática que se vem consolidando entre nós.

Estes achados, é claro, devem ser tomados com alguma cautela. O PSS restringe-se a três regiões metropolitanas, e não formulou, em número suficiente, questões específicas sobre atitudes e participação política. A conclusão do parágrafo anterior deve ser tomada, pois, como hipótese. E mesmo que ela seja correta, isso não quer dizer que estejamos diante de um cenário irreversível. É justamente o percebido vácuo de representação da institucionalidade democrática que, num contexto menos inseguro, pode abrir aos sindicatos o caminho da renovação dos horizontes de sua prática. Na conclusão retomo esse e outros temas centrais do livro.

5.5 Apêndice

Tabela 20 – Regressão logística multivariada contra a probabilidade de ser filiado a sindicatos

Variável	Significância	Efeito líquido (%)
Índice de acesso a benefícios legais	**0,0010**	**12,8**
Idade	0,9156	1,77
Raça (branco)	0,4015	-0,76
Escolaridade	0,3736	14,77
Gênero (homem)	0,1867	7,97
Tempo no emprego em meses	**0,0034**	**0,33**
Tamanho da firma	**0,0019**	**16,43**
Tem um contrato permanente	0,2973	38,8
Nunca trocou de emprego	**0,0442**	**49,97**
Nunca ficou desempregado	0,5577	13,51
Reg. metropolitana (São Paulo)	**0,0062**	
Rio de Janeiro	0,5676	10,53
Recife	0,0019	128,29
Setor econômico (indústria)	**0,0014**	
Comércio	0,0127	-46,6
Construção	0,2106	85,64
Serviços	0,4764	-14,53
Administração pública	0,0258	146,97
Serviços de utilidade pública	0,2329	47,98
Transportes	0,0594	101,86
Outros	0,9566	2,64
Posição na ocupação (sem carteira)	**0,0012**	
Com carteira	0,0007	328,39
Funcionário público	0,0858	138,77
Log da renda horária real	0,0728	27,82
Constante	0,0000	12,8

Adequação do modelo: 75,5% (Nagelkerke R^2 = 0,31).

Nota: O efeito líquido dos parâmetros é dado pelo antilog do valor de B menos 1, multiplicado por 100. Pode ser lido como a mudança percentual nas chances de ser sindicalizado, resultante da mudança de uma unidade (se contínua) ou presença da condição (se *dummy*) nas variáveis independentes.

CONCLUSÃO

O ambiente selvagem da década neoliberal trouxe os sindicatos e as centrais sindicais a uma encruzilhada de novo caráter no Brasil, se a compararmos com as várias conjunturas históricas críticas enfrentadas pelo sindicalismo desde pelo menos a Revolução de 1930. Essa conjuntura pode ser resumida em três enunciados:

1. Em primeiro lugar, pela primeira vez desde a intensificação do processo de urbanização e industrialização que, em cinqüenta anos, a partir de 1940, mudou a face da sociedade brasileira de agrária (em que a agricultura ocupava 70% da força de trabalho) para urbana (em que as cidades passaram a acolher essa mesma proporção de trabalhadores), o setor industrial perdeu seu papel de segmento gerador de empregos, passando a desempregar de forma contínua e sustentada. O sonho desenvolvimentista das décadas de 1950 a 1970, que reservava às cidades a função precípua de acolher os egressos do campo, sujeito ele mesmo a revoluções tecnológicas de processo e produto, sonho posto entre parênteses na década de 1980 em razão da crise geral, tornou-se

um pesadelo na de 1990. A indústria passou a desempregar intensamente, mas os demais setores urbanos não geraram empregos suficientes para acolher os redundantes da reestruturação industrial, simplesmente porque a economia parou de crescer, ou fê-lo a taxas inferiores ao que seria preciso para gerar os empregos necessários tanto aos novos entrantes no mercado de trabalho como aos excluídos da reestruturação econômica. Em outras palavras, a década de 1990 rompeu com algo que poderíamos denominar a "promessa integradora" do mercado formal de trabalho[180]. Segundo essa promessa, presente no discurso desenvolvimentista desde sempre[181], a economia em crescimento constante incluiria, com o tempo, a todos os assalariados em relações de emprego reguladas pelo poder público, garantindo assim não apenas direitos trabalhistas, mas também direito à representação de interesses em negociações coletivas, já que os sindicatos representam os trabalhadores na base territorial, mesmo contra sua vontade.

Havia razões objetivas para a crença na promessa integradora do mercado formal urbano. Em 1976 os trabalhadores titulares de direitos, porque ocupantes de empregos registrados em carteira, eram 61% da força de trabalho no país[182]. Esse foi o ápice do processo de inclusão pelo assalariamento regulado cujo crescimento pode ser rastreado, com alguma dificuldade, é certo, pelo número de carteiras profissionais emitidas pelo Ministério do Trabalho ao longo das

---

180 Tomo de empréstimo a Gentili (1998) a expressão entre aspas, embora com outro sentido. Esse autor refere-se à *educação* em sua relação com o emprego/desemprego.

181 Ver, por exemplo, Bielschowski (1996) para um apanhado compreensivo desse discurso ao longo das décadas de 1950 e 1960.

182 Ver gráfico 5, na página 174.

décadas. Seu crescimento é exponencial a cada ano. Para que se tenha uma idéia dos montantes portentosos desse processo, em 1940 a população econômica ativa (PEA, ou trabalhadores de dez anos ou mais que estavam empregados ou procurando emprego) era de quase 15 milhões de pessoas. Até ali, o Ministério do Trabalho tinha emitido não mais do que um milhão de carteiras de trabalho. Em 1950 a PEA montava a 17 milhões, mas o número de carteiras emitidas já estava em 3,5 milhões. Ou seja, para um crescimento de 16% na PEA, o número de trabalhadores documentados aumentou mais de 300%. É claro que a documentação não quer dizer que as pessoas estivessem empregadas. Mas o importante para o argumento é que os trabalhadores *aderiram* à promessa integradora representada pela carteira. Isso seguiu assim pelas décadas, até que, em 1976, o total de carteiras emitidas ultrapassou os 40 milhões de unidades, para uma PEA de 39 milhões de pessoas. O gráfico 16 mostra os dados. Note-se que, a partir de 1960, as curvas do acumulado na emissão de carteiras e da evolução da PEA

Gráfico 16 – Evolução da PEA e do número de carteiras de trabalho expedidas pelo Ministério do Trabalho: Brasil, 1940-1976

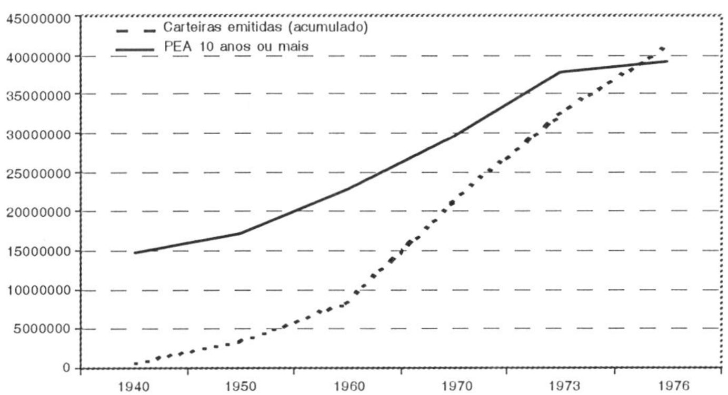

Fonte: IBGE, Anuário Estatístico do Brasil, vários anos.

vão encurtando a distância com os anos, até que uma (carteiras) suplanta a outra. Havia, efetivamente, uma promessa integradora associada ao trabalho regulado, e esse compromisso, e também as expectativas que ela criou entre os trabalhadores urbanos, ganhou registro inconteste no fato de que os assalariados *procuraram o registro profissional* de forma crescente, em proporção superior ao crescimento da PEA.

Além da promessa integradora, o emprego registrado no Brasil representou, para parcelas crescentes dos trabalhadores urbanos (e, a partir da década de 1970, também para os trabalhadores rurais), um ponto de referência normativo para a estruturação das expectativas individuais e coletivas quanto aos padrões do que se poderia denominar "mínimos civilizatórios", aquém dos quais o mercado de trabalho não poderia operar *de forma legítima*. Refiro-me ao salário mínimo, ao direito a férias regulares, ao descanso semanal remunerado, a um abono de natal (igual ou próximo ao salário percebido), em suma, padrões que mimetizavam de algum modo os direitos legais do mercado formal e que passaram a operar, também, em segmentos do mercado assalariado informal, como uma espécie de acordo tácito entre empregadores informais e assalariados sem carteira, acordo que tomava esses direitos como *justos*. Mesmo que nunca se tenha universalizado, o mercado formal estruturava um conjunto de relações sociais e econômicas que ocorriam ao seu largo, pela razão mesma de que os assalariados urbanos esperavam, cedo ou tarde, integrar-se a ele.

Em suma, os trabalhadores *acreditavam* que o mercado formal os acolheria em algum momento, e esse é o aspecto importante a se reter em primeiro lugar: a década de 1990 rompeu definitivamente a promessa, ao desestruturar o mercado formal de trabalho e tornar minoritário o emprego registrado. Com isso, este perdeu força como organizador do mercado informal, minguando seu papel de parâmetro para a articulação das expectativas dos trabalhadores quanto às chances de melhoria de vida.

2. Em segundo lugar, o Estado brasileiro deu uma virada de 180 graus em suas relações com a economia. E não se está falando aqui apenas do fato de que ele se desfez de propriedades, como já foi mencionado no capítulo inicial deste estudo. Sem exageros, o que se deu foi um processo mais geral de despolitização das relações econômicas e da sociabilidade capitalista. Elemento certamente central desse processo tem a ver com a desobrigação do Estado brasileiro em relação a aspectos da vida social antes pensados como de sua responsabilidade. O desenvolvimentismo como razão de Estado, sob Vargas e sob os militares mais fortemente, mas também sob Juscelino ou Sarney, implicou no recorte das relações econômicas enquanto intrinsecamente politizadas, em diversos sentidos: (i) o desenvolvimento dos capitais privados deu-se por acesso direto ao fundo público que, por escasso, não tinha como servir a interesses universais (Oliveira, 1988). Em conseqüência, a sobrevivência mesma da grande empresa capitalista nacional dependia fortemente da capacidade das burguesias angariarem benesses em sistemas relativamente clientelistas de acesso àquele fundo (Salum Jr., 1996). Essas relações de simbiose entre burguesias nacionais e círculos burocráticos estatais, é bom lembrar, foram estudadas por Fernando Henrique Cardoso sob a rubrica dos "anéis burocráticos", em que a gestão da coisa pública confundia-se com os interesses privados. Estado e economia, conforme dito antes, apareciam em conexão causal, e não havia como pensar a configuração econômica da nação sem referir-se diretamente às externalidades impostas pela inter-

venção do Estado; (ii) o Estado empreendedor cumpriu a tarefa de dar condições infra-estruturais ao movimento dos capitais privados, tanto no sistema financeiro como no setor produtivo, urbano ou rural. Os grandes investimentos em serviços de transporte e comunicação, na indústria pesada e na geração e distribuição de energia a preços subsidiados são exemplos salientes. Foi fundamental, também, o papel dos bancos estatais no financiamento do empreendimento privado, nos âmbitos federal e estadual igualmente, e incidindo sobre a agricultura, o comércio, os serviços e a indústria. A dívida externa federal, que estrangulou o desenvolvimento na década de 1980, como é sabido, tem sua origem mais conspícua na "compra", pelos militares, da dívida privada num momento em que as taxas de juros internacionais cresciam exponencialmente (Appy, 1993). O desenvolvimento como razão de Estado imiscuiu de tal modo os interesses privados com o Estado que se tornou difícil discernir "bem público" de "acumulação capitalista"; (iii) mais do que externalidades em sentido econômico, o papel do Estado na regulação das relações de classe adquiriu peso considerável na história moderna do país. O corporativismo varguista será, talvez, sua expressão mais saliente[183]. Não apenas os parâmetros dos encontros entre capital e trabalho no mercado, dando-se no interior das estruturas normativas estatais, mas sobretudo a regulação do mercado de trabalho, conferiram a marca específica à politização das relações de classe no Brasil. Para dizer de outro modo, a CLT desmercantilizou a força de trabalho (no sentido de Offe, 1984) e juridificou as

[183] A literatura sobre isso é vasta, e o interesse no período Vargas é crescente. Exemplos recentes são Levine (1998), Williams (2001) e French (2001).

relações de classe (no sentido de Habermas, 1987a), ao mesmo tempo em que encarava como razão de Estado a intermediação do conflito de interesse. Esses elementos vigoraram com maior ou menor intensidade até o governo Itamar Franco, e as Câmaras Setoriais talvez tenham sido o último suspiro, na década de 1990, de uma certa concepção de Estado como aquele que assume como seus os riscos da acumulação e da regulação das relações de classe.

A década neoliberal reverteu, um a um, todos esses vetores de politização da economia. Em lugar de imposição de externalidades a setores econômicos específicos, de patrocínio da acumulação via subsídios de toda sorte, o que se viu foi a abertura comercial desregrada, sem políticas industriais de preservação do que se havia acumulado ao longo de décadas (o chamado "choque competitivo" ao qual já me referi outras vezes). Em lugar de investimentos em infra-estrutura, privatização das empresas antes patrocinadas pelo desenvolvimentismo, repassadas a preços irrisórios aos capitais internacionais, porém com financiamento público do Banco Nacional de Desenvolvimento Econômico e Social (BNDES). E em lugar de intermediação do conflito de interesse, transferência dos embates para o âmbito das relações privadas. Isso merece alguma atenção, que lhe dedico no terceiro enunciado.

3. Em terceiro lugar, o Estado liberou as amarras que atavam a ele o sindicalismo, impedindo que operassem, na prática, os mecanismos que tornavam a organização sindical dependente dos humores da política. Refiro-me à revogação dos preceitos legais que davam ao Ministério do Trabalho o poder de registrar e reconhecer os sindicatos, de regular seus estatutos, fiscalizar suas contas e intervir nas eleições sindicais, mecanismos utilizados sem peias nos mais diferentes momentos da vida política brasileira até 1988. Ora, a libera-

ção do controle político deu-se paralelamente à manutenção do poder dos sindicatos arrecadarem impostos como se fossem agências estatais, e dispor desses impostos sem prestar contas de qualquer natureza a qualquer poder público, ou mesmo a seus representados. O que se fez foi, precisamente, desregular a competição entre elites sindicais e lideranças trabalhistas, liberadas para fundar sindicatos a seu livre-arbítrio aproveitando-se dos interstícios e silêncios da CLT, e tendo para tal o poder de taxar aqueles que supostamente representam. A conseqüência foi a fragmentação sem precedentes do sindicalismo no país, que chegou ao final da década de 1990 com mais de 16 mil instituições reconhecidas e outros milhares em processo de reconhecimento. Ou seja, a estrutura sindical corporativa, que garantiu a rápida reestruturação do sindicalismo em nível nacional na década de 1980, revelou-se um Frankenstein incontrolável na década seguinte, já que permitiu a fragmentação de bases sindicais antes solidamente protegidas por lei. O que é importante para o argumento aqui desenvolvido, porém, é que os sindicatos não puderam recorrer ao poder público para que regulasse esse processo, impedindo a fragmentação, porque o Estado brasileiro, sob Fernando Henrique Cardoso, abdicou inteiramente de seu papel de regulador da instituição sindical, encarada como da ordem das relações privadas entre capital e trabalho, porém e paradoxalmente, com direitos de poder público, já que cobra impostos.

Esta é, por si mesma, uma reversão decisiva na natureza das relações de classe em nosso país. O caráter liberal das políticas públicas na década neoliberal trouxe de volta a mercantilização da força de trabalho, ou a reprivatização das relações de classe. Isso se deu, porém, não exatamente pela flexibilização do código do trabalho existente, a CLT, mas sim pela extensão dos contratos ilegais de trabalho a áreas antes imunes a relações informais de emprego, como a indústria e os serviços modernos. A remercantilização das relações de trabalho significa, também, que o Estado não é mais o intermediário no conflito de interesses entre capital e trabalho. Ele passa a ser, apenas, um intermediário de grande importância *nos conflitos individuais de direito*, crescentes num ambiente de aumento do desrespeito à lei pelos capitalistas e de aumento, entre os trabalhadores, da sensação de que os patrões estão flexibilizando a legislação a "sangue-frio". O resultado é a explosão de demandas na Justiça do Trabalho.

Ora, como já se disse, a juridificação das relações de classe é algo muito diferente de sua politização. O Judiciário individualiza as demandas trabalhistas, mesmo quando impetradas por grupos de trabalhadores. A associação que nesse caso ocorre é em torno de um advogado que, por *expertise* profissional, domina os meios de acesso ao trâmite processual e, nesse sentido, é tecnicizada, liberta de qualquer veia política. Esse tipo de associação não constitui identidades coletivas, mas apenas um grupo efêmero que, tendo seus direitos conquistados ou perdidos, desfaz-se nas agruras do desemprego, da informalidade ou da atomização do mercado de trabalho. O Estado ainda é o avalista do direito que se busca, mas apenas na medida em que é o guardião em geral de direitos civis ou de cidadania. Relações de classe juridificadas são relações de classe despolitizadas.

Estes três enunciados emolduram o ambiente da crise de representação do sindicalismo brasileiro. Para dizer numa palavra, os sindicatos deixaram o centro da cena política. Seu papel de articuladores de identidades coletivas foi fortemente eclipsado pela avalanche neoliberal, a ponto mesmo do sindicalismo perder um de seus capitais mais preciosos,

Além da perda de eficácia propriamente representativa, expressa nas perdas salariais crescentes em negociações coletivas, outro resultado importante foi o esvaziamento das centrais sindicais como pólos de aglutinação de correntes ideológicas e de definição de planos de ação estratégica. As centrais também se renderam ao canto de sereia da ordem legal existente e, premidas pela crise financeira que se abateu sobre seus sindicatos filiados, tornaram-se agenciadoras de qualificação profissional para fazer jus a recursos do Fundo de Amparo ao Trabalhador, o FAT. CUT, FS, e Secretaria de Políticas para o Desenvolvimento Sustentável (SDS), juntas, receberam perto de 100 milhões de reais do governo federal no âmbito do Plano Nacional de Formação Profissional (PLANFOR), para financiar cursos de qualificação e agências de intermediação de mão-de-obra[186]. As duas centrais mais importantes, CUT e FS, tiveram que constituir burocracias específicas para isso, desviando parte considerável de sua energia institucional para o sustento dos programas de formação, em prejuízo das atividades propriamente organizativas e de articulação política. Isso também contribuiu para despolitizar a ação sindical centralizada.

A crise é profunda, pois. Ela combina efeitos estruturais com opções estratégicas das lideranças sindicais para produzir um quadro de aparente falência de um modelo de representação de interesses que vigeu, sem grandes mudanças, por mais de sessenta anos. O paradoxo é gritante: temos cerca de 16 mil sindicatos hoje, segundo o último censo sindical do IBGE, mas eles representam proporcionalmente

[186] No momento em que escrevo, o Ministério Público do Trabalho investiga as contas da Força Sindical, que fez jus a 37 milhões de reais do FAT e teve suas contas rejeitadas pela ouvidoria da União.

menos gente, já que o mercado formal de trabalho murchou. Principalmente, representam mal, como vimos no capítulo 5. O temor dos sindicalistas no que respeita a uma reforma da estrutura sindical, que extinguisse o imposto sindical e, com ele, a unicidade sindical, impediu que pressões nessa direção chegassem ao Parlamento, resultando em brutal fragmentação da estrutura representativa.

É claro que esse cenário é grosseiro. Um olhar mais atento encontrará fogo sob as cinzas, como fiz questão de marcar no capítulo 1. O problema relevante é saber se, passada a tormenta neoliberal (ou seja, retomado o crescimento econômico, reposta a economia nos trilhos da formalidade e da industrialização, renascidos os empregos de que necessitamos para dar comida aos nossos filhos, enfim, se tivermos mesmo uma política de crescimento sustentado não subserviente às finanças internacionais, como promete o atual presidente da República), as lideranças sindicais também retomarão seu ânimo reformador pré-1994, e que fiz questão de louvar com entusiasmo em livro anterior (Cardoso, 1999b). Espero que seja esse o caso. Nossa sociabilidade não pode prescindir de mecanismos eficazes de representação de interesses, e cabe às lideranças dos trabalhadores lutar contra a letargia que se abateu sobre a instituição sindical.

BIBLIOGRAFIA

Abramo (1999)

Laís Wendel Abramo, *O resgate da dignidade: greve metalúrgica e subjetividade operária*. Campinas, Editora da Unicamp, 1999.

Abreu e Ramalho (1998)

Alice Rangel de P. Abreu e José R. Ramalho, *Reestruturação produtiva e trabalho no Rio de Janeiro: o pólo automobilítico do Sul Fluminense*. Caxambu, 27-31 out. 1998 (Trabalho apresentado no XXII Encontro Anual da ANPOCS, mimeografado).

Adler e Webster (1995)

G. Adler e Eddie Webster, "Challenging transition theory: the labour movement, radical reform and transition to democracy in South Africa". *Politics and Society*, v. 23, n. 1, 1995.

Altvater (1995)

Elmar Altvater, "O mercado mundial como área de operações, ou a transformação do Estado nacional soberano no Estado nacional concorrencial". *Indicadores Econômicos FEE*, Porto Alegre, n. 23, maio de 1995.

Amadeo (1999)

Edward Amadeo, "Mercado de trabalho brasileiro: rumos, desafios e o papel do Ministério do Trabalho". *In:* OIT e MTE, *Brasil: abertura e ajuste do mercado de trabalho no Brasil*. Brasília, MTE, 1999. p. 35-60.

Amadeo e Camargo (1996)

Edward Amadeo e José Márcio Camargo. "Instituições e mercado de trabalho no Brasil". *In:* J. M. Camargo (org.), *Flexibilidade do mercado de trabalho no Brasil*. Rio de Janeiro, FGV Editora, 1996. p. 47-94.

Amadeo e Estevão (1994)
Edward Amadeo e Marcello Estevão, *A teoria econômica do desemprego.* São Paulo, Hucitec, 1994.
Antunes (1999)
Ricardo Antunes, *Os sentidos do trabalho: ensaio sobre a afirmação e a negação do trabalho.* São Paulo, Boitempo, 1999.
Appy (1993)
Bernard Appy, "Questão fiscal: crise e concentração de renda". *In:* Bernard Appy et alii, *Crise brasileira, anos oitenta e governo Collor.* São Paulo, DESEP/CUT, 1993. p. 7-82.
Arbix (1996)
Glauco Arbix, *Uma aposta no futuro: a experiência da Câmara Setorial Automobilística.* Campinas, Scritta, 1996.
Arbix e Zilbovicius (1997)
Glauco Arbix e Mauro Zilbovicius, "O consórcio modular da VW: um novo modelo de produção?" *In:* Arbix e Zilbovicius (orgs.), *De JK a FHC: a reinvenção dos carros.* São Paulo/Campinas, Scritta, 1997. p. 449-69.
Barros e Mendonça (1996)
Ricardo Paes de Barros e Rosane Mendonça, "Flexibilidade do mercado de trabalho brasileiro: uma avaliação empírica". *In:* J. M. Camargo (org.), op. cit., 1996. p. 157-201.
Barros, Cruz, Foguel e Mendonça (1997)
Ricardo Paes de Barros, Luiz Eduardo M. Cruz, Miguel N. Foguel e Rosane Mendonça, "Uma avaliação empírica do grau de flexibilidade alocativa do mercado de trabalho brasileiro". *Texto para discussão* 499. Rio de Janeiro, IPEA, 1997.
Batista Jr. (1998)
Paulo N. Batista Jr., *Mitos da "globalização".* São Paulo, Pedex/FGV, 1998.
Bayón e Bensusán (1996)
Cristina Bayón e Graciela Bensusán, "El poder sindical y la reestructuración productiva en México". *Revista Latinoamericana de Estudios del Trabajo*, México, Alast, v. 2, n. 4, 1996. p. 111-38.
Bensusán (2000)
Graciela Bensusán, *El modelo Mexicano de regulación laboral.* México, FLACSO/UAM/Friederich Ebert Stiftung/Plaza y Valdez, 2000.
Beynon (1999)
Huw Beynon, "Globalização, neoliberalismo e direito dos trabalhadores no Reino Unido". *In:* F. Oliveira e M. C. Paoli (orgs.), *Os sentidos da democracia: políticas do dissenso e hegemonia global.* Petrópolis/Brasília, Vozes/Nedic, 1999. p. 265-88.

Bezuidenhout (2000)

Andries Bezuidenhout, Towards global social movement unionism? Trade union responses to globalization in South Africa. *ILO Discussion Paper*, n. 115, 2000.

Bielschowsky (1996)

Ricardo Bielschowsky, *Pensamento econômico brasileiro: o ciclo ideológico do desenvolvimentismo.* 3ª ed. Rio de Janeiro, Contraponto, 1996.

Boito (1991)

Armando Boito, *Sindicalismo de Estado no Brasil: uma análise crítica da estrutura sindical.* São Paulo/Campinas, Hucitec/Ed. da Unicamp, 1991.

Boito (1999)

Idem, *Política neoliberal e sindicalismo no Brasil.* São Paulo, Xamã, 1999.

Bonelli (1999)

Regis Bonelli, "A reestruturação industrial brasileira nos anos 90: reação empresarial e mercado de trabalho". *In:* OIT e MTE, *Brasil: abertura e ajuste do mercado de trabalho no Brasil.* Brasília, MTE, 1999. p. 87-115.

Boyer (1990)

Robert Boyer, *A teoria da regulação: uma análise crítica.* São Paulo, Nobel, 1990.

Boyer (1995)

Idem, "Capital-labour relations in OECD countries: from the Fordist Golden Age to contrasted national trajectories". *In:* Juliet Shor & Jong-Il You, *Capital, the state and labour: A global perspective.* Aldershot, United Nations University Press, 1995. p. 18-69.

Bronstein (1997)

Arturo S. Bronstein, "Labour law and reform in Latin America: between state protection and flexibility". *International Labour Review,* Spring, v. 136, n. 1,1997.

Burawoy (1985)

Michael Burawoy, *The politics of production.* London, Verso, 1985.

Camargo (1996)

José Márcio Camargo, "Flexibilidade e produtividade do mercado de trabalho brasileiro". *In:* J. M. Camargo(org.), *Flexibilidade do mercado de trabalho no Brasil.* Rio de Janeiro, FGV Editora, 1996. p. 11-46.

Campos (1940)

Francisco Campos, *O Estado nacional: sua estrutura, seu conteúdo ideológico.* Rio de Janeiro, José Olympio, 1940.

Cardoso (1964)

Fernando H. Cardoso, *Empresário industrial e desenvolvimento econômico no Brasil.* São Paulo, Difusão Européia do Livro, 1964.

Cardoso (1992)

Adalberto M. Cardoso, "O pragmatismo impossível: origens da Força Sindical". *Novos Estudos*, São Paulo, CEBRAP, n. 32, 1992.

Cardoso (1995)

Idem, "Globalização e relações industriais na indústria automobilística brasileira: um estudo de caso". *Avances de Investigación*, Puebla, El Colégio de Puebla, n. 2, 1995.

Cardoso (1999a)

Idem, *Sindicatos, trabalhadores e a coqueluche neoliberal: a era Vargas acabou?* Rio de Janeiro, FGV Editora, 1999.

Cardoso (1999b)

Idem, *A trama da modernidade. Pragmatismo sindical e democratização no Brasil.* Rio de Janeiro, Revan, 1999.

Cardoso (1999c)

Idem, "Reforma econômica, competitividade e relações industriais no Brasil: estudos de caso nos setores automobilístico e têxtil". *Revista Latinoamericana de Estudios del Trabajo*, v. 5, n. 9, São Paulo, Alast, 1999. p. 51-83.

Cardoso (2000)

Idem, *Trabalhar, verbo transitivo: destinos profissionais dos deserdados da indústria automobilística.* Rio de Janeiro, FGV, 2000.

Cardoso (2001)

Idem, "A nova face da indústria automobilística brasileira". *Novos Estudos CEBRAP*, São Paulo, CEBRAP, nov. 2001, n. 61. p. 109-29.

Cardoso e Comin (1995)

Adalberto M. Cardoso e Álvaro A. Comin, "Câmaras Setoriais, modernização produtiva e democratização nas relações entre capital e trabalho no Brasil". *In:* Nadya A. Castro (org.), *A máquina e o equilibrista: tecnologia e trabalho na indústria automobilística brasileira.* São Paulo, Paz e Terra, 1995. p. 387-427.

Cardoso e Comin (1997)

Idem, "Centrais sindicais e atitudes democráticas". *Lua Nova*, São Paulo, CEDEC, n. 40/41, 1997. p. 167-92.

Cardoso et alii (1994)

Adalberto M. Cardoso, Adriana Lopes, Álvaro Comin e Luiz Guilherme Piva, *Perfil e opiniões dos delegados ao V Congresso Nacional da CUT.* São Paulo, DESEP/CUT, 1994.

Carrillo e Ramírez (1993)

Jorge Carillo e Miguel Angel Ramírez, "Innovaciones tecnológicas e impacto sindical em la región México-Estados Unidos". *In:* Rainer

Dombois e Ludger Pries (eds.), *Trabajo industrial en la transición: experiencias de América Latina y Europa*. México, Fundación F. Ebert/ El Colegio de Puebla/Ed. Nueva Sociedad, 1993. p. 27-43.

Castel (1998)

Robert Castel, *As metamorfoses da questão social: uma crônica do salário*. Petrópolis, Vozes, 1998.

Castells (1996)

Manuel Castells, *The rise of the network society*. London, Blackwell, 1996 (ed. brasileira, *A sociedade em rede*. São Paulo, Paz e Terra, 1999).

Castro e Comin (1997)

Nadya A. Castro e Álvaro A. Comin, *A alquimia organizacional: qualificação e construção do consentimento. Estudos de caso no complexo químico brasileiro.* Rio de Janeiro, 18-20 set. 1997 (Trabalho apresentado no seminário internacional "Produção Flexível e Novas Institucionalidades na América Latina").

Chauí (1993)

Marilena Chauí, *Cultura e democracia: o discurso competente e outras falas*. São Paulo, Cortez, 1993.

Chesnais (1996)

François Chesnais, *A mundialização do capital*. São Paulo, Xamã, 1996.

CNI (1997)

Confederação Nacional da Indústria, *Emprego na Indústria: evolução recente e uma agenda de mudanças.* Rio de Janeiro, CNI, 1997. Disponível em www.cni.org.br.

CNI e SENAI (1998)

Confederação Nacional da Indústria e Serviço Nacional de Aprendizado Industrial, *Modernização, emprego e qualificação profissional*. Rio de Janeiro, SENAI, 1998.

Comin (1995)

Álvaro Comin, *A estrutura sindical corporativa: um obstáculo à consolidação das centrais sindicais*. São Paulo, USP, 1995 (Dissertação de mestrado em sociologia).

Comin (1998)

Alexandre Comin, *De volta para o futuro: política e reestruturação industrial no complexo automobilístico nos anos 90*. São Paulo, Annablume/ FAPESP, 1998.

Córdova (1996)

Efrén Córdova, "The challenge of flexibility in Latin America". *Comparative Labor Law Journal*, v. 17, n. 2, 1996. p. 314-37.

De la Cueva (1960)
Mario De la Cueva, *Derecho Mexicano del Trabajo*. México, Porrúa, 1960.
De la Garza (1997)
Enrique De la Garza, "La flexibilidad del trabajo en América Latina". *Revista Latinoamericana de Estudos do Trabalho*, São Paulo, Alast, v. 3, n. 5, 1997. p. 129-57.
Dean (1971)
Warren Dean, *A industrialização de São Paulo*. São Paulo, Difusão Européia do Livro/Edusp, 1971.
Deluiz (1997)
Neise Deluiz, "Projetos em disputa: empresários, trabalhadores e a formação profissional". *Trabalho e Educação*, Belo Horizonte, n. 1, fev./jul. 1997. p. 113-27.
Diniz (1997)
Eli Diniz, *Crise, reforma do Estado e governabilidade*. Rio de Janeiro, FGV Editora, 1997.
Diniz e Boschi (1976)
Eli Diniz e Renato Boschi, *Empresariado nacional e Estado no Brasil*. Rio de Janeiro, IUPERJ, 1976. 2 v.
Dombois e Pries (1998a)
Rainer Dombois e Ludger Pries (eds.), *Las relaciones industriales en el proceso de transformación en América Latina: el caso de México*. Bremen, Universität Bremen, 1998.
Dombois e Pries (1998b)
Idem, "Un huracan devastador o un choque catalizador: globalización y relaciones industriales en Brasil, Colombia y México". *Revista Latinoamericana de Estudios del Trabajo*, São Paulo, Alast, v. 4, n. 8, 1998. p. 59-87.
Douglas (1986)
Mary Douglas, *How institutions think*. Syracuse, Syracuse University Press, 1986 (ed. brasileira, *Como as instituições pensam*. São Paulo, Edusp, 1998).
Dworkin (1999)
Ronald Dworkin, *O império do direito*. São Paulo, Martins Fontes, 1999.
Eisenstadt e Roniger (1984)
Shmuel Noah Eisenstadt e Luis Roniger, *Patrons, clients and friends: interpersonal relations and the structure of trust in society*. Cambridge, Cambridge University Press, 1984.

Elster (1979)
Jon Elster, *Ulisses and the sirens. Studies in rationality and irrationality*. Cambridge, Cambridge University Press, 1979.
Esping-Andersen (1985)
Gösta Esping-Andersen, *Politics against markets: the social-democratic road to power*. Princeton, Princeton University Press, 1985.
Esping-Andersen (1990)
Idem, *The three worlds of welfare capitalism*. Cambridge, Polity Press, 1990.
Estrella (1998)
Arturo Estrella, "A new measure of fit for equations with dichotomous dependent variables". *Journal of Business and Economic Statistics*, v. 16, n. 2. p. 198-205.
Força Sindical (1993)
Força Sindical, *Um projeto para o Brasil: a proposta da Força Sindical*. São Paulo, Geração Editorial, 1993.
French (2001)
John French, *Afogados em leis: a CLT e a cultura política dos trabalhadores brasileiros*. São Paulo, Editora Fundação Perseu Abramo, 2001.
Fricke e Fricke (1998)
Else Fricke e Werner Fricke, "Changing attitudes and conditions in German Working life". *In*: Martin Roderick et alii (eds.), *Workers, firms, and unions: industrial relations in transition*. New York, Frankfurt am Main, P. Lang, 1998. p. 21-47.
Fujimura (1997)
Hiroyuki Fujimura, "New Unionism: beyond enterprise unionism?" *In*: Mari Sako e Kiroki Sato (eds.), *Japanese management and labour in transition*. New York, Routledge, 1997. p. 296-314.
Gambetta (1988)
Diego Gambetta (ed.), *Trust: making and breaking cooperative relations*. Cambridge, Basil Blackwell, 1988.
Gazier (2002)
Bernard Gazier, "Introduction: employabilité: les lignes directrices Européenes". *In*: *Politiques Nationales du marché du travail*. Inform MISEP, Observatoire Européen de L'Emploi. Dados extraídos de http://www.eu-employment-observatory.net/ersep/bir.fr.asp, 2002.
Gentili (1998)
Pablo Gentili, "Educar para o desemprego: a desintegração da promessa integradora". *In*: Gaudêncio Frigotto (org.), *Educação e crise do trabalho: perspectivas de final de século*. Petrópolis, Vozes, 1998. p. 76-99.

Gitahy e Bresciani (1998)
Leda Gitahy e Luis P. Bresciani, "Reestruturação produtiva e trabalho na indústria automobilística". *Textos para Discussão*, Campinas, DPCT/IG/Unicamp, n. 24, 1998.

Gomes (1988)
Ângela de Castro Gomes, *A invenção do trabalhismo.* Rio de Janeiro, Revan/IUPERJ, 1988.

Gramsci (2000)
Antonio Gramsci, *Cadernos do cárcere.* Rio de Janeiro, Civilização Brasileira, 2000. v. 3.

Granovetter (1974)
Mark Granovetter, *Getting a job.* Cambridge, Cambridge University Press, 1974.

Granovetter (1981)
Idem, "Toward a sociological theory of income differences". *In*: Ivan Berg, *Sociological perspectives on labor markets.* London, Academic Press, 1981.

Guimarães (1995)
Ivan G. R. Guimarães, "Câmaras Setoriais: notas sobre sua constituição e quadro atual". *Série Seminários*, Rio de Janeiro, IPEA, v. 22, n. 94, 1995.

Guttman (1995)
R. Guttman, *How credit-money shapes the economy.* New York, M. E. Sharpe, 1995.

Habermas (1987a)
Jürgen Habermas, *The theory of communicative action. Lifeworld and system: A critique of functionalist reason.* Boston, Beacon Press, 1987.

Habermas (1987b)
Idem, "A nova intransparência: a crise do Estado de bem-estar social e o esgotamento das energias utópicas". *Novos Estudos CEBRAP*, São Paulo, CEBRAP, v. 18, p. 103-14.

Heckscher (1996)
Charles C. Heckscher, *The new unionism: employee involvement in the changing corporation.* New York, A Twentieth Century Fund Book, 1996.

Held et alii (1999)
David Held et alii, *Global transformations: politics, economics and culture.* Stanford, Stanford University Press, 1999.

Hirst e Thompson (1996)
Paul Hirst e Grahame Thompson, *Globalização em questão.* Petrópolis, Vozes, 1996.

Humphrey (1982)
John Humphrey, *Fazendo o milagre: controle capitalista e resistência operária na indústria automobilística brasileira*. São Paulo/Petrópolis, Vozes/CEBRAP, 1982.

Hyman (1994)
Richard Hyman, "Economic restructuring, market liberalism and the future of national industrial relations systems". *In*: Richard Hyman e Anthony Ferner (eds.), *New frontiers in european industrial relations*. Oxford, Blackwell, 1994. p. 1-14.

Hyman (1999a)
Idem, "Five alternative scenarios for West European unionism". *In*: Ronald Munck e Peter Waterman (eds.), *Labour worldwide in the era of globalization: alternative union models in the new world order*. New York, St. Martin's Press, 1998. p. 121-30.

Hyman (1999b)
Idem, "An emerging agenda for trade unions?" *ILO Discussion Paper*, Genebra, ILO, n. 98, 1999.

ILO (1997)
International Labour Office, *World employment report 1996-97*. Genebra, Bureau of Public Information, 1997.

Jeammaud (1980)
Antoine Jeammaud, *Le droit capitaliste du travail*. Grenoble, PUG, 1980.

Jeammaud (1998)
Idem, "Direito do trabalho em transformação: tentativa de avaliação". *Revista da Faculdade de Direito da UFF*, v. 1, 1998. p. 9-31.

Jinkings (2000)
Nise Maria T. Jinkings, *O mister de fazer dinheiro: automação e subjetividade no trabalho bancário*. São Paulo, Boitempo, 2000.

Katz e Darbishire (1998)
Harry C. Katz e Owen Darbishire, "Convergências e divergências nos sistemas de emprego". *Revista Latinoamericana de Estudios del Trabajo*, São Paulo, Alast, v. 4, n. 8, 1998. p. 5-28.

Kern e Sabel (1992)
Host Kern e Charles F. Sabel, "Trade unions and decentralized production: a sketch of strategic problems in the german labour movement". *In:* Mariano Regini (ed.), *The future of labour movements*. London, Sage, 1992. p. 217-49.

Korpi (1983)
Walter Korpi, *The democratic classe strugle*. London, Routledge and Kegan Paul, 1983.

Kupfer (1998)

David Kupfer, *Trajetórias de reestruturação da indústria brasileira após a abertura e a estabilização*. Rio de Janeiro, UFRJ, 1998 (Tese de doutorado, mimeografado).

L. Cardoso (2001)

Luis A. Cardoso, *Após-fordismo e participação: reestruturação produtiva contemporânea e a nova racionalização do trabalho na indústria automobilística brasileira*. COPPE/UFRJ, 2001 (Tese de doutorado).

Lane (1994)

Christel Lane, "Industrial order and the transformation of industrial relations: Britain, Germany and France compared". *In*: Richard Hyman & Anthony Ferner (eds.), *New frontiers in european industrial relations.* Oxford, Blackwell, 1994. p. 167-95.

Lembruch (1984)

Gerhard Lembruch, "Concertation and the structure of corporatist networks". *In*: John Goldthorpe, *Order and conflict in contemporary capitalism.* Oxford, Clarendon Press, 1984.

Lessa (1988)

Renato Lessa, "Reflexões sobre a gênese de uma democracia banal". *In:* Eli Diniz, Renato Boschi e Renato Lessa, *Modernização e consolidação democrática no Brasil: dilemas da Nova República*. São Paulo/ Rio de Janeiro, Vértice/IUPERJ, 1988. p. 79-190.

Levine (1998)

Robert M. Levine, *Father of the poor? Vargas and his era.* Cambridge, Cambridge University Press, 1998 (ed. brasileira, *Pai dos pobres?: o Brasil e a era Vargas*. São Paulo, Companhia das Letras, 2001).

Lieberson (1985)

Stanley Lieberson, *Making it count: the improvement of social research and theory.* Berkeley, University of California Press, 1985.

Lieberson (1991)

Idem, "Small N's and big conclusions: an examination of the reasoning in comparative studies based on small number of cases". *Social Forces,* v. 70, n. 2, 1991. p. 307-20.

Locke e Thelen (1998)

Richard Locke e Kathleen Thelen, "Comparações contextualizadas: uma abordagem alternativa para a análise da política sindical". *Revista Latino-Americana de Estudos do Trabalho*, São Paulo, Alast, v. 4, n. 8, 1998. p. 109-58.

Luhmann (1985)
Niklas Luhmann, *Sociologia do direito*. Rio de Janeiro, Tempo Brasileiro, 1985. v. 2.
Luhmann (1996)
Idem, *Confianza*. Barcelona, Anthropos, 1996.
Machado da Silva (2002)
Luiz Antonio Machado da Silva, "Trabalho e sociabilidade no mundo contemporâneo: uma nota". *Travessias*, Rio de Janeiro, IUPERJ, n. 2/3, 2000/2001. p. 87-100.
Martin (1995)
Scott B. Martin, *Forward or backward: corporatism and industrial restructuring in brazilian autos*. New York, Columbia University, mar. 1995 (Paper presented at "The Politics of Inequality", a research conference sponsored by the Institute of Latin American and Iberian Studies and the Italian Academy for Advanced Studies in America).
Martins Rodrigues (1989)
Leôncio Martins Rodrigues, *Partidos e sindicatos: estudos de sociologia política*. São Paulo, Ática, 1989.
Martins Rodrigues (1990)
Idem, *CUT: os militantes e a ideologia*. São Paulo, Paz e Terra, 1990.
Martins Rodrigues (1999)
Idem, *Destino do sindicalismo*. São Paulo, Edusp, 1999.
Martins Rodrigues e Cardoso (1993)
Leôncio Martins Rodrigues e Adalberto M. Cardoso, *Força Sindical: uma análise sócio-política*. São Paulo, Paz e Terra, 1993.
Masters (1997)
Marick Francis Masters, *Unions at the crossroads: strategic membership, financial and political perspectives*. Westport, Quorum, 1997.
Mattoso (1995)
Jorge E. Mattoso, *A desordem do trabalho*. São Paulo, Scritta, 1995.
Mattoso (1996)
Idem, "Emprego e concorrência desregulada: incertezas e desafios". *In:* Carlos Alonso B. de Oliveira e Jorge E. Mattoso (orgs.), *Crise e trabalho no Brasil: modernidade ou volta ao passado*. São Paulo, Scritta, 1996. p. 27-54.
McGuire (1997)
James W. McGuire, *Peronism without Peron: unions, parties, and democracy in Argentina*. Stanford University Press, 1997.

Misztal (1996)

Barbara A. Misztal, *Trust in modern societies: the search for the bases of social order*. Cambridge, Polity Press, 1996.

Montagner e Brandão (1994)

Paula Montagner e Sandra Brandão, "Recessão e racionalização produtiva: implicações para o mercado de trabalho". *São Paulo em Perspectiva*, São Paulo, SEADE, v. 8, n. 1, 1994. p. 154-65.

Moraes Filho (1952)

Evaristo de Moraes Filho, *O sindicato único no Brasil*. Rio de Janeiro, Editora A Noite, 1952.

Nascimento (1997)

Amauri Mascaro Nascimento, *Curso de direito do trabalho*. 13ª ed. São Paulo, Saraiva, 1997.

Nascimento (1998)

Idem, *Teoria geral do direito do trabalho*. São Paulo, LTr, 1998.

Nathanson et alii (1999)

Rosy Nathanson et alii, "Union responses to a changing environment: The New Histadrut – The General Federation of Labour in Israel". *ILO Discussion Paper*, Genebra, n. 104, 1999.

Neves (1999)

Magda Aparecida Neves, "Impactos da reestruturação produtiva sobre as relações capital-trabalho: o caso da Fiat-MG". *In*: Francisco Oliveira e Álvaro A. Comin (orgs.), *Os cavaleiros do antiapocalipse: trabalho e política na indústria automobilística*. São Paulo, Entrelinhas, 1999. p. 63-81.

Ng e Warner (1998)

Sek Hong Ng e Malcolm Warner, *China's trade unions and management (studies on the chinese economy)*. London, Macmillan Press, 1998.

Nogueira (1990)

Arnaldo Mazzei Nogueira, *Modernização conservadora do sindicalismo brasileiro: a experiência do Sindicato dos Metalúrgicos de São Paulo*. Campinas, Unicamp, 1990 (Dissertação de mestrado).

Noronha (1992)

Eduardo Garutti Noronha, *As greves na transição brasileira*. Campinas, Unicamp, 1992 (Tese de mestrado, mimeografado).

Noronha (1994)

Idem, "Greves e estratégias sindicais no Brasil". *In*: Carlos Alonso de Oliveira, José F. Siqueira Neto e Marco Antônio do Oliveira, *O mundo do trabalho: crise e mudança no final do século*. Brasília/São Paulo/Campinas, MTb-PNUD/Cesit/Scritta, 1994. p. 323-58.

Noronha (1998)

Idem, *O modelo legislado de relações de trabalho e seus espaços normativos*. São Paulo, FFLCH-USP, 1998 (Tese de doutorado em ciência política).

Novick (1999)

Marta Novick, "A caminho de um novo modelo institucional para as relações capital-trabalho na indústria automobilística argentina". *In*: Francisco Oliveira e Álvaro A. Comin (orgs.), *Os cavaleiros do antiapocalipse: trabalho e política na indústria automobilística*. São Paulo, Entrelinhas, 1999. p. 201-20.

O'Donnell (1992)

Guillermo O'Donnell, *State, various crisis and democracy*. Notre Dame/ São Paulo, Kellogg Institute/CEBRAP, 1979 (Mimeografado).

O'Donnell & Schmitter (1986)

Guillermo O'Donnell e Phillip Schmitter, *Transições do regime autoritário: primeiras conclusões*. São Paulo, Vértice, 1986.

Offe (1984)

Claus Offe, *Contradictions of the welfare state*. Chicago, MIT Press, 1984.

Ojeda-Avilés (2000)

Antonio Ojeda-Avilés, "Respuestas sindicales a la mundialización: el caso español". *ILO Discussion Paper*, Genebra, ILO, n. 114, 2000.

Oliveira (1988)

Francisco de Oliveira, "O surgimento do antivalor". *Novos Estudos*, São Paulo, CEBRAP, v. 22, out. 1988.

Oliveira (1999)

Idem, "Privatização do público, destituição da fala e anulação da política: o totalitarismo neoliberal". *In*: Francisco de Oliveira e Maria Celia Paoli (orgs.), *Os sentidos da democracia: políticas do dissenso e hegemonia global.* Petrópolis/Brasília, Vozes/Nedic, 1999. p. 55-81.

Oliveira (1994)

Marco Antônio Oliveira, "Avanços e limites do sindicalismo brasileiro recente". *In:* Carlos Alonso de Oliveira, José F. Siqueira Neto e Marco Antônio do Oliveira, *O mundo do trabalho: crise e mudança no final do século.* Brasília/São Paulo/Campinas, MTb-PNUD/Cesit/ Scritta, 1994. p. 497-518.

Pastore (1994)

José Pastore, *Flexibilização, mercados de trabalho e contratação coletiva.* São Paulo, LTr, 1994.

Pastore (1997)

Idem, *A agonia do emprego.* São Paulo, LTr, 1997.

Pastore (1998)

Idem, "O FMI e o trabalho". *O Estado de S. Paulo*, 24 nov. 1998. p. B-2.

Pizzorno (1974)

Alessandro Pizzorno, "Los sindicatos y la acción política". *In:* Pizzorno et al, *Economia y política en la acción sindical*. Buenos Aires, 1974 (Passado y presente, 44).

Pizzorno (1978)

Idem, "Political exchange and collective identity in industrial conflict". *In*: Colin Croach e Alessandro Pizzorno, *The resurgence of class conflict in Western Europe since 1968*. London, MacMillan Press, 1978.

Pochmann (1998)

Marcio Pochmann, "Os desafios do sindicalismo brasileiro nesse final de século". *Revista de Sociologia e Política*, n. 10-11, 1998. p. 139-52.

Pochmann (2001)

Idem, *O emprego na globalização*. São Paulo, Boitempo, 2001.

Polanyi (1944)

Karl Polanyi, *The great transformation: the political origins of our time*. Boston, Beacon Press, 1944 (ed. brasileira, *A grande transformação: as origens da nossa época*. Rio de Janeiro, Campus, 2000).

Przeworski (1989)

Adam Przeworski, *Capitalismo e social democracia*. São Paulo, Companhia das Letras, 1989.

Przeworski e Taune (1970)

Adam Przeworski e Henry Taune, *The logic of comparative social inquiry*. New York, John Wiley and Sons, 1970.

Rachid (2000)

Alessandra Rachid, *Relações entre grandes e pequenas empresas de autopeças: um estudo sobre a difusão de práticas de organização da produção*. Campinas, Unicamp, 2000 (Tese de doutorado em engenharia mecânica).

Ragin (1987)

Charles Ragin, *The comparative method: moving beyond qualitative and quantitative strategies*. Berkeley, University of California Press, 1987.

Ramalho e Santana (2002)

José Ricardo Ramalho e Marco Aurélio Santana, "A indústria automobilística no Rio de Janeiro: relações de trabalho em um contexto de desenvolvimento regional". *In*: Maria Regina Nabuco, Magda de Almeida Neves e Antônio Moreira de Carvalho Neto, *Indústria automotiva: a nova geografia do setor produtivo*. Belo Horizonte, DP&A Editora, 2002.

Ramalho e Santana (2003)
Idem (orgs.), *Além da fábrica: trabalhadores, sindicatos e a questão social.* São Paulo, Boitempo, 2003.

Ramos (1999)
Alexandre Ramos, *Contrato temporário de trabalho: combate ao desemprego ou redução do custo da força de trabalho?* São Paulo, LTr, 1999.

Rawls (1971)
John Rawls, *A theory of justice.* Cambridge, Belknap, 1971 (ed. brasileira, *Uma teoria da justiça.* São Paulo, Martins Fontes, 1997).

Rodrigues (1997)
Iram Jácome Rodrigues, *Sindicalismo e política: a trajetória da CUT.* São Paulo, Scritta/FAPESP, 1997.

Rodrigues (1999)
Idem, "A trajetória do Novo Sindicalismo". *In*: Iram Jácome Rodrigues (org.), *O Novo Sindicalismo, vinte anos depois.* Petrópolis/São Paulo, Vozes/Educ/Unitrabalho, 1999. p. 73-94.

Romita (1993)
Arion Sayão Romita, *Sindicalismo, economia, Estado democrático (estudos).* São Paulo, LTr, 1993.

Sader (1988)
Eder Sader, *Quando novos personagens entram em cena: experiências e lutas dos trabalhadores da Grande São Paulo, 1970-1980.* São Paulo, Paz e Terra, 1988.

Salama (1999)
Pierre Salama, *Pobreza e exploração do trabalho na América Latina.* São Paulo, Boitempo, 1999.

Salerno e Dias (2000)
Mario S. Salerno e Ana Valéria C. Dias, "Product Design modularity, modular production, modular organization: the evolution of modular concepts". *Actes du Huitième Rencontre International.* Em CD-ROM, 16 p.

Sallum Jr. (1996)
Brasílio Sallum Jr., *Dos generais à Nova República.* São Paulo, Hucitec, 1996.

Sandoval (1994)
Salvador Sandoval, *Os trabalhadores param: greves e mudança social no Brasil, 1945-1990.* São Paulo, Ática, 1994.

Seidman (1994)
Gay W. Seidman, *Manufacturing militance: worker's movement in Brazil*

and South Africa, 1970-1985. Berkeley, University of California Press, 1994.

Seligman (1997)

Adam B. Seligman, *The problem of trust*. Princeton, Princeton University Press, 1997.

SENAI (1995)

Serviço Nacional da Indústria, *Reconversão profissional: termos de referência*. Rio de Janeiro, SENAI, 1995 (Mimeografado).

SENAI (1996)

Idem, *Revisão das categorias ocupacionais. Versão completa*. São Paulo, SENAI, 1996 (Documento de trabalho, mimeografado).

Singer (1996)

Paul Singer, "Desemprego e exclusão social". *São Paulo em Perspectiva*, São Paulo, SEADE, v. 10, n. 1, jan./mar. 1996. p. 3-12.

Singer (2000)

Idem, *Globalização e desemprego: diagnóstico e alternativas*. 4ª ed. São Paulo, Contexto, 2000.

Siqueira Neto (1996)

José Francisco Siqueira Neto, *Direito do trabalho e democracia*. São Paulo, LTr, 1996.

SMTb (2000)

O mercado de trabalho no Rio de Janeiro: conjuntura e análise, Rio de Janeiro, Secretaria Municipal do Trabalho da Prefeitura do Rio de Janeiro, ano 4, n. 7, 2000.

Souza, Santana e Deluiz (1999)

Donaldo B. de Souza, Marco A. Santana e Neise Deluiz, *Trabalho e educação: centrais sindicais e reestruturação produtiva no Brasil*. Rio de Janeiro, Quartet, 1999.

Standing (1999)

Guy Standing, *Global labour insecurity: seeking distributive justice*. London, MacMillan, 1999.

Stewart et alii (2001)

Paul Stewart et alii. *Patterns of labour control and the erosion of labour standards. Towards an international study of the quality of working life in the automobile industry (Canada, Japan and the UK)*. Rio de Janeiro, 5-6 mar. 2001 (Paper presented at the international seminar "The Automobile Industry in the Americas").

Stiglitz (2002)

Joseph E. Stiglitz, *Globalization and its discontents*. New York/ London, W. W. Norton, 2002 (ed. brasileira, *A globalização e seus malefícios: a promessa não-cumprida de benefícios globais*. São Paulo, Futuro, 2002).

Supiot (1994)

Alain Supiot, *Critique du droit du travail*. Paris, Presses Universitaires de France, 1994.

Supiot (1998)

Idem, *Transformations du travail et devenir du droit du travail en Europe (rapport final)*. Dados extraídos de http://www.chez.com/transitions em set. 1999.

Tavares de Almeida (1978)

Maria H. Tavares de Almeida, *Estado e classes trabalhadoras no Brasil (1930-1945)*. Orientador: Francisco Correa Weffort, 1978. 2 v.

Tavares de Almeida (1983)

Idem, "O sindicalismo brasileiro entre a conservação e a mudança". *In*: Maria H. Tavares de Almeida e Bernardo Sorj, *Sociedade e política no Brasil pós-64*. São Paulo, Brasiliense, 1983.

Tavares de Almeida (1992)

Idem, *Crise econômica e organização de interesses: estratégias do sindicalismo brasileiro nos anos 80*. São Paulo, USP, 1992 (Tese de livre-docência em ciência política).

Tavares de Almeida (1998)

Idem, "Sindicatos em tempos de reforma". *São Paulo em Perspectiva*, São Paulo, Fundação SEADE, v. 12, n. 1, 1998. p. 3-9.

Thirkell, Petkov e Vickerstaff (1998)

John E. M. Thirkell, K. Petkov e S. A. Vickerstaff, *The transformation of labour relations: restructuring and privatization in Eastern Europe and Russia*. Oxford, New York/Oxford University Press, 1998.

Thomas (1999)

Hank Thomas, "Trade unions and development". *ILO Discussion Paper*, n. 112. Dados extraídos de www.ilo.org em ago. 2000.

Thompson (1987)

Edward P. Thompson, *A formação da classe operária inglesa*. Rio de Janeiro, Paz e Terra, 1987.

Tilly (1995)

Charles Tilly, "Globalization threatens labor's rights". *International labor and working-class history*, v. 45, 1995. p. 28-38.

Tilly e Tilly (1998)

Chris Tilly e Charles Tilly, *Work under capitalism*. Boulder, Co., Westview Press, 1998.

Tsebelis (1990)
George Tsebelis, *Nested games: rational choice in comparative politics.* Berkeley, University of California Press, 1990 (ed. brasileira, *Jogos ocultos: escolha racional no campo da política comparada.* São Paulo, Edusp, 1998).

Tsuro e Rebitzer (1995)
T. Tsuro e J. B. Rebitzer, "The limits of enterprise unionism: prospects for continuing union decline in Japan". *British Journal of Industrial Relations,* v. 33, n. 3, 1995. p. 459-92.

Turner (1998)
Lowel Turner, *Fighting for partnership: labor and politics in unified Germany.* Ithaca, Cornell University Press, 1998.

Vianna (1938)
Oliveira Vianna, *Problemas de direito corporativo.* Rio de Janeiro, José Olympio, 1938.

Vianna (1939)
Idem, *O idealismo da Constituição.* 2ª ed. São Paulo, Companhia Editora Nacional, 1939.

Vianna (1951)
Idem, *Direito do trabalho e democracia social: o problema da incorporação do trabalhador no Estado.* Rio de Janeiro, José Olympio, 1951.

Visser (1993)
Jelle Visser, "Syndicalisme et désyndicalisation". *Les Mouvements Sociaux,* v. 162, 1993. p. 17-39.

Visser (1994a)
Idem, "European trade unions: the transition years". *In*: Richard Hyman e Anthony Ferner (eds.), *New frontiers in european industrial relations.* Oxford, Blackwell, 1994. p. 80-107.

Visser (1994b)
Idem, "The strength of union movements in advanced capitalist democracies: Social and organizational variations". *In*: Marino Regini (org.), *The future of labour movements.* London, Sage, 1994.

Waddington, Hoffmann e Lind (1999)
Jeremy Waddington, Reiner Hoffmann e Jens Lind, "European tradeunionism in transition?" *ILO Conference Papers,* extraído de www.ilo.org em set. 2000.

Warren (1999)
Mark E. Warren (org.), *Democracy and trust.* Cambridge, Cambridge University Press, 1999.

Werneck Vianna (1991)

Luiz J. Werneck Vianna, "Problemas de representação do Novo Sindicalismo". *In: Tendências recentes do sindicalismo brasileiro*. Rio de Janeiro, IUPERJ, 1991 (Grupo de conjuntura, 42).

Werneck Vianna (1999)

Idem, *Liberalismo e sindicato no Brasil*. 4ª ed., revista (original de 1976). Belo Horizonte, Editora da UFMG, 1999.

Werneck Vianna (2002)

Idem (org.), *A democracia e os três poderes no Brasil*. Belo Horizonte, UFMG, 2002.

Werneck Vianna et alii (1999)

Luiz J. Werneck Vianna. *A judicialização da política e das relações sociais no Brasil*. Rio de Janeiro, Revan, 1999.

Western (1997)

Bruce Western, *Between class and market: postwar unionization in the capitalist democracies*. Princeton, Princeton University Press, 1997.

Wever (1995)

Kirsten S. Wever, *Negotiating competitiveness: employment relations and organizational innovation in Germany and the United States*. Boston, Harvard Business School, 1995.

Williams (2001)

Daryle Williams, *Culture wars in Brazil: the first Vargas regime, 1930-1945*. Duke, Duke University Press, 2001.

Woodiwiss (1999)

Anthony Woodiwiss, "Globalização, direitos humanos e direito do trabalho na Ásia do Pacífico: o início de uma viagem interior?" *In*: F. Oliveira e M. C. Paoli (orgs.), *Os sentidos da democracia: políticas do dissenso e hegemonia global*. Petrópolis/Brasília, Vozes/Nedic, 1999. p. 209-64.